本成果受到"云南省教育厅科学研究基金项目"资助

企业办高职院校的管理及办学模式实践研究

——以昆明工业职业技术学院为例

邹红艳 宫立华 著

中国商务出版社
CHINA COMMERCE AND TRADE PRESS

图书在版编目（CIP）数据

企业办高职院校的管理及办学模式实践研究：以昆明工业职业技术学院为例 / 邹红艳，宫立华著. -- 北京：中国商务出版社，2020.8

ISBN 978-7-5103-3460-3

Ⅰ.①企… Ⅱ.①邹… ②宫… Ⅲ.①高等职业教育—办学组织形式—研究—昆明 Ⅳ.① G719.2

中国版本图书馆 CIP 数据核字（2020）第 163944 号

企业办高职院校的管理及办学模式实践研究——以昆明工业职业技术学院为例
QIYEBAN GAOZHI YUANXIAO DE GUANLI JI BANXUE MOSHI SHIJIAN YANJIU
——YI KUNMING GONGYE ZHIYE JISHU XUEYUAN WEILI

邹红艳　宫立华　著

出　　版：	中国商务出版社
地　　址：	北京市东城区安定门外大街东后巷28号　邮编：100710
责任部门：	教育培训事业部（010-64243016　gmxhksb@163.com）
责任编辑：	高　越
总 发 行：	中国商务出版社发行部（010-64208388　64515150）
网购零售：	中国商务出版社考培部（010-64286917）
网　　址：	http://www.cctpress.com
网　　店：	https://shop162373850.taobao.com/
邮　　箱：	cctp6@cctpress.com
开　　本：	710毫米×1000毫米　1/16
印　　张：	16　　字　　数：244千字
版　　次：	2020年9月第1版　　印　　次：2020年9月第1次印刷
书　　号：	ISBN 978-7-5103-3460-3
定　　价：	68.00元

凡所购本版图书有印装质量问题，请与本社总编室联系。（电话：010-64212247）

版权所有 盗版必究（盗版侵权举报可发邮件到此邮箱：1115086991@qq.com 或致电：010-64286917）

作者简介

邹红艳（1968—），女，汉族，四川自贡人，研究生学历，副教授、经济师。现任昆明工业职业技术学院党委副书记、院长、昆钢党校常务副校长、昆钢职业技能培训中心总经理，具有多年职业教育的从教与管理经验。曾在CPCI-S《Advances in Economics,Business and Management Research》上公开发表论文《中外职业教育比较及对我国职业教育的启示》。曾作为课题负责人负责云南省"双百双进"活动调研课题项目《人工智能发展对高职院校生就业形势的影响研究》和云南省高教学会高职高专教育分会第四批高职教育科研课题《校企一体化的优质高等职业院校建设的理论创新与实践路径研究》，作为第二负责人参与省级科研项目五项；2017年2月，作为第一发明人申请了实用新型专利证书——《一种能够压缩的风能环保垃圾桶》；2018年12月，撰写的《"三区四化六融合"国企办学模式的改革与实践》荣获职业教育国家级教学成果二等奖。

宫立华（1979—），女，汉族，吉林省梨树县人，江西师范大学硕士研究生，研究中国古代文学唐宋方向。研究生期间，跟随导师魏祖钦副教授参与了2010年12月上海古籍出版社出版的《庐山历代诗词全集》中"明诗卷"的编写工作。2011年8月，到云南省昆明工业职业技术学院任教，目前担任图书馆馆长、讲师。2011年至今，出版专著《李白古体诗研究》；在《中学语文教学》（北大中文核心期刊）上公开发表论文《<蜀道难>中的三美》，在CPCI《WOP in Education, Social Sciences and Psychology》上公开发表论文《Su Shi's Poems and the Dilemma of Chinese Traditional Scholars》（《苏轼诗词和中国传统士人的困境》）；在其他期刊上公开发表《高职院校"校企一体"文化育人实践研究》《浅谈高职院校"校企一体"办学模式的优势》《大学语文课堂人文思想润物细无声——浅谈高职院校学生的学习特点及能力研究》等十余篇学术论文。

内容简介

为实现企业和学校的"无缝对接",企业办高职院校应运而生。本书即是从企业办高职院校的特色出发,探讨相应的管理及办学模式。全书分为四章,包括国外职业教育、中国职业教育、高职教育管理、昆明工业职业技术学院管理与办学模式实践探索。书中既注重对基本理论的详细阐述,又结合作者多年职业教育管理的经验和方法进行了深入分析,对企业办高职院校的建立与发展具有非常有益的参考价值。

本书可供相关领域教师、研究人员、学生参考,对此领域感兴趣的读者也值得阅读。

引言　关于职业教育

2019年1月24日，国务院印发了《国家职业教育改革实施方案》（以下简称方案）。方案指出职业教育与普通教育是不同教育类型，具有同等重要地位。改革开放以来，职业教育为我国经济社会发展提供了有力的人才和智力支撑，现代职业教育体系框架全面形成，服务社会经济社会发展能力和社会吸引力不断增强，具备了基本实现现代化的诸多有利条件和良好工作基础。十八大以来，以习近平同志为核心的国家领导人，高度重视中国的职业教育和发展，把职业教育摆在了更加突出的位置。在实际工作中，我们始终坚持以习近平新时代中国特色社会主义思想为指导，牢固树立新发展理念，服务建设现代化经济体和实现更高质量更充分就业需要，对接科技发展趋势和市场需求，完善职业教育和培训体系，深化办学体制和育人机制改革，着力培养高素质技术技能人才方面，做了一些探索，引发了一些思考。

随着世界经济与科学技术的发展，各个国家和国际上对职业教育的关注越来越高，换言之，职业教育越来越受到各国政府的重视，毫无疑问，职业教育正在走向蓬勃发展阶段。各个国家和国际上对职业教育的研究关注不仅是教育发展的结果，也是经济和劳动实现政策发展的结果。

职业教育始终被认为是提高企业竞争力和维持国家经济发展水平的关键因素。例如美国现代化论坛在《为实现工业现代化的技能》研究报告（1993）中强调："随着经济和技术贸易的快速发展，工人和企业的学习与适应能力成为企业与国家经济在全球竞争中一个核心元素。"

与普通教育相比，职业教育的特点是在工作过程中学习。而且职业教育的受众多为成人的职业学习，即成人为获得某种职业或某种生产劳动所需要的职业知识而进行的学习，这和普通教育相比有很大的差异性。另外，经济发展水平差不多的国家，他们的职业教育模式和特点可能大相径庭，这也是职业教育的特点。造成这种差异性的原因是文化，不同国家因其文化的不同，而受文化影响的职业教育模式可能千差万别。例如，德国的护士是在职业学校中培养的，而美国的大学中"护理"则是具有悠久发展历史的专业。

各国因其文化及体制的不同，职业技术教育的模式和人才培养的理念也存在着不同的差异。随着全球经济发展的变化，职业技术教育的模式也在发生着变化，而经济社会的发展和变革对技能型人才的数量、规格提出了更高的要求，企业和用人单位也对技术技能人才提出了更高的要求，这对高职教育在新的历史条件下的发展提出了新挑战。

改革开放以来，职业教育为我国经济社会发展提供了有力的人才和智力支撑，现代职业教育体系框架全面建成，服务社会发展能力和社会吸引力不断增加增强，作用和地位也逐渐凸显。但是，与发达国家相比，与建设现代化经济体系，建设教育强国的要求相比，我国的职业教育还存在着体系建设不完善、职业技能实训基地建设有待加强、制度标准不够健全、企业参与动力不足等问题。本书想通过对世界、中国职业教育研究的基础上，结合多年从事职业教育管理的经验和方法，进一步探讨职业教育管理和办学模式。

目 录

第一章 国外职业教育 / 1

第一节 德国职业教育 / 2

第二节 英国职业教育 / 12

第三节 美国职业教育 / 22

第四节 国外职业教育办学模式的特点及分析 / 29

第二章 中国职业教育 / 38

第一节 政府部门办高职院校的办学模式及管理实证研究 / 39

第二节 企业办高职院校的办学模式及管理实证研究 / 47

第三节 民办高职院校的办学模式及管理实证研究 / 57

第三章 高职教育管理综述 / 66

第一节 学生培养及管理现状综述 / 66

第二节 教师培养与管理现状综述 / 91

　　　　第三节　科研校企合作现状综述　　／　112

　　　　第四节　实训与实践课程现状综述　　／　115

第四章　昆明工业职业技术学院管理与办学模式实践探索　　／　130

　　　　第一节　党的政治建设作用发挥研究　　／　131

　　　　第二节　学生培养及管理模式研究　　／　140

　　　　第三节　教师培养与管理模式研究　　／　173

　　　　第四节　科研校企合作模式研究　　／　209

　　　　第五节　实训校企一体模式研究　　／　220

　　　　第六节　企业办高职院校的管理思考　　／　228

参考文献　　／　247

第一章　国外职业教育

不同国家因各自国家的结构性差别，文化背景差异和职业教育历史进程不同所形成的职业教育体系和发展模式也截然不同。单从"职业教育"一词在不同语言中的不同语义就足以证明这一点。

正如《国际职业教育科学研究手册》中所阐述："在德语国家中，'职业教育'（berufliche Bildung）是一个综合性词汇，包含通过各种学习途径（包括非正式的自学）进行的、以实现某种已承认的职业行为为目标的传授技能和知识的行为。在盎格鲁~撒克逊文化圈中存在一种更为微妙的差别：'职业'可以根据不同教育水平（如岗位培训、中等教育、高等教育）或社会地位划分为 occupation，vocation 和 profession。即便在同一种语言里，对职业教育研究进行定义也相当困难，这从联合国教科文组织使用的定义（即 TVET）与欧盟的定义（即 VET[①]）之间的区别就可见一斑。如果再将这些术语翻译成其他语言，就可能导致界定方面的问题。比如在法国，职业教育和技术教育是有区别的。事实上，技术教育和职业教育之间的区别也适用于英语国家。"[②]

下面我们重点从国家的结构性差别，文化背景差异和职业教育历史进程的角度来探讨德国、英国和美国职业教育的办学模式及其特点。

---

① VET 全称为 Vocational Education and Training。
② 劳耐尔. 国际职业教育科学研究手册：上册 [M]. 赵志群，译. 北京：北京师范大学出版社，2014：8.

第一节 德国职业教育

突出技能、强化管理、胜任于未来的职业教育理念，先进的双元制职业教育理论和以行为为导向的多种教学方法，使德国职业教育在世界职业教育范围内取得了成功。

翻阅关于德国职业教育的相关书籍、文章和资料，让我感触最深的是这个国家的职业教育理念和青年人的择业观。在教育发达的德国，只有25%的初中毕业生通过高中进入大学深造，而多达65%的初中毕业生则接受职业教育，成为社会需要的各类专门人才，而且他们丝毫不以去工厂当工人为耻，相反，他们照样拿高工资（在全世界都名列前茅），受到人们的重视和尊重，待遇和社会地位都很高。

为什么德国职业教育能取得如此的成功呢？我们可以从德国职业教育发展的历史、教育制度、办学模式和教育特点等方面去探讨。

一、德国职业教育的发展历史

德国的手工业生产历史十分悠久，深厚积淀的手工业生产史使德国形成了重视职业教育培训的传统。追溯到中世纪时期，狭小的市场促使商人和城市手工业者建立行会以便限制竞争，但行会也具有维护整个行业声誉和监督产品质量的积极作用。当时，如果年轻人想成为一名独立的手工业者，必须去做学徒，经受长时间的训练和严格的考核。在德国的历史上手工业者的地位比较高，这和国家对职业教育的认可关系密切，所以很多人希望孩子通过培训来获得一份独立的工作。

18世纪，随着工商业的兴起，德国的教育取得了很大发展，而强迫入学制的实施，更促使初等教育在德国得到普及。另外，德国一些地区在初等教育的基础上开办了星期日学校或夜校，进行的是初等教育的继续教育，传授的主要内容是宗教，但是成效甚微。到了18世纪中期，随着化工、钢铁等重化工业的迅速崛起，继续教育学校发展并逐渐转变为技术学校，教授的内容则以学生未来所需要的知识和技能为主，从而吸引了大量年轻人就读。18世纪德国教育的另一特色是实科中学的兴起。实科中学和中国教育中的中学截然不同，它主要是使成年人能够继续学习数学、机械学、自然知识和手工工艺，所以这一时期的实科中学实际上承担着职业教育的部分职能。

19世纪中期，随着德国经济的迅速发展，对职业教育的要求也越来越高，这时业余性质的技术学校已经很难满足产业对技术工人的素质要求。这种情况下，德国职业教育学家凯施恩斯特建议建立按照专业划分、以职业为导向的义务职业进修学校，并在1906年率先在慕尼黑建立了"职业进修学校"。凯施恩斯特建立的学校取得了良好的效果，德国其他地区纷纷效仿，而且凯施恩斯特的职业教育思想得到了国家的认可。1938年，德国义务教育法中正式规定职业技术教育为义务教育，并由国家出资实行职业教育，这奠定了德国职业技术教育的发展基础。

二战之后，德国产业迅速升级促进了职业教育的升级。学生从初等学校毕业后不再直接进入技术学校，而是首先进入中等学校完成中等教育，然后再选择是进入高等学校还是进入职业技术学校。在中等教育中，学生通过进入不同类型的中学为不同的继续教育做准备，准备进入高等学校的学生选择进入文理中学学习，而准备进入职业技术学校的学生则选择进入实科中学学习。正是这个时期，孕育了独具德国特色的"双元制"职业教育，而且1969年以《职业教育法》的形式规定了职业教育中学校和企业双方的权利和义务关系。

20世纪70年代以后，德国职业教育理念受到了一定程度的冲击，主要是因为产业结构的不断优化使产业工人必须掌握更多的知识才能适应产业需求，显而易见传统职业教育是难以满足上述要求的。这就促使了新的教育体系的形成。这种体系主要是通过将职业教育并入高等教育体系来实现的。德国高等教育在双元制教育的影响下发展十分缓慢，主要表现为大学生入学率低于其他发达国家，这使德国的高等教育受到了诸多批评。在这样的背景下，德国改革了高等教育。改革的内容是增加大学和招生的数量。随着改革的进行，德国大学生数量迅速增加，这使德国的高等教育由精英教育转变为大众教育。高等教育的迅速扩张也带来了一系列的问题，诸如师资力量不足、学生质量下降，而1976年制定的德国高等教育大纲法规定，高等教育的目的首先是"为各种职业做准备，传授必要的专业知识、技能和方法"[①]，毫无疑问，这给洪堡理念带来了挑战。

为了更好地了解这段职业教育发展的历史，我们有必要阐述一下何为"洪堡理念"。洪堡理念的核心思想是政府充分尊重和维护大学的学术自由和思想自由。洪堡，是一名普鲁士官员，他作为启蒙运动和德国唯心主义的精神传人和代表人物，坚定地相信人的价值，认为教育的目的是按照自然本性发展个人的所有天赋和能力。他从启蒙运动和德国唯心主义的人类形象出发，要求教育摈弃所有追求特殊化的片面性，而应发展人的个性。受哲学家费希特和神学家施莱尔马赫的理论（该理论认为教育制定的目的是把全民教育、新人文主义和理想主义统一起来，反对教育的功利化，强调教育的非目的性）影响，洪堡极力反对启蒙主义功利性的一面，旗帜鲜明地要求教育和课程不要围绕某个专业，反对教育把人的各种能力割裂开来，使受教育者只能发展一种能力，变成畸形的人。而教育的根本任务，是把受教育者塑造成全面发展的人，使受教育者的各种能力得到全面开发，成为"完人"。关于这个思想，洪堡有一段名言：确实存在某种必须普及的知识，而且还有某种谁也不能缺少的对信念和个性的培育。每个人显然只有当他本身不是着眼于其特殊的职业，而是努力成为一个良好和高尚、按照他的状况受到教育的人和公民时，他才是一个好的手艺人、商人、士兵和经纪人。如果给他讲授为此所需的课程，则他以后会轻而易举地获

---

① 中国教育国际交流协会同济大学联邦德国问题研究所. 联邦德国高等学校法选编 [C]. 沈阳：辽宁人民出版社，1987.

得他职业所需的特殊能力，而且一直保留着这样一种自由，即从一种职业转到另一行，而这是生活中经常发生的。

虽然德国高等教育改革对当时以洪堡理念为代表的教育理念带来了挑战，但是德国并没有丢弃洪堡传统。实际上在 80 年代，德国大学已经形成了两种类型：一是 20 世纪 60 年代以前建立的大学，主要以研究为主，不直接提供就业所需的各种技能；二是在高等教育改革后新建立的和由各类职业、专业技术学校升级的大学以及高等职业技术学院，这类学校主要面向职业并提供各种实用性课程，学生仍然通过传统的"双元制"体系前往工厂或生产一线实习。

二、教育制度与办学模式

（一）德国的教育制度

通过翻阅德国职业教育的相关书籍和资料，发现德国的教育制度既严谨又充满理性。为什么用"充满理性"来形容教育呢？因为这个国家虽然有能力让全国的学生都去读大学，但却没有让每个人都去读大学，这是十分理性而又难能可贵的。

在德国，儿童六岁上学，儿童上学的年龄和中国是一样的。但是德国的小学学制是 4 年，这和中国是不同的，众所周知，中国小学的学制是 6 年。按照德国小学的学制，德国的孩子们 10 岁就读中学了。需要强调的是中学，不是初中，在德国是不区分初中和高中的，而他们的中学既有 4 年的又有 5 年的，甚至还有 8 年的，看上去比较复杂。在前面我们探讨德国职业教育的历史时提过，德国的中学有两种，一种是文理中学，一种是普通中学（由实科中学发展而来）。文理中学的学制是 8 年，学生毕业后不用高考就拥有读大学的资格，可以直接向理想的学校投递简历，学校觉得他合适就会录取他，如果学校不接收他，他可以向其他的学校再投，最终总会找到一家适合自己的大学去读。而普通中学毕业的学生，国家认为他们将去从事非研究类别的工作，一般是参加职业学校的职业培训后再去参加工作，按照德国教授的话来讲，4 年制中学毕业后的人可以去做屠夫、油漆工之类的手艺活，5年制中学毕业的人可以去做机械加工、修理工之类的技术活。所以德国把读文理中学后读大学的教育称之为学历教育，将读完普通中学后进入职业学校学习的教育称为职业教育。

讲到这里，我们就不难理解用"充满理性"来形容德国教育的原因。德国的孩子们在10岁时就明确了自己未来发展的方向，他们可以根据自己的兴趣爱好、志向和学习能力来选择自己未来的路，这比花大量的时间在各种各样的辅导班和挤高考独木桥上要更充满理性，毕竟社会上既需要技术工人也需要高精尖的科技人才，所以只有尊重个人的兴趣爱好和天赋选择适合自己的教育才是更理智的。

（二）双元制办学模式

德国的双元制教育被认为是世界上最好的职业教育模式，简单地说，双元制就是学校和企业一起来实施职业教育，学校教理论知识，企业教实践，学生一边工作一边学习，还能在学习中领取实习工资。德国双元制职业教育模式见图1-1。

图1-1 德国双元制教育模式

通过上图，我们可以看懂双元制职业教育中，企业在教育里面的关系和学校是平行的，校企合作共同培养高素质应用型人才。那在职业教育中如何调动企业和学校合作的积极性呢，德国职业教育中有很多做法值得借鉴。

1. 职业教育法律法规提供有力保障

德国各个联邦州的法律规定：已经完成德国12年义务教育却没有继续上学的未满18岁的青年，都必须接受职业教育培训。而且在德国，不允许任何一个没有接受过职业培训的青年，进入劳动力市场正式就业。1969年颁布的《联邦职业教育法》为"双元制"职业教育提供了统一的法律基础；1981年颁布的《职业教育促进法》进一步完善了职业教育法律系统；2005年再次修订的《联邦职业教育法》适应了社会经济的新发展和新需求。此外《青年劳动保护法》《企业基本法》《实训教师资格条例》和《手工业条例》等，以法律的形式为职业教育的管理和运行提供强有力的制度保障和法律支撑，从而促进了职业教育健康有序地发展。

2．紧密合作的职业学校与企业

德国的职业教育实行的"双元制"，也就是"双轨制"，即培训者不仅在职业学校学习专业理论，而且在企业中接受实践培训和教育。一般而言，培训的时间按照职业的不同在两年到三年半之间不等。接受培训的学生在培训期间，必须每周在职业学校学习一到两天的理论课程，然后再去企业实习三四天。这种教学模式下职业学校与企业紧密合作，企业积极地参与职业教育的实践培训，这种理论与实践紧密结合的模式，确保了德国手工业者和技术工人的高技能和高素质，更为德国经济发展提供了优质的劳动力。

不管是中国的企业还是德国的企业，不可能没有获益出于公益的目的参与职业学校的实践培训，这期间政府发挥的作用十分重要。德国政府经过严格考核选拔出具有职业教育资格的企业，这些企业组成"双元制"重要的一方，另外企业中具有培训师资格的师傅遵照联邦职业教育法，贯彻承办职业的教育条例，在企业实际工作岗位、实习车间、实验室或者企业内设课堂中为签订培训合同的同学提供职业培训，并且支付一定的费用。培训结束后并按照职业资格教育条例规定对学徒进行严格的考试。"双元制"的另一方是州属职业学校，它们按照各州围绕职业教育条例开发的《框架教学计划》在学校教室或者校内实验室对学生进行通识课程和职业基础课程的常规教学，并按照各州学校法的规定履行学校的教育义务（组织课程考试）。在教学过程中，每周职业学校和企业双方会对学生（学徒）近期学习（培训）情况进行交流并协调一致，共同发挥育人的职能。

3. 优质的师资保障

2005年德国修订的《联邦职业教育法》中对教育者的人品和专业资格进行了明确的规定，即必须符合2003年颁布的《教育者资质条例》的相关法定要求。在德国，不管是企业培训教师还是职业学校教师，都必须受过高等教育。另外，教师如果想到职业学校任教必须在9个学期的学习结束后通过第一次国家考试，接着进行一次教育实习培训，培训的时间一般为24个月，然后通过第二次国家考试才能正式到职业学校任教。正因为有这样严格的法定要求，才有力地保证了职业学校教师和企业培训教师的高质量，才为理论教学与实践运用的紧密结合提供了人才支撑，进而保证了德国"双元制"职业教育的优质教学质量。

4. 行会组织与政府机关共同参与的管理体系

二战后，德国联邦政府在职业教育发展中起着主导作用，靠其政府的行政力量制定并实施一系列保障职业教育改革和发展的法律、法规和相关制度。而在德国"双元制"职业教育发展的过程中，行会组织也起着非常重要的作用。行会组织作为德国职业教育的业务主管机构，以其自身独特的运行机制，有效地管理"双元制"教育。例如，德国联邦职业教育研究所（BIBB），是德联邦政府的直辖机构，主要从事职业教育及职业培训的研究与推进。受联邦政府领导，BIBB协同各方从顶层设计入手，共同开发各职业资格教育条例。职业资格教育条例首先由企业和行业在自身需求和调研基础上提出，工会和雇主协会参与其中共同决策，政府部门提供协调服务，BIBB专家委员会提供专业指导意见，然后从联邦层面制定各方认可的职业资格教育条例，同时BIBB指导各州结合自身实际，围绕职业教育条例开发《框架教学计划》。可以说，企业、行业主导制定的职业资格教育条例效力更高于各州依次制定的《框架教学计划》，各州职业学校则依据《框架教学计划》实施教学。

5. 严格的考核监督体系

根据《联邦职业教育法》规定，培训者培训结业时必须参加考试。考试分为中期考试和结业考试，均须按照全国统一要求在统一时间内进行考核。一般中期考试在接受培训后的一年至一年半时间进行，主要用来检查培训计划的实施程度。没有通过中期考试的培训者是不允许参加结业考试的。而且职业教育的考试制度十分严格，不管是中期考试还是结业考试均由工商业联合会或者手工业联合会的委员会主持进行。而考试委员会的成员通常由培训企业代表、培训企业工人代表和职业学校教师组成。如果培训者没有通过结业考试是不能从事所学行业的工作，必须第二年再次参加考试。而且考试的次数并不是没有限制的，学生共有三次机会参加考试，如果考生三次考试还不能通过就会被取消该职业的考试资格，并且一生不能从事该行业的工作。这种严格的考核监督体系，既体现了职业教育的公平性，又使岗位证书更具有权威性，还有效地提高了学生的综合素质，有力地保障了德国双元制职业教育的教学质量。

6. 有力的经费保障

德国"双元制"职业教育拥有可靠而有力的经费支持，其经费来源主要是政府拨款和企业资助。政府拨款主要依靠各个联邦州政府，拨款的对象主要是职业学校。另外，德国企业对"双元制"职业教育的资助也很积极。企业的资助费用主要用于培训教师和培训者的生活津贴、社会保险费用、培训的设备、教材费等方面。企业积极参与职业教育的原因有：一是培训企业可以获得国家统一分配的中央基金，一般情况下，企业可以获得占培训费用一半以上的补助。如果实践培训内容符合社会经济发展趋势，企业可以获得全额补助的基础上还可以获得国家在税务方面给予的优惠；二是培训者对于企业来说是廉价而实惠的劳动力，因为培训者在企业培训期间也会参与企业的日常工作，而企业支付给培训者的生活津贴与社会保险费用比签订合同的技术工人要低得多，所以德国大多数企业非常愿意参与"双元制"职业教育；三是企业通过对培训者三年左右的有针对性的培训和实践教学，使培训者了解企业并对企业产生强烈归属感。而企业不需要进行广告宣传就可以获得对企业发展大有益处的后备力量，极大地节约了人力资源成本；四是企业通过参与职业教育活动不仅会获得社会和主管部门的认可，而且会极大地提高企业的社会知名度，这对企业来讲既是荣誉更是广告宣传。

三、职业教育特色

梳理德国职业教育的发展历史、教育制度和办学模式，我们可以看到，不仅德国"双元制"职业教育模式所蕴含的职业教育理念值得我们学习和借鉴，而且德国职业教育之所以取得世界公认的成就，和其鲜明的特色更是密不可分，主要有以下几个方面。

（一）卓越的职业教育体系

德国的职业教育，不仅仅是职业技术学校与企业的结合，而是一个完整卓越教育体系中的一部分。因为德国具有重视技术工人的优良传统，所以职业教育并不像我国一样是很多无法考进大学的学生们的无奈之选。德国的学生在初等教育结束后开始根据自己的兴趣爱好选择分流，要么进入学术性更强的文理中学就读，要么进入职业导向性更强的实科中学或主体中学就读。另外，德国为了保证学生不因过早分流而失去选择的机会允许学生在各种职业教育与高等教育之间转换。这种卓越而完善的教育体系使学生可以根据自己的兴趣爱好和职业前景选择接受适合自己的教育，保证了人力资源的合理配置，避免了人力资源的浪费。

（二）以产业为导向的教育顶层设计

德国的职业教育历史悠久，中世纪时期的学徒制奠定了今天德国职业教育的雏形。随着社会经济的高度发达，产业的不断升级，职业教育也不断发展，从早期的业余进修学校到今天的各种层次的职业教育，都是适应产业需求不断发展的结果。所以，德国的职业教育以产业为导向性既体现在教育的各个环节又反映在职业资格标准的确立和课程研发上。德国建立了由最富有代表性的企业参与的全国性的"职业资格早期检测监测系统"，他们收集数据并提供标准制定建议。德国经济部每年还颁布一次"国家承认的职业培训"的名称和数量，并且会随着产业的变化对从业者的资格不断提出新的要求。这促使德国的职业培训能够根据产业结构的调整而调整，这样培养出的学生不仅能紧跟产业结构调整的步伐，而且能更好地适应产业发展需求。

（三）"主角"与"配角"的完美协作

在德国的职业教育体系中，企业是"主角"居于主导地位，而职业学校是"配角"处于从属地位，这和中国的职业教育体系截然不同。

企业在职业教育中发挥"主角"作用主要体现在对学生的培训教育方面。学生从中学毕业进入职业学校前，首先要和一家企业签订具有法律效力的职业培训合同，然后由工厂与学校签约。所以，学生的身份首先是企业的学徒，然后才是职业学校的学生。而培训协议是由企业和学生按照双向选择原则来签订的。另外，培训协议必须严格按照相关法律要求，明确约定企业和学生的权力与责任，甚至包括企业在培训期间应支付给学生的生活补贴。学生的生活补贴因企业的不同而略有差别：一般情况下第一年600多欧元，第二年700多欧元，第三年800多欧元。企业的培训可以在符合培训大纲标准要求的前提下结合企业的岗位要求进行。需要说明的是培训大纲是由工商大会、行业、企业联合制定的全国统一的培训标准和要求。

职业学校在教育中发挥"配角"作用主要体现在以下几个方面。一是培养经费承担的比例处于"配角"地位。德国的职业学校均是由政府出资举办的，并由各州的教育管理机构进行管理。以典型的德国"双元制"教育为例，在10900欧元的生均教育经费中，企业承担8700欧元，而职业学校只承担2200欧元。二是德国职业学校的贴近生产一线的先进设备，是企业以市场价格的百分之十提供给学校的。三是从课程设计与考核上来看，学生主要是在工厂中进行培训，由企业负责为学生制定完整的培训计划。而职业学校主要负责理论知识的教学，并且理论知识的学习课程，也全部由企业与学校共同参与制定。

在学生培养过程中，企业充分发挥"主角"的主导作用，职业学校不用花费精力招生更不用安排就业（学生因有企业培训的经历可以选择留在原有企业也可以另谋高就），可以把所有精力放在教学和管理方面，当好"配角"并与"主角"完美协作，一门心思为社会培养高素质的应用型人才，以保证各行各业的人力资源供应。

（四）理论与实践相结合，注重培养学生的实践能力

从德国职业教育发展的历史来看，早期的洪堡理念就强调教学要和科研相融合，大学不仅仅要传播知识，而且要充分在实践中进行检验。而职业学校的主要目标是配有具有高水平操作能力并兼具一定理论知识的高水平技术工人，这就要

求职业教育必须重视培养学生的实践能力。实际上，德国的职业教育源于中世纪的学徒制，是在学徒制的基础上不断强化理论培训。以德国典型的"双元制"职业学校为例，学生三分之二的时间在企业的岗位或实训车间进行技能训练，三分之一的时间在学校学习理论知识。为了保证学生的实践操作能力，德国职业教育教师要求严格，企业的培训指导员必须是在专业领域中经验丰富的高级技工，职业学校教师的录用十分严格，必须按照国家规定的职业资格和教师资格要求进入大学学习，毕业后必须在职业学校的指导教师指导下见习两年，理论考试和实践环节考核合格后方能取得任职资格。

这种注重培训学生实践能力的教学特色，也被很多国家的职业教育借鉴。

第二节 英国职业教育

20世纪70年代，英国的现代职业教育开始起步，在英国政府和社会教育机构的大力推动下，21世纪初，英国职业教育的落后面貌为之改变，并形成了被国际职业教育界认可的现代职业教育体系。下面我们就从英国职业教育的基本概况、职业教育制度的历史演进过程和职业教育特点等方面来认识英国职业教育的概貌。

一、英国职业教育的基本概况

（一）教育理念与基本类型

英国的教育是"为了所有人的教育"，其理念是职业导向性和以雇主为核心，这既有利于培养学生的动手能力，又有利于培养学生适应社会和企业需要的能力。英国的职业教育主要有三种类型：即专门职业教育、职业技术培训和普通教育中渗透的职业教育。专门职业教育以英国政府投入为主，主要在继续教育机构里进行；职业技术培训则以企业投入为主，教学活动在企业里进行；而在普通教育中渗透的职业教育则是依靠继续教育机构来实施专门的职业教育培训，比如技术学院、继续教育学院、农学院、商学院等实施中等职业教育培训，而专科技术学院则提供高等职业教育培训。

另外需要说明的是，继续教育机构的入学条件为16岁以上已经完成11年义务教育的学生，教学采用工读交替制和部分时间制两种形式。工读交替制分为长期和短期两种。长期工读交替制是指学校学习和企业工作的年限都较长。短期工读交替制更为常见，通常为6个月。工读交替制的学生也分为两类：以企业为依托的和以学校为依托的。而以企业为依托的学生，无论是在企业工作还是在学校学习，都由企业给薪酬。以学校为依托的学生，在学校实习期间由学校提供资助，在企业时领取企业付给的工资；学校的学生由于在企业实习，因而有可能在择业中处于优势。这种工学交替制的学习形式既要求组织得非常细致、周密，又对教师的要求比较高，这才能保障学校的学习和企业的实习融为一体。

（二）政府的大力扶持

英国职业教育的迅速发展和政府的大力扶持密切相关。在各个时期英国政府都给予职业教育高度的重视，并从法律、财政和行政等方面给予扶持。首先是从法律法规上明确职业教育的作用和地位；其次是建立和推行国家职业资格制度，促进职业教育的有序发展；再次是实施"投资于民"的政策，增加财政投入；最后是改革职业教育办学体制，创新办学模式。

（三）学校享有充分的办学自主权

在英国职业教育中，政府只负责办学方针的制定，宏观的政策协调、监督，办学质量的评估与拨款。像专业开设、课程设置、招生数量、教学方式等问题，都由学校根据企业雇主的要求和市场需求自主确定，享有充分的办学自主权。这使得职业教育的发展享有更为自由的空间，也更有利于契合职业教育的规律和特点。

（四）以学生为中心的教学方式

英国社会的传统文化和中国十分相似，重学轻术思想严重。接受职业教育的学生，大多数文化基础知识薄弱。另外，职业学校的学生基本不住校，18岁以上的学生，大多也不与父母同住，再加上多元的种族与文化，学校在学生管理工作方面面临着巨大的压力和挑战，甚至比我国还高。所以，英国职业教育学院在教学上贯彻"以生为本"的教育理念，充分体现了对学生的关怀。在此基础上开展的教学更是以学生为中心。就拿BTEC（英国商业与技术教育委员会）来说，它作为英国著名的资格授权机构，更是鼓励各大学采用以学生为中心的学习体系，从而提高学生的实践应用能力。

二、英国职业教育制度的演变历程

随着社会经济和科技的不断发展，英国历经数次教育制度优化最终形成了富有特色的职业教育体系。梳理英国职业教育制度的形成、发展与演变历程，对探讨国外职业教育具有重要意义和作用。

（一）向穷困人群倾斜的职业教育制度及学徒制的契约化（中世纪~1853年）

在英国漫长的古代社会，知识和技能的传授主要通过子承父业的形式进行。而学徒制度则是学校职业教育产生之前的主要技术传承形式。英国中世纪，学徒训练的一个最大特点是与行会结合。这一时期行会学徒训练制度化的主要特征是契约文本的公信力与法律效力的增强以及学徒实践层面行会对训练各个环节严格的法令规约，而制度化的学徒训练也成为中世纪行业技术人才培养的主渠道。

而且这一时期置于行会监管下的学徒训练获得发展，并逐渐走上正规化与合法化的道路，最终摆脱私人习惯法范畴，成为一种具有公共性质的社会化制度。16世纪中叶以前，这种由行会组织的学徒制一直为人们所青睐。

随着英国封建制度的瓦解，资本主义开始萌芽，机器大生产的发展，行会出现了瓦解的趋势，学徒制也随着瓦解。为了进一步保护和规范学徒制度，英国对学徒制采取了监督政策。

1562年，英国政府颁布的《工匠、徒弟法》被视为国家干预学徒制的典范。该法律规定了学徒的年限、人数、资格和雇佣权利等。虽然《工匠、徒弟法》在1814年被废除，但是它使得家庭手工业和工厂手工业得到大批劳动力的保障。1601年，英国颁布的《济贫法》将穷困儿童纳入学徒制中。该法规定：经过两名法官同意，父母可将无力抚养的孩子送给合适的人收为学徒，"男童须跟师傅学手艺且工作到24岁，女童则给人家做仆人且服务到21岁才能结婚"。而当时建立的感化院和济贫院则承担着流浪少年职业训练的义务，济贫院除了给贫民提供工作外，还要让其子女成为学徒，贫困流浪者的子女也是如此，必须学会劳动或掌握一门手艺。可见，《济贫法》保障了贫困儿童的权益，这既促进了带有济贫性质的职业学校的诞生，也促进了济贫性质职业教育的兴起。

总体来讲，《工匠、徒弟法》和《济贫法》均是国家管理学徒制度的法规，在法规的保障下，劳动者的素质得到提高，也使英国获得了大批的技术人才，这为英国工业革命做了人才储备，更是英国工业革命的推力之一。这一时期英国技术人才的培养主要依靠学徒制和济贫性质的职业学校两种模式，而学徒制培训出来的技术工人是很受雇主欢迎的，所以，这一时期的学徒制可以看作英国职业教育制度的萌芽。

（二）以促进技术发展为目标的职业教育制度（1853~1904年）

随着以机器生产为基础的工厂制度的兴起，英国完成第一次工业革命后一跃成为资本主义世界头号强国。而此时的英国职业教育明显落后于大工业的发展。国际形势的变化也使英国政府和社会各界意识到自身工业优势正在逐步丧失以及职业教育的重要作用。出于工业竞争的需要，英国政府采取了一系列发展职业教育的措施来促进技术发展。

工业革命后，大机器生产代替了手工操作，工厂制取代手工作坊，改变了生产组织形式。雇主为了最大限度地榨取剩余价值而雇佣廉价的童工和女工，所以儿童的身心健康受到摧残，英国为了保护儿童权益开始了立法活动。1833年颁布的《工厂法》规定，工厂主付给教师的薪酬从童工的周薪中截留1便士来获得，并在设立的工厂学校中采取半工半读的教学方式。为了促进职业教育的发展，英国政府于1853年成立了负责中等教育和技术教育的科学和工艺署，主要负责管理技术教育机关、提供国库补助金和推动应用科学的教学等。该署将许多文法学校改为科技学校，并致力于推广科学课程，使社会对科技教育的偏见有了改变。英国政府于1868年成立了议会科学教育特别委员会，由恩哈特·塞缪尔森（Bernhard Samuelson）任委员长，他于1881年又担任了皇家技术教育委员会主席。他花费了大量的时间和精力对德国等国的技术教育进行考察，认为欧陆列强的工业发展与他们完善的教育体系尤其是技术教育密切相关。同时通过对英国职业教育的调查，他认为英国职业教育落后的原因是从事科学教育的师资不足、中等教育和职业学校设备不完善等。另外通过考察还形成了《塞缪尔森报告》，该报告对师资培养和学校课程等提出了新要求，尤其强调技术教育课程的增设和管理。

1889年，英国颁布的《技术教育法》以法律形式将职业教育纳入学制，为后来英国职业教育的发展提供了法律保障。该法规定：征收"一便士税"以资助职业教育，成立技术教育委员会，独立负责技术教育的管理等。1890年和1891年分别颁布的《地方税收法》和《技术教育法》，都强调利用税收为技术教育的发展提供资助。19世纪后半叶，英国培养出大批技术人才，一批多科技术学院相继诞生。英国职业教育取得了前所未有的成就。1900年，"多科技术学院"已成为职业技术教育机构的专有名词。进入20世纪后，技术学院得到较快发展，成为培养中、高级技术人员的摇篮。

（三）以促进初等教育为目标的职业教育制度（1904～1944年）

从19世纪末到20世纪初，政治、经济与科技的竞争日益激烈，加上经济危机的爆发，更刺激了社会对职业教育的需求。许多人因不具备技术而失业，随着失业人数的剧增，更刺激了对职业教育的需求，职业教育的重要性再一次被社会公众所认识，这也在一定程度上推动了初等职业教育的发展。

为推动职业教育更好地发展，英国政府于1909年颁布了《职业交换法》，于1910年颁布了《职业选择法》。而1904年颁布的《中等学校条例》使教育委员会第一次决定资助技术课程，这也表明最高教育当局对中等学校开设技术课程的认可。1913年颁布的《技术学校条例》更为技术学校的办学提供了制度规范，受该条例的影响，英国涌现出大量职业学校并获得发展。此后，职校毕业生就业情况大大好于文法中学毕业生，这使得职业学校在工业行业中受到很高的评价，成为初等职业教育发展的重要转机。而初等职业教育推动经济发展、提高劳动者素质的成效得到了较为充分的展现，同时也为其赢得了相对宽松的发展空间。1924年，《哈多报告》提出了中等教育"两分法"，并强调现代中学中的职业教育倾向。1938年的《斯宾斯报告》也强调了要加强中等学校的职业教育。

随着经济技术的快速发展，劳动力市场对人才提出了新要求，迫切需要提高在业人员的技能和资格水平，解决培训与就业问题。这时英国民间专门负责考试证书的机构很多，但是标准不统一，存在职业教育专业证书与普通学历证书互不沟通的情况，而且在人们重学历、轻专业合格证书的情况下，许多优秀人才流向普通教育体系，这在一定程度上影响了职业教育的生源和发展。为了满足工业界对具有理论和实践能力人才的需求，同时建立统一的国家资格认可制度，英国实施了国家证书和国家文凭计划。1921年，教育署与专业机构合作建立了一套较为系统的技术人员资格证书，并制定了统一标准，参加国家统一考试合格者将获得国家证书或国家文凭。国家级技术文凭制度解决了长期以来存在的"证出多门"的问题，促进了英国职业教育的规范发展，提升了职业教育的地位。总体来说，该制度的确立体现了英国国家政策的重大举措。显而易见，该制度对英国职业教育的发展起到了重要的引导和规范作用，同时促使英国职业教育向更高层次发展。

（四）侧重职业教育与就业培训的职业教育制度（1944年至今）

到20世纪90年代初，英国基本建成了一个较为完备的职业教育制度体系。这和该时期英国政府相继出台促进职业教育发展的政策法规密切相关。

1944年8月颁布的《1944年教育法》（又称《巴特勒法》），标志着职业教育在英国已经确立了法律地位，是英国教育史上一个重要的里程碑。而二战后英国教育的改革和发展均以该法为基础。该法将英国普通教育体系分为相互衔接的三个阶段，由地方教育当局维持的中等学校一律免收学费。在该法的影响下，1945年英国的中等教育体制改变了过去以文法中学为主的格局，将具有职业教育职能的技术中学和现代中学纳入新的中等教育体制中，中等职业教育逐渐步入正轨。为鼓励社会和企业参与职业教育的积极性，克服传统训练的缺陷，英国政府先后颁布相关法案，明确和加强了政府、工业部门及教育部门之间的合作，划分了职业培训中的共同职责。

1964年颁布的《产业训练法》，强调工业部门、就业者和教育工作者的义务和责任，政府酌情补助企业分担的培训费用。这在法律上解决了产业训练发展的费用问题，激发了企业参与的热情和积极性。另外，该法规定，根据《1944年教育法》所提供的继续教育设施应包括产业训练设施，这奠定了产业训练在继续教育中的法律地方，随之各行业纷纷成立产业训练委员会。这种以产业训练委员会为核心的产业训练制度的建立，在很大程度上推动了英国产业训练的发展，使英国企业内的职业教育得到了一定程度的加强。《产业训练法》颁布后，要求职业训练由各教育部门和产业部门共同承担，旨在促进产学合作，同时也促进了英国学徒制的革新和完善。1973年颁布的《就业与训练法》，将各行业培训管理由劳工部转归就业部。而且就业部下设人力事业委员会，统管全国人力发展和劳动力培训的正常及重要事宜。1986年，英国政府发布的《教育与培训》并重白皮书，进一步扩大了人力事业委员会的职权范围，从而确立了政府统管全国职业教育的体制。

1986年10月，英国政府成立了国家职业资格委员会，改革英国职业资格制度。决定将所有职业资格纳入全国性的职业资格体系中，通称为国家职业资格，并开始在全国范围内推行国家职业资格证书制度。1991年发布的《21世纪的教育和训练》白皮书，规定各类证书在国家资格框架内可以互相融通。1992年9月，英国政府开始试行的普通国家职业资格制度，为促进就业、推进职业教育改革做出了制度贡献，也对英国经济和教育产生了深刻影响。

《1988年教育改革法》颁布后，英国职业教育进入新的发展阶段。英国各地根据该法设立了城市技术学院和城市工艺学院两种新型教育机构，这两种学校为城市培养应用型科学技术人才以满足本地工商企业的需求。1990年，国家课程委员会发表了《16～19岁核心技能》报告。因此，培养核心技能被认为是义务后教育的课程基础，更是推进16～19岁人群职业资格一体化的重要途径。毫无疑问，核心技能在职业教育中受到了较好的重视并迅速发展，而且核心技能教育成为每位学生获得每一级资格证书的必修单元。1993年11月，英国政府宣布实施现代学徒制计划，它作为一项重要的国家政策，旨在从根本上解决职业教育脱离工商企业实践的弊端，也为提高青年的技能水平、促进职业教育的发展做出了重大贡献。

这一时期英国政府出台了许多职业教育相关的法律及制度，涉及职业资格证书、职业训练和就业等方面，并通过法律明晰各方权责，鼓励社会和企业参与职业教育，很大程度地提高了社会、企业参与职业教育的热情和积极性，也推动了英国产业训练的发展。

三、英国职业教育的特点

随着经济和社会的发展，英国职业教育在发展中不断改革并完善，目前已形成了比较健全的职业教育体系和制度。其特点主要有以下几个方面。

（一）健全的法律体系为职业教育发展提供法律保障

英国虽然没有单独的职业教育法，但相关的教育法中对职业教育有明确的规定。《1944年教育法》提出建立继续教育系统，1973年颁布的《就业和培训法》强调培训的作用，《1976年教育法》要求地方教育当局按综合中学的结构改组中等学校，《1992年继续教育和高等教育法》规定了继续教育学院从地方教育当局独立出来，经费由中央政府提供。

（二）建立科学规范的职业资格证书制度

英国职业教育的显著特点是建立了职业资格证书制度，即国家职业资格证书和普通国家职业资格证书。职业资格证书制度是英国劳动就业制度和教育制度的重要内容，也是一种特殊形式的国家考试制度。职业资格证书是指英国按照国家制定的职业技能标准或任职资格条件，通过政府认定的考核鉴定机构，对劳动者的技能水平或职业资格进行客观公正、科学规范的评价和鉴定，对合格者授予相应的国家职业资格证书。该证书既是表明劳动者具有从事某一职业所必备的学识和技能的证明，又是劳动者求职、任职等的资格凭证，还是用人单位招聘、录用人员的主要依据。

职业资格证书与普通教育证书在进入高等学术教育的通道上具有等值的作用。而且职业资格证书与普通教育证书间可交叉获取且转接畅通。

（三）以学生为中心的灵活多样的教学形式

英国职业教育的教学多采用互动式教学方法，而且互动式教学的本质是教师和学生进行的民主而平等地交流，而不是一方对另一方的征服和改造。在教学互动中开展的教学活动是以学生为中心的，师生、生生相互了解、影响、激励、鼓舞，才能使教学"唤醒生命""濡染人格"以及"师生共同学习"成为可能。

英国职业课程的教学形式灵活多样，具体体现在以下几个方面。

1. 时间安排灵活

职业学院提供全日制和部分时间制课程。白天、中午、晚上和周末都有课程，学生可以根据自己的实际情况灵活选择上课的时间。

2. 使用教材不固定

BTEC教学大纲要求的知识结构是围绕专题横向展开、覆盖面较宽，所以在教学成果要求和评定表中的描述中往往涉及的不是单一学科的知识，而是若干其他相关学科的知识，因此大纲中不指定教材。但是这对教师提出的标准和要求更高。教师需要有能力重建自己的知识结构，学习与本学科相关的知识，通过上网、查阅资料选择符合大纲要求的教学内容。这也充分体现教学形式的灵活多样。

3. 课程设置宽泛

继续教育学院提供的课程不仅多而且宽泛，从高到低，从证书到非证书教育，最大限度地满足人们终身学习的需要。

4. 学生来源广泛

学院不仅招收16岁后准备就业的中学毕业生，而且招收在职的有意愿进一步学习提高的职工，以及准备再就业的失业人群和希望提高生活质量的老年人。另外学生来源以本社区为主，还面向全英，甚至向海外拓展。

5. 实习场所齐全

学院建有全真工作环境的实习场所，如美容美发厅、饭店、旅馆、商店等，这些都有学生自主管理。

（四）职业院校与企业行业紧密的合作关系

在英国，大多数继续教育学院和当地社区组织、用人单位和企业界都建立了紧密的合作关系，并在当地经济和社会发展中发挥着重要的作用。因为当地经济、社会发展和不同学习者对教育服务的需求不同，所以每所继续教育学院的规模、专业设置、教学计划都有所不同。

英国的职业资格证书制度为企业参与职业教育提供了良好的基础和保障。主要体现在：一是制定职业资格标准的行业技术协会是由企业内部的专家组成的，能直接依据企业所需要的岗位技术的要求制定程职业资格的标准；二是颁证机构在解释国家职业资格标准的过程中，必须与企业沟通，经常收集该行业劳动力市场的综合信息，研究本行业对劳动者和各类人员技能水平的要求及发展趋势，从而对本行业的教育和培训提出建议，编制出具体的课程大纲、课程模块和评估标准等；三是企业与职业教育机构紧密联系。如纽卡斯尔学院学徒制，把工作岗位训练同学校课堂技术教学相结合，学校教授学生职业技术的理论，由工厂负责学生职业技术的实际训练。在具体操作上，学生跟工厂企业签订合同，受聘于企业，每周一天回校进行培训。学徒制强调学校和企业的密切合作，提供灵活的教学内容，通过严格的技术训练培养学生的职业能力。

（五）注重实践教学

BTEC 教学大纲中规定的教学内容大部分是学生参与的实践性内容，大纲要求教师编写的课业要尽量具有真实性，最好是当地企业的实际问题，这样学生完成的课业具有商业价值。而且在课堂教学中，教师讲授的内容占教学时间的三分之一，课堂训练、资料查阅占三分之一，社会实践活动占三分之一。这种做法充分体现了以学生为中心、以实践为主的教学理念。

第三节　美国职业教育

美国职业教育从建立之日起，就受到了政治、经济、教育、哲学和社会等各方面因素的影响而变得十分复杂。美国这样定义职业教育："一项大型的、形式多样的教育事业，既涵盖中学教育，也包括中学后教育……，（它）包括为培养学生迎接未来就业和生活的大量课程。"

美国职业教育的发展始于 20 世纪早期。当然，如果从引起教育界职业运动的因素来讲却产生于19世纪，而美国职业教育发展的最重要时期是1900年到1917年间。

一、职业教育的发展历史

美国职业教育的发展源于19世纪晚期的手工教育运动。而其历史上第一个手工劳动学校则是在1868年创立、为非洲裔美国人提供教育的弗吉尼亚州的汉普敦学院，它的创设标志着美国手工劳动学校运动的开始。该校的办学思想是"任何工作都应受到尊重；而所有人，无论属于哪个种族，都应为自己的劳动所得而自豪。因此，我们希望学生通过为学校工作来赚取学费"。这一时期针对学校和教育的主旨与目标进行了讨论，人们普遍认为，在学校内增设手工培训将会构建起一个对学生更具吸引力的、真正民主的体系。手工教育运动最大的贡献或许是"它影响了人们关于公立学校能够或应该教授哪些知识的认识……，最重要的是，它改变了何为学校的正当教学内容的观点。由于发生了这个变化，向职业目标发生的转移也就顺理成章了"。

为了更好地了解美国的职业技术教育，我们从历史演变把其分为四个阶段。

（一）职教初创期（从独立前后到南北战争时期）

美国这一时期的职业技术教育完全由宗主国英国移植而来，处于较低级别，表现为：办学层次低，主要集中在初等教育；技术层次低，主要教授手工艺和农艺；学徒层次低，主要是贫苦人民的子弟。当时不同的社会经济发展水平导致南方和北方的职业教育存在很大差异。北方因为是发展工业，所以更重视工艺教育。例如1642年~1647年，马萨诸塞州法律规定，父母、店主与行业师傅必须尽到让子女与学徒接受文化和工艺教育的责任与义务，官吏有权处罚不尽教育义务的人。而南方是发展农业，所以更重视农艺教育，主要是对贫苦人民的子弟进行农艺训练。当时职业技术教育的形式主要体现在学徒训练，分为强迫与自愿两种。前者由地方行政部门依法把贫苦儿童送到指定地方学习手艺，后者由家长送子弟到行业师傅处学习手艺。1642年前后,北方马萨诸塞、普里茅斯等殖民政府制定了针对贫苦子弟的学徒教育法,其他殖民地纷纷效仿。南方的学徒教育更为普遍,几乎成了对贫苦子弟进行教育的唯一形式。为了对不能读日校的学徒与店员进行补习教育,不少地方还建了私立夜学校。1750年前后,高等教育增加了实际内容和使用倾向,职业技术教育开始进入中高等教育。1751年,在本杰明·富兰克林的提议下建立了中学院,因注重英文和实用知识的教学,被称为文实学校。1787年联邦政府成立后,非常重视文实学校,各州也争相建立文实学校,并给以经济补贴。而且在大学的教学内容上,重视实际知识的倾向日益明显,天文、物理、气象、地质和化学等自然科学在大学中逐渐取得重要地位。

（二）制度确立期（南北战争时期到十九世纪末）

这一时期的职业技术教育得到了迅速发展,贯穿到各级学校教育中并形成了较为完整的体系。美国的义务教育阶段就十分重视职业技术教育,比如很多小学开设烹饪、卫生和缝纫等课程,交给孩子使用知识和培养应用能力。南北战争后,除文实学校和私立中学重视职业训练外,各州普遍设立了公立中学,主要职业是为学生做好职业准备。随着美国资本主义工商业的发展,对中等专业人才的需求越来越多。从十九世纪七十年代起,美国相继设立了工业、商业、农业中等专业技术学校。这些学校的授课内容除自然科学外,还十分重视农业、家政、速记、手工劳动、工业技术等实用科目。而且高等学校也更加重视技术教育,广泛兴办工、农学院。这些学院一般学制四年,主要培养发展工农业所需的专业人才。由于它适应了当时生产力发展的需要,很快培养了大批人才,对美国工农业发展起到了很大的促进作用。

（三）蓬勃发展期（十九世纪末到第二次世界大战前）

美国职业技术教育在进步主义教育运动和实用主义教育理论的影响下,重实际、轻理论的倾向更强,发展力度更大。各级学校都把教学与社会生活紧密联系起来,更为注重知识与技能的实际运用。各类型的中等学校,都十分重视培养学生的活动能力。为了更好地服务于社会经济发展，高等学校既以工农专业教育为重点，又注重加强应用科学与技术的学习研究。为了提高职业技术人员的层次，美国于 1902 年创立了第一所两年制的初级学院。学生学完两年课程后就成为中等专门人才，可以直接参加就业。1917 年，美国颁布了著名的"史密斯~休士法"，明确规定职业技术教育的基本门类包括工、农、商、家政和培养师资等，还确立了联邦职业教育局对全国职业教育的领导权。从此以后，美国职业教育蓬勃发展起来，建立了较完整、多样的中等职业学校系统。1930 年，因遭受经济危机的影响，急需迅速培养各类职业技术人员，职业技术教育得以迅速地发展。

（四）改革提质期（第二次世界大战至今）

美国在职业技术教育发展的这一时期，通过改革进一步提高了职业教育的层次和质量。1959 年，康南特提出中等教育改革建议，要求大力发展高中阶段的"综合中学"，这类学校承担多项教育任务，包括为不再升学的学生开设良好的、培养其谋生技能的课程。该建议因符合战后美国经济和社会发展的需要，很快就在各州不同程度地实行，有力地促进了职业技术教育的发展。1962 年~1976 年，美国国会连续通过了 4 个关于加强职业教育的法案，这为美国战后职业教育的发展提供了法律保障。1975 年，原有的"全国职业教育中心"改为"全国职业教育研究中心"，加强了对全国职业教育理论的研究与指导，更提高了职业教育的质量。

二、美国职业教育的办学模式

美国职业技术学院的人才培养主要以会计、护士、工程技术等为主，2~3 年的学制，通常情况下，毕业生学位为副学士。美国职业教育以 CBE（Competence Based Education）模式为主，译为"以能力为基础的教育或能力本位教育"，即为企业满足需求的技术人才，注重对学生实际能力的培养和训练。

以 CBE 为核心的能力本位职业教育特点鲜明，具体表现为以下方面。一是以培养学生职业能力为基础而开展的教育、培养和评估。学生学习的科目是通过对学生综合能力进行职业分析、评判和认定后确定的。二是教学实施完全打破以学科体系来制定教学计划的做法，按照职业能力分析表中对学生专题能力的培养来安排。可见，CBE模式强调的"能力"，不仅仅是动手操作能力，而是包括知识、技能和态度等多方面的综合职业能力。三是教学过程中强调学生的自我学习和自我评价，挖掘学生的潜能，着力培养学生的自我管理能力。四是选择灵活多样的教学方式和科学严谨的教学管理模式。在学生培养过程中，培养流程为，学校会与企业合作，并聘请企业专业人士组成委员会，然后以企业岗位需求为依据，对职业能力加以确定，然后对职业能力分析表进行编制，由此确立培养目标。然后校方组织教师对企业列出的各项职业能力进行分析，据此制定教学模式与教学计划，并按照由易到难的顺序开展教学。该模式高度重视培养学生岗位所需的职业能力，并着力于全面提升学生的职业能力，确保学生向工人身份的迅速转变，保持了企业用人的连贯性和持续性。

三、美国职业教育的特点

美国，作为世界上职业教育发达的国家之一。完善的职业教育体系、丰富的教学内容、灵活的教学方式等特点使其职业教育在世界职教史上具有重要地位。

（一）职业教育贯通各类教育，建设终身教育体系

1971年，美国联邦政府在全国实施职业前途教育。职业前途教育不单单是狭义的职业教育、普通教育或大学预备教育，而是将三者融合成一种全新的课程贯穿于整个教育体系中，要求每一个学生学习。1974年，职业前途教育在全国范围内广泛开展，主要是对不同年龄阶段的学生实施相应的职业分段教育，从小学到中学12年内分三个阶段进行：1~6年级是"职业了解阶段"，即把2万种不同职业归纳为15个职业系列，从小学开始实施职业认识教育计划；7~10年级是"职业探索阶段"，主要通过对农业、商业、建筑、家政、文艺、旅游、制造业、航海、私人服务和运输业等门类的一般职业训练，引导学生按自己的兴趣和特长做尝试性职业选择；11～12年级是"职业选择阶段"，主要集中学习所选择的一门职业课程，同时也学习英语、文艺、自然科学和社会科学等基础课程，准备就业的学生以掌握职业技能为主，准备进入中学后教育机构和四年制以上学院的学生则把学术性课程与职业性课程结合起来学习。

美国职业教育与普通教育衔接融合的做法有：职业学校招生对象是最大范围的适龄公民，招生内容与中学特点衔接，强调能力、兴趣和个性。招生方式是口试、笔试、推荐并举。社区学院录取所有居住在学院所在地区并持有中学毕业证书的学生，或中学未毕业但通过了州中学最低水平测试的学生以及年龄在18岁以上的本地区的任何公民。中等职业教育在公立中学实施，开设普通职业教育课和特别职业教育课。中学后高等职业教育则以预备教育形式作为高等教育的一种，这就是社区学院，两年制的社区学院学生毕业后，既可就业又可升入对口大学继续深造。

美国职业教育和包含初等教育在内的各阶段教育实现了无缝衔接。从高中阶段到职后教育，美国重视职业型和技能型人才的培养。在高中阶段，美国试行学分制，学生可选修职业技能型课程。职业课程的引进可以使高中阶段的学生能够了解到基本的职业技能知识，从而为学生将来的专业选择提供参考。美国社区学院是实施职业教育和培养实用型人才的重要场地，在促进职业教育发展中起着重要作用。除社区学院外，美国大学也为学生提供继续接受职业教育的机会。而且美国的职业教育也涵盖了未升学或中途辍学青年和企业内部员工的培训。可见，美国职业教育体系全面系统，对于建设和发展终身教育发挥着举足轻重的作用。

（二）重视产教结合，推进校企深度合作

美国职业技术教育的重要特点是产教结合。一是职业教育与不同历史时期的经济战略结合起来；二是职业教育与不同地区的经济发展结合起来；三是在职业教育过程中学校与企业结合起来；四是企业的生产经营与职业培训结合起来。

学校与企业的合作是美国教育的一大特色。总体来说，学校与社会、企业联系十分密切，学校的发展离不开社会的支持。在校企合作的模式中，企业积极参与学校的教学活动，如与学校共同制定培养学生的教学计划；主动为学校提供实习基地，安排技术人员做学校的兼职教师；企业欢迎学校教师进入企业研修学习。所以，学校与企业的合作不仅有助于提升职业院校或者社区学院自身的办学层次，而且学校鲜明的办学特色更能使学生的实践能力和操作能力不断提升，进而推动整个社会的经济发展。

（三）课程设置灵活多样，更加注重应用性

美国职业技术教育的课程设置也别具特色，非常灵活丰富。

美国职业学校根据社会需求及时调整专业门类和设置课程，学生也根据劳动力市场的需求选择自己的专业方向。课程设置主要有三种：一是副学士学位课，一般为两年，学生毕业后可转入大学（学院）继续深造；二是职业培训证书课，分为不到一年的短期培训课、一年制和两年制，主要进行就业岗位知识和技能的培训；三是学徒培训课，学徒可以在职业学校选择适合自己的专业接受培训。总之，职业教育课程设置与工商业、家庭经济、公共卫生、服务行业、技术培训、市场与营销、建筑与工程制图以及农业综合企业八大类300多个职业有关。

另外，社区学院为了促进高等教育职业化开设普通教育和职业教育的综合课程，兼顾学术性与职业性，课程设置符合学生"应知、应会"的要求，除了开设综合课程之外，还开设技术性课程，而且技术性课程的比例不断上升，基础课与技术课之比是38：62，理论课与实验课之比是53：47。课程教学内容从职业需要出发来安排，不同专业在课程设置、学时安排和讲授内容方面都有差别。不管是普通教育课程还是职业教育课程，在教育内容上，既强调职业教育的知识技能，重视实践能力和操作能力的培养；又注重提升学生的文化素质和基本能力。

（四）教师聘任制度严格，十分重视工作经验

美国职业教育的教师选拔、聘任有着非常严格的程序和高标准的要求。美国教师的任职标准是十分严格的。教师首先要接受本科或者研究生阶段的专业知识教育，然后通过学习教育知识和教育理论，并获得教师资格证才有资格成为教师。

美国对职业教育教师资格有严格的规定，其资格证书比一般中小学教师资格证书要求更高，尤其对实践和技术能力的要求比普通教育的教师高得多。职业教师资格的要求主要有三个方面：一是教师应当胜任他们的教学工作，一般应在他们所教领域取得学士学位，并对所教的技术课程有一年以上的实际工作经验，在合适的技术领域有五年以上经验的可以代替学士学位要求；二是负责安排和监督执行教育计划的人，必须有硕士学位或接受了其他高等教育训练，并具有相应领域的工作经验；三是教师要有工业、商业、销售方面的最新经验，或者有所讲授技术的有关专业的实践经验。

美国职业学校聘请的教师必须持有州教育主管部门颁发的许可证，而且学校在聘任教师时非常重视教师的直接工作经验。另外，要求应聘者学过教育学课程，否则必须在聘用期限内修完规定的教育心理学、教学方法等六门课程。近年来，美国正在实施职业教育新任教师的专业发展计划，旨在为新教师提供一个具有灵活性和有效性的培养机制，帮助新教师顺利转换角色，尽快达到技术和实践能力的要求，成为"双师型"人才以适应职业技术教育的教学实践。

诚然，从不同角度来看，美国职业技术教育具有不同的特点，本文就不一一赘述。

第四节 国外职业教育办学模式的特点及分析

对于西方一些发达国家，职业教育在其经济与科技发展中发挥重要作用，这在工业化进程中十分突出。经过几世纪的积累和实践，各国职业教育在发展

过程中立足本国实际国情形成独具特色的办学模式，并取得了一定的成果。德国的"双元制"、英国的国家职业资格证书制度和美国的"能力本位"模式都各有特点。本节以三国的办学模式为基础，对其职业教育的特点以及给我国职业教育的启发等方面进行分析。

一、国外职业教育办学模式举隅

（一）德国职业教育模式

职业教育在德国经济发展中发挥着重要的作用，这和"双元制"办学模式的优势密切相关。德国学者瓦尔特提出，德国职业教育"其目标不仅在于为经济服务，而且在于年轻人的社会化"，而目的则在于"为青年提供社会化的经历，从而使其获得心理上和社会上的稳定"。

德国"双元制"职业教育办学模式，虽然在培养目标上体现整体性，但在具体的教学过程中又是一分为二的，表现出明显的双元特征。所谓的"双元制"，是学校与企业合作共同完成人才培养目标。它主要以培养专业技术工人为目标，是将企业与学校、理论知识与实践技能紧密结合起来的一种职业教育办学模式。

"双元制"办学模式表现在以下几个方面：一是培训过程贯穿企业和职业学校两个主体；二是人才培养中有两类教师（实训教师和理论教师）参与教学，实训教师主要在企业工作，其身份是企业雇员，而理论教师主要职业在职业学校工作，本职身份是国家公务员，主要负责对学生进行理论知识的讲解；三是学生的两种身份，学生在企业实训时是企业学徒，在职业学校学习时是职校学生；四是学生接受两种教学内容，即在企业主要学习专业知识、专业技能和经验，在职业学校则学习相关的专业理论知识和语文、数学、外语、政治、体育、宗教、伦理等文化知识；五是职业院校的学生，只要通过相应的职业培训结业考试，均可获得由行业、协会联合颁发的国内外承认的证书。此外，培训企业和职业学校还会颁发与培训和学习地点有关的培训证书和毕业证书，以此来证明学历。

"双元制"办学模式，如果从企业或用人单位的角度来看，企业和用人单位的积极性将会得到激发，办学途径也更加丰富。在职业院校办学过程中，他们能够得到更多的经费支持，对于就业率的提升无疑是非常有利的，而且基于该模式的职业院校在发展过程中更能实现良性循环。诚然，"双元制"办学模式对专业要求很高，同时表现出的对企业较高依赖性的特征，都是需要非常稳定的经济发展作为支撑和保障的。

（二）英国职业教育模式

从英国职业教育发展的历程，我们不难发现英国长时间致力于突出职业教育的教育体制改革，打造"全程渗透、相互贯通"的教育体制，实行"科学严谨、高效务实"的运行机制，将"把职业教育渗透到整个教育体系中，使每个学段都将职业教育"作为改革的终极目标。2000年后，英国的学前教育阶段甚至都渗透了职业教育。

国家职业资格证书制度是英国职业教育富有特色的一种模式。而这一制度的推行得益于20世纪80年代政府的主导，产业界、工会、教育和培训机构等组成的职业资格全国委员会。这一组织结构围绕职业资格证书制度进行了建设与统一，并对接受过职业教育的人提供市场认可的统一资格认定，改变了各地各种职业资格证书标准不一的局面。另外，英国政府针对职业教育与学历教育相分离的情况围绕职业资格证书等级与学历学位制度进行完善，对二者的分级对应关系进行了划分，这一创造性的举措改善了职业教育与学历教育相分离的局面，并给职业教育以平等的对待。

根据企业生产所需要的知识和技能，将所有职业资格归纳其中，制定由低级到高级的5级国家职业资格证书标准。从第一级到第五级分别为熟练工人、技术工人、技术员（或监督员）、高级技术员（或初级管理人员）和专业人员（或中级管理人员）。每一级职业资格都有明确的资格要求，都与学历教育的文凭和证书相对应。其中，三级相当于中等教育高级水平证书，可以直升大学；四级相当于大学学士学位；五级的资格要求是具有在艰苦或复杂环境下运用技术解决问题的能力，能独立且严谨地进行分析、判断、设计、计划、执行和评估，有强烈的责任感和担当意识，它等同于学历教育的研究生学位。

（三）美国职业教育模式

美国职业教育是以 CBE(Competence Based Education)为核心的"能力本位"模式。其职业技术学院的人才培养主要以会计、护士、工程技术等为主，2～3年的学制，通常情况下，毕业生学位为副学士。该模式特出"以能力为基础的教育或能力本位教育"，即为企业满足需求的技术人才，注重对学生实际能力的培养和训练。

以 CBE 为核心的能力本位职业教育特点鲜明，具体表现为以下方面。一是以培养学生职业能力为基础而开展的教育、培养和评估。学生学习的科目是通过对学生综合能力进行职业分析、评判和认定后确定的。二是教学实施完全打破以学科体系来制定教学计划的做法，按照职业能力分析表中对学生专题能力的培养来安排。可见，CBE 模式强调的"能力"，不仅仅是动手操作能力，而是包括知识、技能和态度等多方面的综合职业能力。三是教学过程中强调学生的自我学习和自我评价，挖掘学生的潜能，着力培养学生的自我管理能力。四是选择灵活多样的教学方式和科学严谨的教学管理模式。在学生培养过程中，培养流程为，学校会与企业合作，并聘请企业专业人士组成委员会，然后以企业岗位需求为依据，对职业能力加以确定，然后对职业能力分析表进行编制，由此确立培养目标。然后校方组织教师对企业列出的各项职业能力进行分析，据此制定教学模式与教学计划，并按照由易到难的顺序开展教学。该模式高度重视培养学生岗位所需的职业能力，并着力于全面提升学生的职业能力，确保学生向工人身份的迅速转变，保持了企业用人的连贯性和持续性。

二、国外职业教育的特点

纵观国外职业教育的办学模式，虽然各有所长，但也有共同的特点。毫无疑问，这对我国职业教育的发展提供了宝贵经验并具有借鉴作用，更在我国职业教育的办学模式、课程设置和教学方法方面起到良好的促进作用。

（一）政府高度重视，政策法规提供有力保障

从德国、英国和美国的职业教育办学模式可以看出，发达国家的职业教育之所以取得显著成就，和政府高度重视，通过调控、干预或立法保障职业教育的健康发展是密切相关的。

现代意义的职业教育伴随着资本主义工业革命的产生而产生，并随着战后西方经济的兴起而兴起，更随着如今高技术信息时代的发展而发展。德英美这些发达国家均把教育发展的战略重点放在职业教育上。德国的"双元制"被誉为战后创造经济奇迹的"秘密武器"，良性循环的培训市场和劳动力市场机制，使得接受职业教育的人们就业更有利，因而促进了广大民众积极参与职业教育。英国也是高度重视职业教育，1998年推出长期培训计划，主张建立个人培训贷款，甚至资助有经济困难的个人参加收费培训。而美国在20世纪90年代后失业率不断增加的形式下，更是通过颁布一系列法案将职业教育引向高潮。

除了政策的大力支持外，发达国家还建立了完善的法律法规体系作为保障。德国的《职业教育法》作为基本法于1969年开始实施，另外还有《职业教育促进法》《企业法》《手工业条例》《实训教师资格条例》等以及370多种国家承认的职业培训条例，使得整个职业教育都有法可依。英国的《1944年教育法》《就业和培训法》《1976年教育法》和《1992年继续教育和高等教育法》等法律对职业教育提供了有利的法律保障。美国颁布的职业教育法律法规也有155个，有力地为职业教育发展提供了大力支持。

（二）政府投入与企业投资相辅相成，为职业教育发展提供物质保障

无论是德国、英国还是美国，都特别重视对职业教育的经费投入。政府投入是基本，企业投资是主体，二者相辅相成，共同为职业教育发展提供有力的物质保障。例如德国，德国的政府教育行政部门、行业协会及企业双主导的高等职业教育办学体制，高职院校的"双元制"办学特色，决定了德国职业教育呈现政府投入为基本，企业投入为主体的投资体制。职业院校的基本办学费用由国家和州政府承担，企业承担培训费用。企业除出资购置培训设施、器材和原材料等外，还支付学徒在企业培训期间的生活津贴和实训教师的工资。甚至在有的州，职业学院的办学经费主要来自企业，几乎没有政府拨款，出资企业通过参与职业院校的理事会（董事会）的管理来监督经费使用情况。

在办学经费方面，虽然各国的办学体制有所不同，但在高等职业教育的经费投入方面均超过 50 以上。英国更是通过立法建立职业教育基金作为职业教育发展的补充，另外还通过推行培训贷款，给予"高消费"性质的高职教育以大力支持。

（三）企业积极参与，校企合作优势显著

德、英、美职业教育的重要特色在于企业的积极参与，校企合作成为工业化大生产下职业教育的主要特点。发达国家校企合作模式之一是以企业为主，德国双元制就是典型代表。双元制的整个培训过程由行业协会作为中介，执行监管与质量考核，并建立跨企业培训中心以作为中小企业培训能力不足的补充机构。英国的工学交替也是如此，企业是实施职业教育的主要组织者和管理者。美国的合作教育是以学校为主的，这种模式的教育对象主要是职业学校的学生，教育部门是职业教育的主要组织者，负责制定学校教育和到企业进行技能培训的计划。

（四）教学以学生为中心，注重培养学生的实践应用能力

无论是德国的职业教育，还是英国的职业教育，抑或是美国的职业教育，他们的教学活动均以学生为中心，从学生的职业需求出发，注重培养学生的实践能力和理论的应用能力。

德国典型的职业教育模式"双元制"，学生三分之二的时间是在企业岗位或实训车间进行技能训练，三分之一的时间才在学校学习理论知识。从学习时间的安排上，我们就可以发现显然是为了培养学生的实践操作能力才这样设置。而德国职业教育对聘用教师的严格要求（具体见第二节　德国职业教育），更是为了保障学生实践能力的养成。而英国职业教育学院在教学上更是贯彻"以

生为本"的教育理念，充分体现对学生的关怀。在该理念基础上开展的教学更是以学生为中心。就拿 BTEC（英国商业与技术教育委员会）来说，它作为英国著名的资格授权机构，更是鼓励各大学采用以学生为中心的学习体系，从而提高学生的实践应用能力。美国职业学校的教学活动也不例外，学校根据社会需求及时调整专业门类和设置课程，学生也根据劳动力市场的需求选择自己的专业方向。另外，社区学院为了促进高等教育职业化开设普通教育和职业教育的综合课程，兼顾学术性与职业性，课程设置符合学生"应知、应会"的要求，除了开设综合课程之外，还开设技术性课程，而且技术性课程的比例不断上升，基础课与技术课之比是 38∶62，理论课与实验课之比是 53∶47。课程教学内容从职业需要出发来安排，不同专业在课程设置、学时安排和讲授内容方面都有差别。不管是普通教育课程还是职业教育课程，在教育内容上，既强调职业教育的知识技能，重视实践能力和操作能力的培养；又注重提升学生的文化素质和基本能力。

三、国外职业教育成功经验对我国职业教育的启示

政府在政策和法律法规上的保障支持，行业、企业深度融合，以能力为本、注重培养学生的实践能力是三国职业技术教育成功的关键所在，更是职业教育良性和可持续发展的根本原因。毫无疑问，这对我国高职教育发展带来诸多启示。

（一）政策支持与法律保障，是高职教育健康发展的根本

自 20 世纪 80 年代以来，我国高职教育政策与法规经历了从模糊到清晰的过程。如《国务院关于加快发展现代职业教育的决定》（国发〔2014〕19 号）明确了今后一个时期加快发展现代职业教育的指导思想、基本原则、目标任务和政策措施，《决定》中提出"到 2020 年，形成适应发展需求、产教深度融合、中职高职衔接、职业教育与普通教育相互沟通，体现终身教育理念，具有中国特色、世界水平的现代职业教育体系"。《决定》还指出，加快发展现代职业

教育，是党中央、国务院作出的重大战略部署，对于深入实施创新驱动发展战略，创造更大人才红利，加快转方式、调结构、促升级具有十分重要的意义。毫无疑问，《决定》不仅为职业教育发展指明了方向，而且对职业教育的发展具有重要意义。

（二）建立多渠道投入机制，为高职教育健康发展提供物质保障

我国政府虽然对于职业教育的发展十分重视，但是给予高职院校的办学经费支持却是十分有限的。2005年，普通高等教育预算内财政拨款为1046.37亿元，其中普通本科学校财政预算内拨款为936.05亿元，占普通高教预算内财政拨款比例为89.46%，高职高专学校财政预算内拨款为110.32亿元，仅占10.54%。而且我国高职院校的办学经费，主要以学费收入为主，财政拨款为辅，其中财政拨款又以地方政府为主。个别企业主办的高职院校，办学费用仅仅依靠学费收入的同时，还需向主管企业缴纳一定额度的管理费。中华人民共和国教育部门户网站的公报公告栏中2004～2011年各年度全国教育事业发展统计公报显示，我国普通本科院校数从2004年的684所发展到2011年的1129所，高职（专科）院校从2004年的1047所发展到2011年的1280所，高职（专科）院校占了我国高等教育的"半壁江山"。无论是从教育的公平性，还是从高职教育对国家经济发展的促进性来看，都必须改革我国高等职业教育以学费为主的投入机制，在逐步提高各级政府的财政投入的同时，面向社会、企业通过立法和行政手段设立职业教育基金、疏通校企合作办学渠道等形式，建立多渠道的职业教育办学经费筹措机制，逐步夯实高职教育健康发展的物质基础。

（三）构建政府主导、行业指导、企业参与的办学机制，促进高职教育健康发展

德、英、美三国，无论何种办学机制，行业、企业均积极参与职业教育，并以培养适应产业经济发展所需要的应用型人才为己任。行业协会通过制定行业职业资格标准来参与学院办学、职业资格考试，承担职业技能培训任务，保障了高职教育的职业性导向与行业性特色。

目前，我国具有全国性影响力的行业协会，如中国工程机械工业协会、中国物流行业协会和中国汽车工业协会等，关注的重点是行业的发展，是其编制的与行业相关的国家标准、行业标准和技术规范在行业中的推广，而参与高职办学的积极性却不高。所以，国家及各级政府应向德、英等国学习，积极推动行业协会转型，在促进各行业健康发展的同时，加快行业协会参与高职教育的步伐，共同培养适应国家和区域竞争发展的应用型人才。

（四）创新高职教育的办学模式，培养高端技能型人才

无论是德国的"双元制"办学模式，英国的国家职业资格证书制度办学模式，还是美国的 CBE 办学模式，均是当今世界高职教育的主流办学模式。它们都强调培养学生的实践操作技能，关注培养学生的关键职业能力，在教学过程中更注重理论与实践相结合。

我国高职院校办学模式确立的出发点应基于理论与实践相结合的基本原则，培养理论够用，实践操作能力较强的应用型人才。目前提的较多的有"工学交替""工学结合""校企合作"等。无论哪种提法，实施的关键在于实践设备、场所与师资。在目前行业、企业参与高职办学的积极度不高，国家及各级政府办学投入不大，高职教师缺乏企业从业经历的情况下，学习国外高职教育的先进办学理念，结合国情创新办学模式势在必行。具体的举措有：一是结合国情，推行教师进企业顶岗锻炼，提高教师的实践操作能力，帮助教师确立各岗位的关键能力，促进教学。二是学习国外发达职业教育的先进经验，规避行业、企业参与高职教育积极度不高的不利因素，主动出击，创新教学模式。三是构建基于岗位能力分析基础上的专业教学资源库，规范指导高职专业建设和教学。

第二章　中国职业教育

中国教育的历史，有文献记载的可以追溯到有虞时代舜所设立的庠，发展至今已有数千年的历史。汉代以后以儒家文化为主导，清末又引入了西方近代教育。到了近现代，在教育制度上学过日本、德国、美国和苏联。而在19世纪中叶，中国就出现了职业学校性质的实业学堂，这标志着近现代职业技术教育在中国的产生。如果单论现代职业技术教育理论建构的主导思想，甚至可以追溯到清末民初时期一些像黄炎培这样代表人物的主张。但是由于受到战乱和各种政治因素的影响，即使到了20世纪70年代末，关于职业技术教育的理论研究还难以形成规模和体系；20世纪80年代初，中央政府迅速启动的中等教育结构调整工作推动了职业技术教育在中国重新开始大规模的发展；直到20世纪末，职业技术教育学才被认为是一门新兴学科。

学者姜大源认为，作为一种不同的教育类型，职业技术教育有着不同于普通教育而富含职业科学内涵的特征，这才是职业教育的基础。

《国务院关于加快发展现代职业教育的决定》（国发〔2014〕19号）指出："近年来，我国职业教育事业快速发展，体系建设稳步推进，培养培训了大批中高级技能型人才，为提高劳动者素质、推动经济社会发展和促进就业作出了重要贡献。同时也要看到，当前职业教育还不能完全适应经济社会发展的需要，结构不尽合理，质量有待提高，办学条件薄弱，体制机制不畅。加快发展现代职业教育，是党中央、国务院作出的重大战略部署，对于深入实施创新驱动发展战略，创造更大人才红利，加快转方式、调结构、促升级具有十分重要的意义。"① 可见，中国现代职业教育发展进入快速发展时期。

本章不去探讨中国现代职业教育的发展演变历程，而是从职业教育办学主体的角度来探讨不同的办学主体所创办的高职院校的办学模式及管理特色，以期对同类院校提供可参考借鉴的实证材料。

第一节 政府部门办高职院校的办学模式及管理实证研究

中国作为四大文明古国之一，有着五千年的灿烂文明历史。自古以来中国教育源远流长并历史悠久，古代大哲先贤们更提出了"有教无类""因材施教"等教育思想。而近现代的职业技术教育更是中国教育的重要组成部分，对促进劳动就业、经济和社会发展起着重要作用。

职业技术教育是传授职业知识和专业技能，培养职业道德，提高职业能力的教育。与普通教育相比，职业技术教育更偏重实践技能和实际工作能力的培养。为了加强职业教育的制度建设，中国于1996年颁布了《中华人民共和国职业教育法》，对职业教育体系、实施及保障条件做了比较具体的规定，提出国家根据不同地区的经济发展水平和教育普及程度，实施以初中后为重点的不同阶段的职业教育，逐步建立起包含初等、中等、高等三个层次、职业学校教育与职业培训并举的职业教育体系，职业教育制度不断完善。

一个十四亿人口的大国，如果教育搞上去了，人才资源的巨大优势是任何国家比不了的。想要让"中国制造"成为世界认可的品牌，职业技术教育发挥着重要的作用。可见，职业教育的改革和发展站在了新的历史起点。

新中国成立70年来，中国经济社会发展取得举世瞩目的成就，国家面貌发生翻天覆地的变化。在这个过程中，我国的职业教育伴随着日益强大的现代产业体系而成长，不仅建成了世界上规模最大的职业教育体系，而且形成了中

---

① 国务院关于加快发展现代职业教育的决定 [J]. 职教研究，2016（8）：22.

国特色现代职业教育体系的基本框架，成为推动经济社会发展的重要力量。党的十八大以来，以习近平同志为核心的中共中央高度重视职业教育，强调"职业教育肩负着培养多样化人才，传承技术技能，促进就业创业的重要职责，承担着努力培养数以亿计的高素质劳动者和技术技能人才的历史重任，必须高度重视，加快发展"；强调"职业教育必须牢记人人皆可成才，并为人人尽展其才创造条件，不仅要让每个孩子享有受教育的机会，而且要让每个人都有人生出彩的机会。"

在中共中央和国务院的高度重视和大力推动下，中国职业教育走进了新时代，迎来了改革发展的春天。2018年11月审议通过的《国家职业教育改革实施方案》，做出了"职业教育与普通教育是两种不同类型的教育，具有同等重要地位"的重大判断。提出了一系列新的制度设计和政策举措。2019年的《政府工作报告》中已向全社会释放出推动现代职业教育大改革、大发展的坚定决心和重大利好。可见，政府在职业教育发展中发挥着十分重要的作用，而政府办高职院校在职业教育发展的新时代也面临着机遇与挑战，下面我们从其办学模式和管理现状方面来探讨政府部门如何办好人民满意的高职教育。

一、办学模式

2002年，党的十六大在总结我国工业发展和工业经验的基础上，根据我国国情提出了我国应该走"新型工业化道路"，即"坚持以信息化带动工业化、以工业化促进信息化，走出一条科技含量高、经济效益好、资源消耗低、环境污染少、人力资源优势得到充分发挥"的工业化道路。新型工业化过程在保证数量规模的前提下，则更注重依靠现代科学技术提升工业质量。这就对教育尤其是职业技术教育所培养的人才，从数量、规格和层次方面提出了新的、更高的要求。

2014年，《国务院关于加快发展现代职业教育的决定》开篇指出："近年来，我国职业教育事业快速发展，体系建设稳步推进，培养培训了大批中高级技能型人才，为提高劳动者素质、推动经济社会发展和促进就业作出了重要贡献。同时也要看到，当前职业教育还不能完全适应经济社会发展的需要，结构不尽合理，质量有待提高，办学条件薄弱，体制机制不畅。加快发展现代职业教育，是党中央、国务院作出的重大战略部署，对于深入实施创新驱动发展战略，创造更大人才红利，加快转方式、调结构、促升级具有十分重要的意义。"①《决定》结尾强调："大力宣传高素质劳动者和技术技能人才的先进事迹和重要贡献，引导全社会确立尊重劳动、尊重知识、尊重技术、尊重创新的观念，促进形成'崇尚一技之长、不唯学历凭能力'的社会氛围，提高职业教育社会影响力和吸引力。"②可见职业教育正处于发展变革期，必须转变高职教育的办学理念，调整办学模式以适应社会经济发展的需要。正如该《决定》中所强调，"发挥好政府保基本、促公平作用，着力营造制度环境、制定发展规划、改善基本办学条件、加强规范管理和监督指导等。充分发挥市场机制作用，引导社会力量参与办学，扩大优质教育资源，激发学校发展活力，促进职业教育与社会需求紧密对接。"③

2018年11月审议通过，2019年2月13日国务院正式印发的《国家职业教育改革实施方案》指出，经过5～10年左右时间，职业教育基本完成由政府举办为主向政府统筹管理、社会多元办学的格局转变，由追求规模扩张向提高质量转变，由参照普通教育办学模式向企业社会参与、专业特色鲜明的类型教育转变，大幅提升新时代职业教育现代化水平。文件中还指出，将构建职业教育国家标准，启动1+X证书制度试点工作；促进产教融合校企"双元"育人，多措并举打造"双师型"教师队伍，建设多元办学格局；完善技术技能人才保障政策。

2019年12月5日，教育部副部长田学军在"赢未来：职业教育发展国际

---

① 国务院关于加快发展现代职业教育的决定[J]. 职教研究，2016（8）：22.
② 国务院关于加快发展现代职业教育的决定[J]. 职教研究，2016（8）：27.
③ 国务院关于加快发展现代职业教育的决定[J]. 职教研究，2016（8）：22.

研讨会"的致辞中表示，中国将在5~10年内推动职业教育完成三个转变：一是由追求规模扩张向注重提高质量的转变；二是由参照普通教育办学模式向企业、社会参与，专业特色鲜明的类型教育转变；三是由政府举办为主向政府统筹管理、社会多元办学的格局转变。

当今世界正在经历百年未有之大变局，这个变局最显著的标志就是习近平主席指出的"三个前所未有"，即新兴市场国家和发展中国家的崛起速度之快前所未有，新一轮科技革命和产业变革带来的新陈代谢和激烈竞争前所未有，全球治理体系与国际形势变化的不适应、不对称前所未有。面对这样的变局，顺应经济全球化的历史潮流，以更加开放的心态和举措加快经济一体化的步伐，加快培养高层次技术技能人才，是进一步发展经济、改善民生、造福人类的关键举措。而我国职业教育，为了适应这样前所未有之大变局，改革与转变势在必行。

面临这样前所未有之大变局，高等职业技术教育的办学模式和管理形式正在发生着转变。高等职业技术教育是以培养高层次技术型、应用型人才为目标，突出的是理论知识与实践能力的紧密结合，培养的人才既具有扎实的专业理论知识，又具有较强的岗位实践操作能力，从而适应经济社会发展的需求。

2019年6月15日，教育部公布的全国高等学校名单显示高职高专院校共有1423所，其中公办高职高专院校1098所（其中政府部门办高职院校1022所，国有企业办的高职院校有76所），民办高职高专院校322所，中外合作办学高职高专院校3所。可见，在职业教育中，政府部门办高职教育比例为71.82%。而政府部门是管理社会公共事务的重要组成部分，在高校教育系统中重点负责宏观调控、资源分配等。目前，政府部门在职业教育中的职能正在发生转变，正如《决定》中所说："完善分级管理、地方为主、政府统筹、社会参与的管理体制。国务院相关部门要有效运用总体规划、政策引导等手段以及税收金融、财政转移支付等杠杆，加强对职业教育发展的统筹协调和分类指导；地方政府要切实承担主要责任，结合本地实际推进职业教育改革发展，探索解决职业教育发展的难点问题。要加快政府职能转变，减少部门职责交叉和分散，减少对学校教育教学具体事务的干预。充分发挥职业教育工作部门联席会议制度的作用，形成工作合力。"[1]另外政府办职业教育的模式由原来的参照普通教育办学模式向企业社会参与、专业特色鲜明的类型教育转变，该类型中政府是主管，负责协调统筹；高职院校是主体，负责人才培养；企业行业是协作参与者，负责专业指导和参与协作育人，政、校、企三方合作，使得产教融合的办学特色更加鲜明。

二、管理现状

职业技术教育本质上是依托行业和企业的一种教育，在教育过程中需要依靠企业和行业提供的技术和职业标准以及用于教学的实训场地、设备，根据企业生产对劳动力的需求，以及学生发展来安排教学。我国职业教育的实践证明，没有企业和行业的参与，职业教育就形同无源之水，无本之木。在职业教育模式发生转变的前提下，高职院校在发展过程中，积极探索企业参与高职教育，校企深度合作的模式，从目前的管理现状出发探讨管理上的变革。

（一）办学自主权不足

高职院校作为独立的法人机构缺乏与独立法人地位相匹配的办学自主权。改革开放以来，尽管高职院校的办学自主权不断恢复并逐步扩大，但受限于长久以来高等教育的传统管理范式，高职院校办学自主权并未完全依法落实。根据国家教育行政学院郭静的《高职院校治理能力提升的现实困境与优化路径》对73所高职院校的调查研究显示，"仅有11%的高职院校办学自主权比较大，52%的院校有一定的办学自主权空间，还有37%的院校办学缺乏自主权。其中，国家级示范校、骨干校的自主权大于省级示范校和其他普通院校。其拥有自主权的学校比例依次为75%、67%、60%和60%。"[2]管中窥豹我们不难发现，

---

[1] 国务院关于加快发展现代职业教育的决定[J].职教研究，2016（8）：27.
[2] 郭静.高职院校治理能力提升的现实困境与优化路径[J].国家教育行政学院学报：教育经济与管理，2016（6）：36～41.

高职院校的办学自主权明显不足。

而政府部门办高职院校的情况又如何呢？政府实际上既是学校的举办者，又是行政管理者还是实际办学者，高职院校与政府之间具有强烈的依附关系，院校更愿意也习惯于遵循和服从政府意志和政府命令，以获取更多的行政资源配置，很少有院校进行自主权的探索与突破。在实际管理中，高职院校在专业设置与调整方面的自主权普遍落实较好，在院长选聘、人事管理、教师评聘、内部收入分配和招生等五个方面自主权明显不足。

（二）决策主体单一

政府办高职院校在管理上还存在决策权、执行权相互交叉，决策主体单一，监督缺乏实效的问题。首先，我国高校实行党委领导下的校长负责制，而校长作为党组成员，其既是决策者，又是执行者，所以很难建立起科学有效的治理结构和制约机制。其次，绝大多数政府办高职院校的决策主体结构单一，行业企业参与高职院校治理普遍流于形式。最后，高职院校民主监督机制普遍缺失，监督实效低下。高职院校行政化机构设置与管理模式使得校内机关只对上级负责，导致一系列高校内部监督机构工作流于形式。

（三）民主管理意识薄弱

政府办高职院校在管理上存在科层制的管理方式，追本溯源，科层制是伴随着中国古代专制统治而形成的一种具有强烈伦理意识形态的管理方式，它是一种权力依职能和职位进行分工和分层，以规则为管理主体的组织体系和管理方式。而且这种科层制的观念潜移默化地影响着高职院校管理者的决策和管理。具体表现在三个方面：一是依法治校意识薄弱，高职院校普遍以领导的意志为中心使用公共权力，法制化、制度化程度不高；二是管理者的民主意识薄弱，教职工对学校发展重大事项缺乏知情权和参与权；三是受科层制管理方式影响，教职工存在"不在其位不谋其政"的非参与意识，缺乏积极主动的主人翁意识，对于学校管理活动中应该享有的权利和应履行的义务很少进行正当地争取与维护，对学校管理的积极参与和有效监督不足。

三、改进措施

针对上述政府办高职院校的管理现状，可从以下三个方面进行管理方面的改进。

（一）自主权增大，实施校本管理

校本管理需要从两个方面来理解：一是学校拥有控制决策权和管理权，即学校独立于政府系统；二是学校把内部管理决策权下放。截至 2019 年 6 月 15 日教育部数据显示，在我国政府办的高职院校共有 1022 所，占高职院校总数 1423 所的 71.82%，因文化、地域、地方经济发展的差异性每个学校都有其特殊性，所以必须淡化政府的统一管理，实现高职院校的自主管理，从而突出不同院校的各自特色。目前，我国公办尤其是政府部门办高职院校的教育体系受到过多的政府干预，政府制定统一的管理政策和行为模式，院校缺乏自主权，无法拥有自身的办学特色和独特的管理机制。目前，政府不敢放权很大程度上是因为高职院校管理水平限制，担心院校自主管理后出现混乱。其实二者并不矛盾，因为政府对整个教育体系拥有统筹管理的权限，校本管理只是限制这种权限使用的时机，而并非否定其效力。另外，高职院校的运行及管理需要在法律、法规的范围内进行，其管理受到司法系统的限制，并非毫无约束，这也符合我国的依法治国理念，高职自主权当然无法挑战法律的权威。

如今的高职院校管理大多实行党委领导下的校长负责制，当然，院校管理需要行政色彩，目前，高职院校的领导决策权大多集中在领导层，而学校教职工、学生等群体缺乏参与，导致学校领导与教育实践脱节，不仅导致决策的执行存在难度，决策的正确性也受到本校教职工以及学生的质疑。高职教育不同于本科教育，也有别于中职教育，它兼具学术性与职业性，教育理念的不同也必然导致管理理念的不同，因此，领导层若无法考虑学校本身特点，便无法管理好学校，而学校教职工身处学校教育一线，熟悉学校运行情况、人才市场需求，也具备相应的专业素养，对于高职院校的管理、决策以及具体执行情况与

领导层相比，均有更为直观的体验，学校管理需要一线教育者的参与。而学生既是学校的教学主体，又是学校管理的重要客体，让学生参与学校管理，不仅能够更直接了解被管理者的诉求，便于减少决策的执行难度，而且能够培养学生的管理能力。所以，内部管理权下放既有利于激发教职工和学生的主人翁意识，又有利于形成的决策更符合学校实际而便于执行。诚然，教职工与学生只是参与决策，且这种参与具备一定的制度和体系保障，并非全体直接决策。

校本管理要实现分院系管理与学校统一管理相结合。学校管理决策权在一定程度上下放，各院系相对独立，每个院系可以有自己的管理模式，在校级管理允许的范围内拥有最大的自主权，能够决定本院系内部的管理事项，各个院系之间互不干涉，能够自由安排活动，有相对独立的组织的财务运作，当然，这种独立性是建立在学校统一管理的基础之上，院系管理不能逾越校级管理的效力。虽然学校管理需要依靠院系进行管理和执行决策，但是高职院校的运行绝不是放任各个院系之间的独立运行，必须要有校级管理层的统一管理和领导，否则便无法形成真正独属于学校的特色管理，更无法形成一个统一的管理制度。只有分院系管理与学校统一管理有机结合，才能真正实现校本管理，才能让政府办高职院校打破传统高校管理模式的桎梏，让我国的高职教育朝着市场化、大众化以及国际化的方向发展。

（二）形成学校为主、企业参与、校企互动的管理模式

在校企合作、工学结合的管理层面，高职院校与企业的合作实践不断深化。材料显示，很多高职院校与企业共同制定实习学生考核标准对学生进行管理考核，如深圳职业技术学院在电子信息工程技术专业采用"企业导师制、责任教师制、节点考核制、周会制、学生周记制、企业周报制"的"六制度管理方法"规范学生实习。特别值得一提的是，部分院校已经形成顶岗实习教学功能的不同方式。如无锡职业技术学院数控技术专业根据企业要求，重构课程体系，将部分专业课程提前，部分课程结合顶岗实习开展教学，保证学生能够顶岗。辽宁省交通高等专科学校汽车检测与维修技术专业统筹规划生产实习，实习内容

与阶段性能力培养目标一致。福建交通职业技术学院汽车检测与维修技术在第2学年的工学交替阶段,学生以1个月为周期,在学校和校外实训基地交替进行教学和顶岗实习,实施工学交替,完成与教学内容相关的工作任务。

(三)转变个人观念,营造法治民主的治理氛围

随着我国依法治国基本方略的深入推进,高职院校的发展环境、发展理念和发展方式也发生着深刻变革,这迫切要求我们健全依法治校、民主管理的学校治理文化,营造法治民主的学校氛围。首先,应树立依法治校的治理理念,学校领导干部要积极组织全校教职工共同学习政治和法律知识,不断提高政治理论和法律素养。其次,要加大民主管理和民主参与重要性的宣传力度,一方面使领导干部认识到学校发展不是领导一个人的事情,提高领导力的实质是能够带领所有教职工与学校发展的所有利益相关者建立有效联系,调动所有人积极参与到学校发展服务中。另一方面,要鼓励广大教职工在明确自身的基本权利与义务的基础上,积极主动地参与学校的民主管理工作,促进民主向深度和广度拓展,保证民主管理工作的实效性,营造民主治校的良好氛围。最后,形成民主治校的有效机制。教职工代表大会既是学校建立民主决策机制的重要载体,又是学校实行民主治校的落脚点,其关键在于完善机制建设,包括依法明确教代会职权,完善教代会参与权内事项的决策流程等,从而确保教职工参与学校民主管理和监督的实效性。

第二节 企业办高职院校的办学模式及管理实证研究

国有企业是我国职业教育发展的重要支持,其地位在不同历史时期也在不断发生变化。20世纪80年代末,由企业和企业主管部门举办的职业院校占80%以上,遍及机械、电子、能源、交通等22个部门和系统,近50个工种(专业)。1999年国企改革是我国企业办职业教育由盛转衰的转折点,企业举办职业教育所占比例持续下降。近年来,国家对于企业在职业教育中所处地位的

认识不断地深化。2010年,《国家中长期教育改革和发展规划纲要(2010～2020年)》提出,职业教育要"建立健全政府主导、行业指导、企业参与的办学机制",强调的是企业参与。2014年,《国务院关于加快发展现代职业教育的决定》就企业在职业教育中的地位予以了重新界定,提出了"职业教育的重要办学主体"的命题。2018年2月,教育部、发改委等六部委联合印发《职业学校校企合作促进办法》,提出鼓励有条件的企业举办或者参与举办职业学校,首次对企业办职业教育提出了政策支持。2019年2月,国务院发布《关于印发国家职业教育改革实施方案的通知》,企业首次被确立为职业教育的办学主体,而政府的角色将从"举办者"变为"管理者"。可见,作为举办职业教育重要力量的国有企业,在职业教育发展的历程中从办学主体到参与,再到回归主体地位,经历了螺旋上升的趋势。

在国家政策的推进及税收优惠的促进下,企业根据自身需求开展职业教育被越来越多企业所接受。2019年7月19日,珠海市自然资源局对广东格力职业学院选址进行了公示。此次选址公示也意味着,广东格力职业学院即将进入建设阶段。消息一出,引来各方对格力电器跨界做职业教育的关注,事实上,早在2013年格力电器就有建职业学院和产业学院的想法,并且也一直为此而努力。2018年11月,格力电器就曾与珠海城市职业技术学院合作共建格力明珠产业学院,重点培育自动化设备、精密模具、智能装备、实验检测、质量管理等领域的高技能综合性人才。办一所大学,需要软硬件的支撑。董明珠此前曾表示,格力电器办大学会更有优势,因为格力拥有大量的实验室,将成为学生教学的重要保障。同样,格力电器还有自身科研人员,这些科技人才今后都可以直接为学生上课。

事实上,国有企业办职业教育不只格力一家,据高职发展智库统计,目前全国由国有企业举办的公办高职院校共76所。从规模上看,国有企业举办的公办高职院校数量明显偏低,但从整体的办学实力和特色来看,还是具备一定的竞争力,76所高职院校中,19所进入"双高"推荐名单(北京信息职业技术学院、天津渤海职业技术学院、天津现代职业技术学院、天津电子信息职业技术学院、天津轻工职业技术学院、天津交通职业学院、石家庄邮电职业技术学院、哈尔滨铁道职业技术学院、浙江机电职业技术学院、浙江商业职业技术学院、浙江经济职业技术学院、浙江工贸职业技术学院、山东商业职业技术学院、青岛酒店管理职业技术学院、武汉电力职业技术学院、重庆电力高等专科学校、重庆航天职业技术学院、四川邮电职业技术学院和昆明工业职业技术学院）。具体国有企业举办的公办高职院校名单及双高计划推荐学校见表2-1所示：

表2-1　国有企业举办的公办高职院校名单统计表

序号	省份	学校名称	举办单位	双高计划
		国有企业举办的公办高职院校名单统计表		
1	北京	北京信息职业技术学院	北京电子控股有限责任公司	获推荐
2	天津	天津工程职业技术学院	中国石油集团大港油田公司	
3	天津	天津渤海职业技术学院	天津渤海化工集团	获推荐
4	天津	天津现代职业技术学院	天津渤海轻工投资集团	获推荐
5	天津	天津电子信息职业技术学院	天津中环电子信息集团	获推荐
6	天津	天津机电职业技术学院	天津机电工业控股集团	
7	天津	天津轻工职业技术学院	天津渤海轻工投资集团	获推荐
8	天津	天津石油职业技术学院	中石油华北油田公司	
9	天津	天津工业职业学院	天津冶金集团公司	
10	天津	天津交通职业学院	天津市交通（集团）有限公司	获推荐
11	天津	天津城市建设管理职业技术学院	天津能源投资集团有限公司	
12	天津	天津生物工程职业技术学院	天津市医药集团有限公司	
13	河北	河北能源职业技术学院	开滦（集团）公司	
14	河北	唐山科技职业技术学院	河钢集团唐山钢铁集团有限责任公司	
15	河北	石家庄邮电职业技术学院	中国邮政集团公司	获推荐
16	河北	保定电力职业技术学院	国网冀北电力有限公司	
17	山西	大同煤炭职业技术学院	大同煤矿集团有限公司	
18	山西	潞安职业技术学院	潞安集团	
19	内蒙古	包头钢铁职业技术学院	包钢（集团）公司	
20	辽宁	辽宁冶金职业技术学院	本溪钢铁（集团）有限公司	

(续表)

国有企业举办的公办高职院校名单统计表

序号	省份	学校名称	举办单位	双高计划
21	黑龙江	大庆医学高等专科学校	大庆油田有限责任公司	
22	黑龙江	黑龙江林业职业技术学院	中国龙江森林工业集团总公司	
23	黑龙江	哈尔滨铁道职业技术学院	中国中铁股份有限公司	获推荐
24	黑龙江	大庆职业学院	大庆油田有限责任公司	
25	黑龙江	哈尔滨电力职业技术学院	国网黑龙江省电力有限公司	
26	黑龙江	黑龙江生态工程职业学院	中国龙江森林工业集团总公司	
27	上海	上海海事职业技术学院	中国远洋海运（集团）总公司	
28	江苏	南京机电职业技术学院	南京机电产业（集团）公司	
29	浙江	浙江机电职业技术学院	浙江省机电集团有限公司	获推荐
30	浙江	浙江工业职业技术学院	杭州钢铁集团公司	
31	浙江	浙江商业职业技术学院	浙江省交通投资集团有限公司	获推荐
32	浙江	浙江经济职业技术学院	浙江省机电集团（省职教集团）	获推荐
33	浙江	浙江工商职业技术学院	浙江省商业集团公司	
34	浙江	浙江工贸职业技术学院	杭州钢铁集团有限公司	获推荐
35	浙江	浙江邮电职业技术学院	浙江电信实业集团公司	
36	安徽	淮南职业技术学院	淮南矿业集团	
37	安徽	安徽邮电职业技术学院	安徽电信实业集团公司	
38	安徽	合肥通用职业技术学院	中国机械工业集团合肥通用机械研究院	
39	安徽	安徽电气工程职业技术学院	国网安徽省电力公司	
40	安徽	安徽冶金科技职业学院	马钢集团公司	
41	安徽	安徽汽车职业技术学院	安徽江淮汽车集团有限公司	
42	江西	江西航空职业技术学院	中航工业洪都集团	
43	江西	江西电力职业技术学院	国网江西省电力公司	
44	山东	山东商业职业技术学院	山东省商业集团有限公司	获推荐
45	山东	山东电力高等专科学校	国家电网公司	
46	山东	青岛港湾职业技术学院	青岛港（集团）有限公司	
47	山东	青岛酒店管理职业技术学院	山东省商业集团有限公司	获推荐
48	山东	山东工业职业学院	山东钢铁集团有限公司	
49	山东	山东铝业职业学院	山东铝业公司	
50	山东	青岛远洋船员职业学院	中国远洋运输（集团）总公司	

(续表)

国有企业举办的公办高职院校名单统计表

序号	省份	学校名称	举办单位	双高计划
51	河南	平顶山工业职业技术学院	中国平煤神马集团	
52	河南	永城职业学院	河南能源化工集团	
53	河南	郑州电力高等专科学校	国网河南省电力公司	
54	湖北	武汉电力职业技术学院	国网湖北省电力有限公司	获推荐
55	湖北	三峡电力职业学院	中国葛洲坝集团公司	
56	湖北	武汉航海职业技术学院	中国外运长航集团有限公司	
57	湖北	武汉工程职业技术学院	武汉钢铁（集团）公司	
58	湖南	长沙电力职业技术学院	国网湖南省电力公司	
59	湖南	保险职业学院	中国人寿保险（集团）公司	
60	湖南	湖南电气职业技术学院	湘电集团有限公司	
61	湖南	湖南邮电职业技术学院	湖南省电信实业集团有限公司	
62	湖南	湖南城建职业技术学院	湖南建工集团有限公司	
63	广东	广东邮电职业技术学院	广东省电信实业集团公司	
64	重庆	重庆电力高等专科学校	国网重庆市电力公司	获推荐
65	重庆	重庆航天职业技术学院	中国航天科技集团第七研究院	获推荐
66	四川	四川电力职业技术学院	国网四川省电力公司	
67	四川	四川邮电职业技术学院	四川电信实业集团有限责任公司	获推荐
68	四川	四川机电职业技术学院	攀钢集团有限公司	
69	贵州	贵州电力职业技术学院	南方电网公司	
70	贵州	贵州航空职业技术学院	中国航空工业集团公司	
71	云南	昆明工业职业技术学院	昆明钢铁集团有限责任公司	获推荐
72	云南	云南锡业职业技术学院	云南锡业集团（控股）有限责任公司	
73	陕西	西安电力高等专科学校	国网陕西省电力公司	
74	陕西	陕西邮电职业技术学院	陕西电信实业公司	
75	甘肃	甘肃钢铁职业技术学院	酒泉钢铁集团公司	
76	新疆	新疆工业职业技术学院	宝钢集团新疆八一钢铁有限公司	

由上表和国有企业举办职业教育的政策脉络梳理上我们不难发现，产教融合、校企合作是现代职业教育的发展方向，是大规模培养高素质技能人才的迫

切要求，也是办好职业教育的关键所在。下面我们从企业办高职院校的办学模式及管理方面进行探讨企业办高职院校的优势。

一、产教融合办学模式

什么是产教融合？"产"是产业，指的是社会专业分工基础上形成的相对稳定而独立的国民经济部门或行业；"教"特指的是职业教育；"融合"意为融入、合作，是我国职业教育在不断发展过程中的"教育与生产劳动相结合"思想的实际运用。所以，产教融合可以从两方面理解其内涵：一是从宏观层面上来讲，高职教育的发展要与国家和地区社会经济的整体战略规划和产业发展相结合，形成高职教育与产业发展相互融合、相互促进、相互依存的良好关系；二是从微观层面上来讲，学校的专业定位、课程体系、教学条件等分别与行业企业的职业素养、能力要求和岗位匹配等对接，形成相互联系。总而言之，产教融合的基本内涵是产教一体、校企互动，是我国加快发展职业教育的基本原则，也是职业教育与其他教育的根本区别。

二、模式优势

（一）实现校企深度合作，产教深度融合

国有企业办高职院校打破了政府部门办高职院校校企合作不够深入的局面，真正实现了校企深度合作，具体体现在合作办学、合作育人、合作就业和合作发展等方面，校企在行动中深入合作并提升合作效果。企业参与学校人才培养方案的制定和教育教学过程，学校聘请企业的高管、专家和行家里手直接参与教育教学工作，学生到企业实习、实训，校企共同培养高素质的应用型人才。

产教融合办学模式，以院校为主体、以行业为支撑、以企业为依托、以服务发展为宗旨、以契约为保证、以项目为纽带，以教学、培训、科研和社会服务为主要内容，积极推进合作办学、合作育人、合作发展、合作就业，以培养

高素质技术技能型人才为目标，依托区域经济发展，实现校企师资融合、课程融合、设施融合、文化融合，促进校企深度合作、产教深度融合，实现教学链与产业链有效对接，推进合作育人的可持续发展。

产教深度融合通过工学结合来实现，重在培养学生的实践能力。企业办高职院校真正实现了理论学习与生产劳动和社会实践相结合，从而带动专业调整与建设，引导课程设置、教学内容和教学方法与企业需求相适应。实现学生校内学习与实际工作的一致性，校内成绩考核与企业实践考核相结合，在工学交替、任务驱动、项目导向、顶岗实习中增强学生实践能力的培养。

例如北京信息职业技术学院隶属于北京电子控股有限责任公司，属行业办学普通高校。独特的行业办学背景使学院在产教融合方面拥有天然优势，更为高职教育改革发展提供了得天独厚的条件。为深化产教融合，电控公司组建成立了北京信息职业技术学院"校企合作理事会"，有效解决了企业参与教学、订单培养、学生实习、教师企业锻炼、企业职工培训、技术设备共享、实习基地共建等产教结合的关键问题，学校与企业形成了人才共育、过程共管、成果共享、责任共担的紧密型合作办学体制机制。2012年，学院牵头组建"北京电子信息职业教育集团"，在更大范围推动建立政府主导、行业指导、企业参与的职业教育办学机制，并取得积极进展。2018年，学院领衔组建"京津冀信息安全产教融合联盟"，聚集了来自京津冀的近百所职业院校和知名企业，为落实京津冀协同发展战略贡献力量。为建立校企合作长效机制，学院以产权理论为指导，率先提出"以资产为纽带"校企共建模式，与电控公司旗下大型国企北京燕东微电子公司、北京兆维集团公司、北广科技公司等共建产教基地，或引企入校建立"校中厂"实习实训基地，或在企业建立"厂中校"产教合作基地，或共同组建"协同创新中心"科技研发平台，或共同组建"企业大学"等教育培训机构，形成"你中有我、我中有你、深度融合、协同发展"的长效机制。诚然，像北京信息职业技术学院这样的学校在国企举办高职院校中并不少见，这里就不一一枚举。

（二）服务区域经济，建立核心专业群

职业院校的根本任务是为区域经济发展服务，针对区域经济特点与需求建设核心专业群，集聚区域资源、形成拳头产品、提高行业影响力。核心专业群特色与水平的提升既能提高职业院校服务行业企业的能力、扩大职业院校在行业企业中的影响力，又有助于在职业院校与区域内企业之间建立互认的文化与关系、拉近校企之间的距离，有助于校企合作的有效、持久、深入地开展。

比如天津渤海职业技术学院，作为一所国企（天津渤海化工集团有限责任公司）举办的有60多年办学历史的高职院校。学校承载着现代化工企业技术工人的培养重任，为天津乃至国家经济和社会的发展培养了大批优秀的技术技能人才，赢得了"化工企业人才'黄埔军校'"的美誉。

（三）有利于培养技术技能型人才

技术技能型人才是指在生产和服务等领域一线岗位，拥有专门职业知识、职业素质和职业技能，并在工作任务中能够运用职业技能进行实际操作，圆满完成工作任务的专业人员。

高等职业教育办学的主要目标是为行业企业培养技术技能型人才，而人才的培养必须贴近产业经济发展实际。企业比高职院校更加了解产业发展，贴近产业需求，能迅速准确把握市场的发展方向，因此，能更好地进行人才培养方案制定、推动与实施。同时，企业对技术技能型人才有着更

为直接深入的了解。企业是技术技能型人才的购买方，是技术技能型人才质量的最终评判者，对于技术技能型人才的相应要求、感知最敏感、最准确，所以，作为高职院校的办学主体企业纳入技术技能型人才培养活动中，可使企业利用自身优势参与到人才培养的各个环节中，使得人才培养活动具有针对性、时效性与适切性，真正培养出生产和服务一线需要的高素质技术技能人才。可见，企业办高职院校更利于培养技术技能型人才。

三、管理特色

国有企业办高职院校在其管理上具有其鲜明的特色。

（一）以规章制度为准绳，落实责任与人性化管理相结合

当前国有企业办高职院校在管理上既受教育局管理又受主办方国有企业所属的国资委管理，这样既要遵循教育系统的规章制度，又要遵循国有企业系统的规章制度，所以不管是在教学管理还是日常的行政管理工作上，可参照和依据的规章制度就更全面更细致更具体。学校不管是一线教师还是行政管理人员，抑或是学校的管理者均能严格按照规章制度办事，并保证制度的落实与执行，这样保证了各岗位职工各司其职，落实责任到个人从而有条不紊地完成工作内容。

管理在以规章制度为准绳的前提下，更考虑到高校教师队伍与企业工人存在的差异性，兼顾人性化管理。人性化管理主要体现在四个方面：一是将许多管理权限下放到基层，经讨论作出决策，体现对教职工的充分尊重；二是激励政策的科学化，为了激发教职工工作的积极性，提高教职工的工作效率，人性化管理体现在管理的过程中会采取许多激励措施来鼓舞士气。激励的方式分为物质奖励和精神奖励，物质奖励虽然能在一定程度上满足教职工的物质需求，但精神奖励却能真正激发员工内在创造力，使教职工在工作时受到学校的尊重，实现自我价值；三是学校的工作制度的人性化，体现了对教职工的关心和尊重。表现为工作时间的柔性化，制定的工作时间安排更合理，充分考虑员工的身心状况，对于女职工更实施优惠待遇和特殊待遇政策，比如哺乳期每天有哺乳的时间等，这样人性化的管理使教职工对学校更有归属感，增加教职工对学校的信任感，更在某种程度上提高了员工工作的积极性。另外，工作任务的分配也更加合理，充分体现了人性化的特点；四是企业文化和校园文化的深度融合，重视员工的情感需要。比如在人性化管理下，除了满足教职工的薪资要求外，更关注教职工的心理需求，学校为教职工营造舒适的工作环境，关心教职工的

职业发展和个人成才等,激发了教职工的工作热情,也使教职工感受到企业和学校的温暖,进而获得对企业和学校文化的认同。

(二)以实际问题为导向,注重管理效率

国有企业办高职院校与其他高职院校相比,更注重管理的效率,为了提升管理效率,常常以实际工作中存在的问题为导向。具体表现在以下几个方面。一是权威性。高职院校的管理者和企业管理者类似,拥有法定的职权确保其开展行政管理。这有力地保障了遇到重大问题及急难险重工作时及时下达指令、实施奖惩。二是及时性。当学校遇到重大突发性事件或处理重要人事关系时,学校管理者往往通过行使命令、指示、奖惩等来实现资源的快速调配,从而确保行政指令得以及时贯彻执行,进而提升学校经营管理的有效性和针对性。三是纵向性。学校行政管理指令的下达执行主要是通过学校组织内部的行政隶属关系来进行指挥协调,通过自上而下逐级下达行政指令,自下而上逐级贯彻行政指令的方式来传达执行。四是导向性。学校管理中常常以实际工作中存在的问题为导向,既有针对性地开展工作又能在解决实际问题中提高管理能力和管理效率。

(三)以企业精神为核心,培养踏实肯干的工作作风

精神文明建设是国有企业经营管理工作的重要内容之一,更是企业"软实力"的集中体现。作为国有企业举办的高职院校在管理中的显著特色是以企业精神为核心,培养教职工踏实肯干的工作作风,这为学校的管理效率提供了有力支持与保障。例如哈尔滨铁道职业技术学院,其主办单位是中国中铁股份有限公司,学院秉承"勇于跨越、追求卓越"的中铁精神,培养踏实肯干的工作作风,使教育教学管理更加科学,人才队伍建设更具活力,校园育人环境更加和谐,社会服务能力更加突出,提高了办学水平,提升了人才培养质量,为国家铁路建设和黑龙江发展的人才需要做出了积极的贡献。

第三节　民办高职院校的办学模式及管理实证研究

经过三十多年的发展，我国民办高职教育在办学规模、办学层次以及办学条件等方面都取得了巨大的成绩，并形成了一定的办学特色。民办高职教育作为我国高等教育事业的重要组成部分，对我国教育和经济社会发展发挥着越来越重要的作用。由于体制和社会的原因，我国民办高职院校从诞生之日起，就不得不选择了一种与公办高职院校安全不同的管理模式。

2019年6月15日，教育部公布的全国高等学校名单显示高职高专院校共有1423所，其中公办高职高专院校1098所，民办高职高专院校322所，中外合作办学高职高专院校3所。而民办高职高专院校占高职院校总数的22.62%，所以民办高职院校因其办学主体的原因，呈现出其自身与公办高职院校不同的特点。本节主要从民办高职院校的办学模式和管理方面进行探讨，以期对同类高职院校起到参考和借鉴作用。

一、校企合作办学模式

（一）校企合作办学模式是民办高职院校的必然选择

校企合作办学模式是建立良好的校企合作机制的保障，也是国际上职业教育发展的成功经验总结，更是我国职业教育可持续发展的必然趋势。《国家中长期教育改革和发展规划纲要（2010～2020年）》明确指出："要调动行业企业的积极性，建立健全政府主导、行业指导、企业参与的办学机制，制定促进校企合作办学法规，促进校企合作制度化。"《国务院关于加快发展现代职业教育的决定》也指出："突出职业院校办学特色，强化校企协同育人。"[1]"创新民办职业教育办学模式，积极支持各类办学主体通过独资、合资、合作等多

---

[1] 国务院关于加快发展现代职业教育的决定[J]. 职教研究，2016（8）：22.

种形式举办民办职业教育；探索发展股份制、混合所有制职业院校，允许以资本、知识、技术、管理等要素参与办学并享有相应权利。探索公办和社会力量举办的职业院校相互委托管理和购买服务的机制。引导社会力量参与教学过程，共同开发课程和教材等教育资源。"[1] "研究制定促进校企合作办学有关法规和激励政策，深化产教融合，鼓励行业和企业举办或参与举办职业教育，发挥企业重要办学主体作用。"[2]

校企合作是实现民办高职教育人才培养模式的有效途径，是办好民办高职教育的最佳方式，是培养高技能人才，实现校企双方共赢的优质办学模式。民办高职院校通过校企合作夯实办学基础，把企业人才所需作为人才培养目标；通过校企合作发挥办学优势、凝练特色，努力培养高技术技能型人才；通过与企业联合，真正实现了与区域经济的共同发展；通过深化校企合作，不断推动教学改革，实习、实训设备更新，办学条件改善，教师与学生实践能力的培养和整体素质的提高。校企合作办学模式使民办高职院校焕发生机、充满活力，形成独具特色的办学优势，为社会培养了大批高素质技术技能型人才，有效地促进了区域经济的发展。

校企合作既是民办高职院校的必然选择，又是其人才培养模式的有效而重要途径。首先，校企合作不仅有利于推动民办高职院校的教学改革，而且其实践教学活动能使教师和学生及时了解行业新知识、新技术、新工艺和新设备，进而促进专业结构和课程结构的改革和调整，培养更符合企业和职业岗位需求的人才。其次，校企合作有利于提高学生的实践能力。一方面，学校通过与企业合作，充分利用企业的有效资源，培养和提高学生的实践能力；另一方面，学校可以在企业建设稳定的实训基地，保证学生在校期间直接进入企业实习，也可以形成一支以学校教师为主、企业技术人员为辅的新型教师队伍，从而实现学校的理论教学与企业的实践教学无缝对接。再次，校企合作有利于加强"双

---

[1] 国务院关于加快发展现代职业教育的决定[J]. 职教研究，2016（8）：24.
[2] 国务院关于加快发展现代职业教育的决定[J]. 职教研究，2016（8）：24.

师型"队伍建设。高职院校教师队伍建设的目标是根据高职教育的发展需要和根本任务，逐步建成一支教育观念新、创新意识强、师德高尚、有较高教学水平和较强实践能力的"双师型"教师队伍。校企合作可以使教师和学生参与到实践操作中，同时学校可聘请企业技术人员担任相关课程的教学，从而实现学校、企业师资优势互补，使学校教师在和企业技术人员的交流和在企业的实践操作中让自己的技能得到提高，成为真正意义上的"双师型"教师，使学校师资队伍的整体素质得到提高，并促进实践教学质量的提高。最后，校企合作有利于培养学生的创新能力。企业的参与有利于准确界定专业人才的知识结构、素质能力和专业技能，有利于设置的课程更好地培养学生的创新能力；而且企业的参与也有利于把实际案例贯穿与教学中，这更有利于在解决问题中开发和培养学生的创新思维和创新能力。

（二）校企合作办学模式分析

从民办高职院校的发展来看，大多数民办高职院校的校企合作虽然起步较晚，但是在其发展的过程中逐步形成以校企合作为基础、以产学研结合为支撑的新的办学机制和人才培养模式。《职业学校校企合作促进办法》明确指出："职业学校和企业可以结合实际在人才培养、技术创新、就业创业、社会服务、文化传承等方面开展合作。"根据就业市场的需求，校企共建市场所需专业，共同研究和制定专业标准以及专业的课程体系，共同编制适合学生特点的实用性教材；校企共同制定专业人才培养方案和学校教师技能培训方案，实现学校教师与企业人员协作互学，企业多方位为学校提供学生实习和实训的机会；根据企业岗位需求，开展学徒制合作，联合招收学员，按照工学结合模式，实现校企双主体育人；以多种形式合作办学，合作创建并共同管理教学和科研机构，建设实习实训基地。为了构建适合高职院校可持续发展的创业教育运行机制，主要通过以下几个方面进行校企合作和人才培养创新改革。

第一，试行"四个对接"育人模式。一是人才培养目标与企业人才需求对接。校企合作按照岗位群的需求，精心进行分解分析，严格按照行业能力需求，明确培养目标。二是课程教学内容与企业岗位技能对接,学校按照培养目标构成教学模块、制定教学大纲,依此教学,加强理论与实践结合,从而确保理论学习环节与实践教学环节紧密连接。三是专业实践活动与企业生产实际对接。学校根据培养目标培养人才,学习标准与岗位技能标准合一,不仅有效地解决了学校人才培养与社会脱节的问题,而且提高了学生的职业能力素质,并保证了用人单位对学生职业资格的认可。四是教研教改方向与企业技术创新对接。建立校企合作的专职师资队伍,这样保障了教师既能承担培养学生的教学职责和教研改革工作任务,又能有机会参与企业的技术革新与科技攻关项目,从而实现人才职业素养、专业技能、创新意识和道德品质等全方位的培养与提升,真正让企业得到实惠,吸引企业参与学校办学,双方的优势更好地得到发挥,实现共赢发展。

第二,"联合共建"人才培养模式。该模式主要包括校企合作共建专业,共建实践课程,共建实训基地等。校企联合共建专业是由企业行业专家与学校专业骨干教师组成专业指导委员会,承担为专业课程培养目标定位,制定专业教学计划与教学大纲,建设专业实训设施设备、确定教学内容、研发教材、深化培养模式改革和师资队伍建设等职责。共建课程主要是校企合作开发实践课程,合作开展课程内容改革等。课程开发内容应与行业企业需求接轨,符合企业发展需要,同时根据最新的岗位技术标准和企业技术要求,参照相关的职业资格标准,建立完整的、更新及时的课程计划用于实施教学,这样的职业教育课程既有利于学生综合职业能力的发展,又为学生日后的全面可持续发展奠定了良好基础。共建实训基地是指由学校提供场地与师资,企业与学校共同投资设备,企业提供技术人员,学校提供教师督导人员共同建立生产实习基地。学生作为企业的准员工进入基地学习,企业在基地生产产品,校企双方最终实现利益共享。

第三,加强创业实践创新。学校以校企合作为基础建立产学研用一体模式,可以根据专业特点选取项目,制定活动内容,师生共同参加合作企业的设计、研发、生产和改造等环节，这不仅为企业提供人才和技术服务，而且提高了师生的实践能力。同时，学校为企业提供人才进修、培训和交流的平台，使企业在校企合作中获益。另外在校企合作中，应从最初的人才培养方式不断向产品设计合作等方面深入，促进学生深层次地参与到企业的生产实践中，这样既可以提高学生的创新创业能力，又可以不断充实企业的产品设计与开发力量，从而在科研和技术开发研究方面积累经验，为企业的科研、人才、产品等方面提供支撑。

二、民办高职院校的管理特征

（一）企业化管理特征

我国民办高职院校实行的是自主经营、自负盈亏的市场运行模式，这在客观上要求民办高职院校必须考虑经费、师资等教学资源的运行效率，即在有限的人力、物力、财力情况下办更多的事情，有效地实现学校的管理目标。所以，民办高职院校在坚持大学教育理念、教育管理、尊重教育规律基本方向的同时，必须坚持市场管理的理念，尊重市场经济规律，注重实用主义的价值取向，注重经营管理，讲求管理效率与办学效益。

1. 办学过程中的企业化特征

民办高职院校强成本约束和面向市场的教育管理与经营过程有着典型的企业化管理过程特征。民办高校的招生招聘过程——教育过程——就业推荐过程几乎就是企业的生产要素采购过程——生产过程——销售过程的再现翻版。

（1）相当于企业要素采购过程的招生招聘过程

民办高职院校从生产要素市场购买教师劳动、民办高职院校管理者、资本、土地和公共品等办学要素作为办学的基本条件。劳动主要来源于在读硕士、博士、隐性退休教师、退休教师和扩招后难以找工作的大学生。和公办高等职业院校相比，民办高职院校具有"没有劳动力市场、没有灵活的用人机制、教师难进难出"的特点，这种用工机制和现代企业的用工市场机制几乎完全相同。

民办高等职业院校的资本主要来源于学生学费和银行贷款、其他借款以及发行股东的筹资，所以，从很大程度上来讲，学生就是民办高职院校的财力资本，生源就是民办高职院校生存发展的"生命线"。因而高职院校在招生上为了取得良好的宣传效果往往加大投入广告成本，甚至和企业抢订单一样使用企业营销行为，招收更多的学生。学生对于民办高职院校来讲是顾客、是上帝，所以，学生的评价意见对应聘教师起着很强的续聘参考作用。而民办高职院校教师的工资更是取决于市场行情的浮动和招生规模的多少。

（2）相当于企业生产过程的教育过程

民办高职院校的教育过程是把各种要素科学合理配合起来培养学生成为技术技能人才的过程，这和企业将原材料通过加工生产出产品的生产过程非常相似。而民办高职院校的人才培养方案和专业设置与公办高职院校相比则更为灵活，即紧盯市场需求，开设热门专业，更加注重学生动手能力和应用技能的培养。大多民办高职院校采取校企合作、订单培养的培养模式，使培养出的学生更加适应企业的需求，真正实现了与企业的"无缝对接"。

（3）相当于企业销售过程的推荐就业过程

民办高职院校的推荐就业过程，是把培养出来的学生以合理的工作后支付价格的形式销售给用人单位的过程。民办高校必须借助于特定的类似于企业的销售手段和销售渠道（就业指导、校园双选会等）把学生推介到就业岗位，以实现入口到出口的良性转换。

2. 内部管理制度的企业化特征

民办高职院校在教职工管理上与公办高职院校的管理模式截然不同，却与企业的管理模式更为接近。在内部管理上强调对教职工工作过程的监督和控制，与企业时刻以质量和速度来要求企业员工相类似，更重视对员工生产过程的监督。而且民办高职院校往往通过制定《员工手册》等管理制度对教职工的工作从"打卡""请销假""调课""停课""教学流程"等进行制度化、规范化管理。与公办高职院校相比，民办高职院校一般要求所有员工按时坐班，实行固定的工时制度，同时还要求教师承担招生宣传等临时性工作任务。对于教师的劳动成果与价值的衡量通常采用精确的量化评价和严格的绩效考核，诸如"英语 AB 级过级率""就业率""缴费率""退学率"等硬性指标进行考核。

这样的企业化管理特征，使民办高职院校更有办学活力，更能根据市场需求迅速调整专业设置，培养的人才更符合企业需求。另外，民办高职院校享有较大的办学自主权，比如优惠的土地政策，自主收费，高层管理人员享有企业高管的薪资待遇等，这些都使民办高职院校呈现出显而易见的办学优势。

（二）将"以人为本"理念贯穿到民办高校管理的全过程

作为市场经济产物的民办高职院校，以"市场"的观念、"经营"的思路来办学，讲求管理成本、管理效率与办学效益的"企业化"管理，但是学校和企业毕竟有着本质的区别，学校以全面育人为目标，企业以产品和资本最大化为目标，教育规律和经济规律具有不同的适用对象。现代大学制度的核心内涵是"大学自治、学术自由、教授治学、学生自治"，这才能保障大学人才培养、科学研究、文化引领和服务社会功能的充分发挥。而民办高职院校既在充分肯定"企业化"管理的合理、科学、高效一面的同时，又十分尊重教育规律和大学的精神与价值，在管理上逐步淡化"企业"色彩，回归大学的本质和价值，并按照教育规律来建设大学和管理大学。

坚持"以人为本"理念的核心，就是要尊重人、尊重人的特性和人的本质，把人作为手段与目的的统一。把人作为宝贵的资源，通过充分发挥人的能动作用来满足人的需求并促进人的全面发展。具体从两方面落实"以人为本"的理念：一方面坚持以学生为本，重视学生的共性需求和个性发展，培养个体独立人格，强化学生的主体作用，发挥其自我教育、自我管理和自我服务的作用。按照"人"的标准，将大学生培养成知识与能力、智力与情感、心理与生理都获得全面发展的人而不是"机器"。另一方面坚持以教师为本。大学的内部管理要充分体现"人性化"的特点。大学是知识秘籍、人才汇聚的文化组织，大学教师由于具备了较高的科学文化知识，这就决定而来他们在物质生活水平达到一定程度时，更多地进入以自我需要、自我完善为发展趋势的层面，并且希望能在较为宽松、自由的环境下进行创造性的思考和创造性的工作。这就要求大学管理者应以"人性化"的管理方式来指导的组织管理行为。

（三）树立先进的管理理念，完善行政管理制度

民办高职院校的民营私立性质决定其行政管理理念有别于公办高职院校，所以在办学过程中树立先进的符合自身发展实际需要的行政管理理念。一是转变传统的管理理念，强调服务型行政管理理念，以实用服务性特色的行政管理理念为核心，结合"以人为本"和"服务至上"的原则，使行政管理机构高效地服务全校师生，完成培养技术技能型人才的教学和科研目标。二是加强行政管理队伍人员的管理思想培养，尊重人的能动性和创造力，倡导行政管理为教学、为学生服务的精神，增强服务意识，提高行政管理工作效率。三是民办高职院校明确行政管理目标，制定符合自身发展规律的规章制度，按规进行行政管理，并通过简化行政管理程序来确保行政管理制度的高效性，另外使部分行政权力下放到各二级学院，提供有针对性的服务类型，提高行政管理服务质量，以便更好地服务学校教学与科研活动。

（四）建立符合民办高职院校特色的行政管理制度体系

民办高职院校是我国高等教育的重要组成部分，因其本身的独特性质，在办学过程中建立起符合自身特色的行政管理制度体系。该体系遵循以人为本的原则，以实用服务性特色的行政管理理念为核心，在借鉴公办高职院校管理体系基础上探索并建立具有自身特色的科学化、规范化的行政管理制度体系，体现"民办高职"的特色。按照国家教育方针和政策，结合自身情况发展，建立科学规范的办公制度、领导值班制度、教师及辅导员值班制度、岗位职责制度、薪资福利绩效考核奖励制度及职工培训制度等，人事聘用制依岗定人，择优录用，完善各项考核机制，健全有效的激励机制，明确岗位职责、规范管理行为。构建科学、合理、简约的管理体系，由学校董事会设立高层决策负责制，中层管理负责制，基层执行负责制。高层负责统筹协调各二级分管职能部门，落实

各职能部门之间的协调合作,使得学校的一切行政管理活动都有可遵循的管理体系标准。

民办高职院校是我国高等教育的重要组成部分,民办高职院校管理部门作为服务于教学和科研工作的不可或缺部门,其有效运转是保证学校正常运作的基础。将"以人为本"理念贯穿到民办高校管理的全过程;树立先进的管理理念,完善行政管理制度;建立符合民办高职院校特色的行政管理制度体系,是实现民办高职院校长期稳定发展的重要保障。

第三章　高职教育管理综述

职业教育作为人们谋求生计而专门实施的各种专业知识与技能的教育。不管是政府办的高职教育，还是企业办的高职教育，抑或是民办高职教育，在学生培养、师资建设、科研和实训等方面一直在不断尝试、探索和改进，取得了可喜的成绩，但因管理模式及资金财政等原因，也存在一些问题。我们从政策到管理等方面进行梳理，以期为同类院校起到参考和借鉴作用。

第一节　学生培养及管理现状综述

2019年9月23日，习近平总书记对我国技能选手在第45届技能大赛上取得佳绩作出重要指示："劳动者素质对一个国家、一个民族发展至关重要。技术工人队伍是支撑中国制造、中国创造的重要基础，对推动经济高质量发展具有重要作用。要健全技能人才培养、使用、评价、激励制度，大力发展技工教育，大规模开展职业技能培训，加快培养大批高素质劳动者和技术技能人才。要在全社会弘扬精益求精的工匠精神，激励广大青年走技能成才、技能报国之路。"而作为培养高素质劳动者和技术技能人才的职业院校，应在学生培养及管理方面积极探索、总结和改进，以期培养出适合企业、行业和社会需求的高素质技术技能人才。

一、职业素养教育

(一) 概念综述

职业素养是个很大的概念，专业是第一位的，但是除了专业，敬业和道德是必备的，体现到职场上的就是职业素养；体现在生活中的就是个人素质或者道德修养。职业素养是指职业内在的规范和要求，是在职业过程中表现出来的综合品质，包含职业道德、职业思想、职业技能和职业行为习惯。它是通过学习、培训、自我修炼等方式逐步积累和发展起来的，反映个人在身体、思想、文化、技能、诚信、荣辱和责任等方面的内在品质。

职业道德就是同人们的职业活动紧密联系的符合职业特点所要求的道德准则、道德情操与道德品质的总和，它既是对本职人员在职业活动中的行为标准和要求，同时又是职业对社会所负的道德责任与义务。它是人们在从事职业的过程中形成的一种内在的、非强制性的约束机制。

职业思想（意识），是作为职业人所具有的意识，也被叫作主人翁精神。具体表现为：工作积极认真，有责任感，具有基本的职业道德。

职业技能是指在职业分类基础上，根据职业的活动内容，对从业人员工作能力水平的规范性要求。它是从业人员从事职业活动，接受职业教育培训和职业技能鉴定的主要依据，也是衡量劳动者从业资格和能力的重要尺度。

职业行为习惯，就是职业素养在职场上通过长时间地学习——改变——形成而最后变成习惯的一种职场综合素质。它是指人们对职业劳动的认识、评价、情感和态度等心理过程的行为反映，是职业目的达成的基础。从形成意义上说，它是由人与职业环境、职业要求的相互关系决定的。

谈职业素养之前，我们要先弄清楚职业精神、职业道德与职业素养的关系。职业精神与职业道德、职业素养联系密切、不可分割。职业精神是职业素养的重要组成部分，也是职业道德的基本内涵。职业道德是职业精神的外在表现，职业精神是职业道德的进一步升华，是对道德约束的超越，对职业发展的渴望和精神追求。职业精神可以提升人的整体素养，丰富人的世界观、人生观和价值观，从而为职业生涯发展创造有利的条件。职业精神是职业教育类学生必须具备的一种素养，一种市场竞争力，也是学生立足社会生存和发展的需要，对学生就业创业具有重要意义。

（二）政策梳理

20世纪80年代以来，我国一直高度重视职业院校学生的职业素养教育。相关法规、意见、纲要等将职业素质作为适应新型工业化和产业结构优化升级人才的重要要求，并提出如何培养"职业精神"。这些政策也体现了我国职业教育学生的培养模式从知识本位到能力本位再由能力本位向素质本位嬗变的历程。

1996年颁布的《中华人民共和国职业教育法》，是我国职业教育发展史上重要的里程碑，在我国职业教育改革和发展的关键时期发挥了保驾护航的作用。其第四条规定：实施职业教育必须贯彻国家教育方针，对受教育者进行思想政治教育和职业道德教育，传授职业知识，培养职业技能，进行职业指导，全面提高受教育者的素质。

1999年发布的《中共中央国务院关于深化教育改革全面推进素质教育的决定》，指出应深化教育改革，全面推进素质教育，构建一个充满生机的有中国特色社会主义教育体系，为实施科教兴国战略奠定坚实的人才和知识基础。

2002年印发的《国务院关于大力推进职业教育改革与发展的决定》，强调把职业能力培养与职业道德培养紧密结合起来，保证实践教学时间，严格要求，培养学生的实践能力、专业技能、敬业精神和严谨求实作风。

2004年教育部、国家发展改革委、财政部、人事部、劳动保障部、农业部和国务院扶贫办联合发布的《教育部等七部门关于进一步加强职业教育工作的若干意见》（教职成〔2004〕12号），指出"推动产教结合，加强校企合作，积极开展'订单式'培养。坚持以能力为本位，优化教学与训练环节，强化职业能力培养，高等职业教育专业实训时间应不少于半年，中等职业教育应为半年至一年。"强调"努力把职业道德培养和职业能力培养紧密结合起来,培养学生爱岗敬业、诚实守信、办事公道、服务群众、奉献社会的精神和严谨求实的作风。"

2005年发布的《国务院关于大力发展职业教育的决定》(国发〔2005〕35号),要求以服务社会主义现代化建设为宗旨,培养数以亿计的高素质劳动者和数以千万计的高技能专门人才;坚持以育人为本,突出以诚信、敬业为重点的职业道德教育。

2006年发布的《教育部关于全面提高高等职业教育教学质量的若干意见》(教高〔2006〕16号),明确指出:"高等职业院校要坚持育人为本,德育为先,把立德树人作为根本任务。要以《中共中央 国务院关于进一步加强和改进大学生思想政治教育的意见》(中发〔2004〕16号)为指导,进一步加强思想政治教育,把社会主义核心价值体系融入高等职业教育人才培养的全过程。要高度重视学生的职业道德教育和法制教育,重视培养学生的诚信品质、敬业精神和责任意识、遵纪守法意识,培养出一批高素质的技能性人才。"

2010年7月中共中央、国务院印发的《国家中长期人才发展规划纲要(2010—2020年)》,是我国第一个中长期人才发展规划,明确指出:"职业教育要面向人人、面向社会,着力培养学生的职业道德、职业技能和就业创业能力。"

2010年9月13日,教育部在浙江杭州召开的全国高等职业教育改革与发展工作会议指出,要把立德树人作为根本任务,着力职业道德和职业精神培养,强化职业技能训练,促进学生全面发展。

2011年《教育部财政部关于支持高等职业学校提升专业服务产业发展能力的通知》(教职成〔2011〕11号)、《教育部关于推进高等职业教育改革创新引领职业教育科学发展的若干意见》(教职成〔2011〕12号)均提出,高等职业学校要把社会主义核心价值体系、现代企业优秀文化理念融入人才培养全过程,强化学生职业道德和职业精神培养,加强实践育人,提高思想政治教育工作的针对性和实效性。

2014年3月,教育部颁布的《关于全面深化课程改革落实立德树人根本任务的意见》(教基二〔2014〕4号),贯彻落实党的十八大和十八届三中全会关于立德树人的要求。指出要组织研究制定各学段学生发展核心素养体系,明确学生应具备的适应终身发展和社会发展需要的必备品格和关键能力。

2014年6月出台的《国务院关于加快发展现代职业教育的决定》(国发〔2014〕19号),指出"全面实施素质教育,科学合理设置课程,将职业道德、人文素养教育贯穿培养全过程。"同时颁布的《现代职业教育体系建设规划(2014~2020年)》则提出,职业院校要切实加强职业道德教育,培养具有现代职业理念和良好职业操守的高素质人才。并强调要以学习者的职业道德、技术技能水平和就业质量为核心,建立职业教育质量评价体系。

2017年发布的《国务院办公厅关于深化产教融合的若干意见》(国办发〔2017〕95号),是落实十九大报告中关于教育优先发展的一个十分明确而具体的指导意见。该意见强调,深化产教融合,促进教育链、人才链与产业链、创新链有机衔接,是当前推进人力资源供给侧结构性改革的迫切要求,对新形势下全面提高教育质量、扩大就业创业、推进经济转型升级、培育经济发展新动能具有极其重要意义。而"将工匠精神培育融入基础教育""推进产教协同育人"都为高职教育学生的职业素养教育提供了有力支撑。

2019年国务院印发的《国家职业教育改革实施方案》,从七个方面提出了二十条措施,人们称之为职教二十条。指出"落实好立德树人根本任务,健全德技并修、工学结合的育人机制,完善评价机制,规范人才培养全过程。"为学生的职业素养教育提出了更高的要求。

通过梳理政策,我们不难发现,近年来,党中央、国务院高度重视职业教育发展,职业教育新政密集出台。新出台的一系列政策,充分体现了全方位、立体式、广覆盖的特点,在构建体系、激发办学活力、提高人才培养质量、提升保障水平等多方面进行了诸多创新突破,开创了职业教育发展新纪元。

（三）重要讲话

除了上述政策外，国家领导人对提升学生职业素养也有重要讲话。

1. 习近平总书记的重要批示

2014年6月23日，中共中央总书记、国家主席、中央军委主席习近平在全国职业教育工作会议上对职业教育的重要批示："要树立正确人才观，培育和践行社会主义核心价值观，着力提高人才培养质量，弘扬劳动光荣、技能宝贵、创造伟大的时代风尚，营造人人皆可成才、人人尽展其才的良好环境，努力培养数以亿计的高素质劳动者和技术技能人才。"2015年6月16~18日，习近平在贵州调研时强调：职业教育是我国教育体系中的重要组成部分，是培养高素质技能型人才的基础工程，要上下共同努力进一步办好。在视察贵州机械工业学校时，习近平希望同学们立志追求人无我有、人有我优、技高一筹的境界，学到真本领，用勤劳和智慧创造美好人生。

2. 李克强总理的重要讲话

2014年6月23日，李克强在人民大会堂接见参加全国职业教育工作会议的代表时说："我们要用大批的技术人才作为支撑，让享誉全球的'中国制造'升级为'优质制造'。"他指出：职业教育是面向人人、融入社会的行业。要把职业技能和职业精神的教育培训相融合，通过改革的方式办好、办大职业教育，促进充分就业，实现中国经济的提质增效升级。2015年5月10日，中共中央政治局常委、国务院总理李克强对首届"职业教育活动周"作出重要批示，指出：加快发展现代职业教育，是发挥我国巨大人力优势，促进大众创业、万众创新的战略之举。2016年3月5日，李克强总理在政府工作报告中提道："鼓励企业开展个性化定制、柔性化生产，培育精益求精的工匠精神，增品种、提品质、创品牌。"

二、地域文化教育

不同的地域文化对学生有不同的影响，这不仅影响着学生的世界观、人生观和价值观的形成，而且影响着学生的性格、人格和为人处世方式。就拿云南省来说，云南省地处我国的西南边陲，不仅是我国的少数民族文化大省，而且是我国民族种类最多的省份。除汉族以外，人口在6000人以上的世居少数民族有25个。各民族在长期的历史进程中，形成民族相对聚集而又交错而居的局面。同时，各民族的经济、政治、文化与民俗各不相同，民族本身顽强地维系着各自独特的地域心理和个性特征，而且影响着一代又一代人。

如何将云南省的地域文化资源应用到职业教育中，是职业教育人应该重点思考的问题。云南省幅员辽阔，民族众多，各地少数民族文化资源异彩纷呈，这使得全国各地的职业教育在总体一致的前提下有了鲜明的地域性和民族特色。很多高职学校的学生大都来自老、少、边、穷、山等落后地区，而且来自农村家庭的比较多。由于民族地区和农村经济落后，地理环境艰苦，交通不便，信息闭塞、教师生活条件和待遇与城市有差距，家庭环境、学校设施、师资水平都比较差。教师的学历和教学水平普遍低于一般地区，所以学生文化基础薄弱，知识面较窄。有很多学生是上初中才开始学外语，还有许多少数民族学生在入大学前从未接触过语音室和计算机。所以很多学生在外语、计算机和数学的学习上很吃力。有的同学因学习压力大，学习吃力而感到苦恼以致有的学生对学习失去信心，以消极的态度对待学习。这些问题都给我们的职业教育提出了一个大课题：如何在职业教育中体现本土的文化特点，如何利用民族文化引导学生形成积极、乐观的心态，从而以健康的心理状态应对大学学习、生活中的各种问题、困难和挑战，使学生成为高素质技术技能人才？

（一）**地域文化特色**

云南有着追忆千年历史的重要遗迹，千百年来云南人民在改造自然、建设家园的过程中，形成了特有的行为方式、思维方式和文化风格。这些本土文化既有其独特性，又民族色彩鲜明。主要体现在以下几个方面。

1. **饮食文化**

中国地大物博、人口众多，所以自古以来不同地域的中国人，运用各自智慧，适度、巧妙地利用自然，获得质朴美味的食物。而由食物衍生而来的饮食文化更是源远流长。云南各区域各民族文化的融合，造就了云南小吃的地域性、奇特性、多样性和民族性。如大理地区表现出浓郁的白族饮食文化特色；丽江、中甸地区深受纳西族、藏族等高原民族饮食习惯的影响；版纳则明显地反映出傣族等热带雨林稻作民族的饮食传统等。各地区的小吃丰富多彩，如建水汽锅鸡、石屏豆腐；傣家撒撇、竹筒饭；蒙自过桥米线；云南野生菌等等。云南饮食文化历史悠久，内涵丰富且特色鲜明，在我国饮食文化中独树一帜。

2. 建筑文化

建筑，乃广大民众所居之地。在建筑的发展演化中，居住者的自我意识逐渐强化，文化传统得以不断沉积，并不断孕育出新的文化内涵。建筑作为承载了居住者物质、意识等多方面文化精神的凝聚体，不仅在形式上交融转化，走向多样性，而且内涵也更加丰富，形成了多样性的建筑文化。云南民居建筑就其种类而言就有合院、干栏、板屋和邛笼四大体系，其下又分若干子体系，以及存在着同一地区民族拥有不同类型的住屋和处在不同地区的同一民族拥有不同住屋等复杂情况。

云南多样的民族构成，信奉小乘佛教的傣族、崇拜虎的彝族、敬拜牛头的佤族等多元的民族文化体系，四季如春的昆明、潮湿炎热的西双版纳、冬暖夏凉的丽江等多变的自然环境孕育出丰富多彩、多层次的民居建筑形式。

云南作为我国少数民族种类最多的省份，其民居建筑非常有特色。一是合院式建筑。合院式建筑也分为若干类型，典型的有昆明地区的"一颗印"、大理白族的"三坊一照壁"和"四合五天井"、丽江纳西族民族、建水民居等。这些建筑各据天时、地势、人情而各有不同、各展风姿。比如昆明的民居则依据昆明的气候特点南北朝向。由于四季温和，民居多采用庭院式设计，种植花卉，实现建筑与环境的和谐共生。"一颗印"呈四合内敛格局，当是汉四合院体系渗入本土住屋体系后的一种变异型制，它既有某种合院型制的构成要素，又遵循云南本土建筑形式的构成原则。而大理的民居建筑却因为大理寒暑适中，四季如春，所以民居建筑采用了"三坊一照壁""四合五天井""走马转阁楼"等建筑形式，这种建筑形式则讲求自身的完整与独立。丽江则在"三坊一照壁""四合五天井"型制基础上有较多变化，灵活自由，或依山而建，或临水布置，各因地形，各据地势，讲求顺应自然，重"适"之营造法则。二是干栏建筑。傣族居住地气温较高，为了适应炎热潮湿的气候，傣族人建成独特的"干栏"式建筑民居。云南地区傣家干栏建筑多以木材或以竹子为主，这种建筑完全架空，主要依靠竹制楼梯与地面联系，分上、下两层，也称为"高脚屋"。竹楼除傣族居住外，生活在湿热地区的德昂、布朗、基诺、拉祜、佤、景颇等民族也大多居住。在西双版纳、德宏、思茅、临沧等地，傣族等少数民族的村寨大多是由竹楼构成的，各民族的式样略有不同。三是板屋建筑。板屋是"劈杉为瓦"覆盖屋顶的建筑，在云南被称作"闪片房"。滇西北的丽江和迪庆、怒江、大理、楚雄等地是板屋建筑的中心分布区。这种建筑屋顶质轻、抗冻性能好，起上自然而形成的纹路勾缝有利于排雨除雪，在干旱季节又可以有效防止高原地区太阳的高强辐射。四是邛笼建筑。根据建筑的具体形态进行区分，邛笼的造型按外观分为四角碉、五角碉、六角碉、八角碉四种。而云南民居中的碉房，厚重封闭的体形有利于保暖隔热，与高寒气候、干热气候相适应。云南的碉房建筑主要分布在滇西北迪庆州和滇南红河州。迪庆州的藏族土库房砌石为基底，夯土为墙，保暖性能良好；而处于干热少雨的红河州土掌房，夯土砌筑的墙体、屋顶热稳定性能好，适于当地昼夜温差大的特点。

3. 宗教文化

佛教文化是一种世界性的宗教文化，而云南的佛教文化在全球佛教文化中是极有特色的，这不仅因为这块39.41万平方公里的土地上，共生共存着当今佛教的三大主要流派即大乘佛教（汉地佛教）、藏传佛教和南传上座部佛教，而且云南的佛教文化体现出一种鲜明的多民族性特点。当佛教传入云南时，已不是原汁原味的印度佛教了，这种变化使佛教的传入更加便利，同时也为佛教在云南的本土化、云南佛教文化的发展打下了基础。

云南自古以来就是多民族聚居区，当今生活在这块土地上的民族，有一些是真正意义上的原住民，还有很多是从其他地方迁徙而来的，但无论他们的先民居住在哪里，一旦踏上红土高原并定居下来，他们的文化就与这块土地紧密地联系在一起，从而具有了浓厚的地域性色彩。地域性不仅使这些文化特点十分鲜明、"十里不同俗"；同时还使这些文化根深叶茂，能够在外来文化的冲击下不至于很快衰亡。更重要的是，云南各民族自古就不排斥其他文化，很多民族文化本身就是在不断吸收其他文化营养的基础上形成的。从整体看云南并不存在所谓单一的文化。从某个具体民族文化看，人们都可以找到其他文化影响的痕迹，多样一体性是云南文化的共同特点。佛教是在云南各民族文化的形成时期传入的，因此也就不可避免地被作为一种外来文化而被许多民族所接受。对各个民族而言，在接受佛教时依然保留本民族文化的特点，对佛教而言，尽管加入了许多民族文化成分却没有丧失本身最重要的内核，这种多民族特点不仅反映在佛教文化上，也反映在各民族的文化上，反映在整个云南地域文化上。

4. 茶文化

云南是我国野生茶树最早的故乡，至今在云南的不少产茶区，仍存活着许多古老的野生大叶茶树，它们被当地的老百姓称为"茶树王"。在众多的"茶树王"中，最高大最长寿的一株生长在西双版纳勐海县境内巴达区大黑山的森林中，这棵茶树高达34米，树围3.3米，直径1米多，经植物学家测定树龄为1700多年，不仅是云南，也是全国最长寿最高大的野生茶树。

自古以来云南就以盛产茶叶而著称，其中尤以普洱茶中外驰名，这名声是无数的普洱人历经1700多年默默地辛勤耕耘才得来的。历史上著名的"茶马古道"，就是以普洱县为起点。多少个世纪以来，无数的马帮摇响着铜铃驮着普洱的茶叶，穿过滇西北的群山，进入青藏高原，把普洱茶远销到西藏、青海，甚至印度、尼泊尔。在与茶结缘的悠长的历史岁月中，自然而然地形成了云南各族人民形形色色、五彩斑斓的"茶文化"。在云南各族的"茶文化"中，久负盛名的白族三道茶，颇有名气的壮族竹筒茶，以及渗透到生活习俗、男女爱情、朋友交往和社会文化中的德昂族茶文化。云南的茶文化融合了儒佛道各家优秀思想，负载着三教文化的内涵，形成今天以"和"为中心的茶道精神。

云南文化有着丰厚的文化资源，云南的文化资源与职业教育的结合，既可以弘扬滇国的优秀文化，又能培养学生对中国优秀民族文化的认同感，帮助学生全面了解中国文化的各个方面，这对提高高职学生的文化素养具有重要作用。

（二）开发特色文化课程

众所周知，地域文化有一定的教育价值，对个人的成长有着潜移默化的作用。以云南学生为例，对于从小就处于滇文化包围中的他们而言，如何让滇文化对他们产生深远的影响。这是职业教育者应思考并尝试探索的领域。我们可以通过开发独具特色的含有地域文化元素的文化课程，以情景体验课程为载体，通过情景体验课程为学生创设文化情景，为他们提供亲身参与、亲身感悟的体验过程，让学生在现实或模拟情景中主动观察，在观察中了解滇文化并获得学习的乐趣，进而在职业教育课程的学习中领悟滇文化的精神，进而提高学生的文化素养。例如，云南职业院校的建筑类专业课程可以融入云南建筑文化，而公共文化课也可以融入饮食文化、宗教文化和茶文化，这样会促使学生在学习过程中更深入地了解地域文化，从而提升学生的综合文化素养。

三、心理健康教育

（一）高职学生心理特点

高职院校与普通高校、中等职业学校有着许多差异。据教育部发布，截至 2019 年 6 月 15 日，全国高等学校共计 2956 所，其中高职院校 1423 所。作为数量占高等学校近半的高职院校的学生心理健康教育不容忽视。高职大学生心理健康状况与自身因素和外部环境有着密切的关系。贫困生、少数民族学生和普通高职学生的心理各有特点，所以学校应重视和加强高职学生的心理健康教育工作，心理健康教育应贯穿于高职大学生的整个学业过程中。

1. 自尊意识强，但心理脆弱，容易产生自卑和心理失衡

不同民族、不同家庭有着不同的社会文化背景，会造成学生在思维方式、认知方式和情感表达方式等方面的心理差异。一些来自山区或者农村的学生，他们能考上大学应算是当地的佼佼者，他们从小学到中学一直是老师、家长的宠儿，有一种强烈的优越感、自尊意识很强。可是进入大学后，和其他城镇的孩子相比，他们的学习成绩优势消失殆尽，再加上经济不宽裕，生活的拮据，衣着的朴素，与那些城市家庭条件优越、身穿名牌、使用高档手机的学生形成鲜明对比，在思想意识、自我约束、商品观念、社会交往等诸多方面不同程度地存在保守、陈旧和封闭等不足。在竞争日益激烈的社会环境中，这些不足更加突显出来，不少学生渐渐地不自觉地产生自卑、嫉妒、不满和抵触等情绪。从而他们原有的心理平衡被打破，自己所要达到的目标在遇到了毫无思想准备的难题，因而容易产生失落感和自卑感。

2. 渴望与人交往，但沟通能力弱，容易产生孤独与闭锁心理

来自不同地区、不同民族的学生汇聚在一起，各民族的学生从小都接受本民族的文化和习俗的熏陶与影响，意识中都带有本民族文化模式和价值观的烙印。在学校的集体里，各民族学生都渴望与他人交往，但也存在少数民族同学与汉族同学、农村同学与城市同学交往沟通的困难。他们在学习和交往的过程中，都会不自觉地以自己本民族文化和家庭教育影响下形成的认知结构为依据来选择自己感兴趣的事物，交往志同道合的朋友。但因为生活习俗的不同，语言交流的不畅，宗教信仰的影响，思维和情感表达方式不一致等方面的原因，学生容易出现孤独感、压抑感甚至是与人交往的紧张，也因还怕别人看不起自己而自我封闭，不愿参加集体活动，囿于个人的世界里自怨自艾。

3. 自理能力弱，但期望目标高，容易产生焦虑与失望情绪

高职大一新生的焦虑情绪普遍较高。生活环境、学习状况、人际关系和经济环境的变化，加上很多学生独立自理能力和自我控制能力较差，在家长监管真空、老师完全放手的情况下更容易受他人影响，所以，他们一旦遇到自己不

知如何处理的学习问题、生活问题和人际交往问题时，就容易产生紧张焦虑的情绪。当适应新环境后，焦虑便会降低甚至消失，但过度焦虑，就会对心理健康产生不良影响。大部分高职学生对大学生活怀有美好的想象，甚至给自己定下高的目标与期望值，当现实与理想存在巨大落差，而自己又无法控制自己的行为努力改变现有的状态时，失望就会随之而来。如果学生长久处于失望状态也会产生消极的心理来应对学习和生活，这样学习效果自然事半功倍。

（二）高职学生心理健康教育现状

心理健康教育是高素质技术技能人才培养系统工程中不可缺少的重要组成部分。其质量与效益的高低关系着学生能否成才、能否健康持续发展与成才，直接影响着高素质技术技能人才培养目标能否实现。所以，加强高职学生的心理健康教育，不仅是高职院校在新形势下全面贯彻党的教育方针、促进高职教育健康发展的需要，也是高职生对自身素质不断提高与完善的需要。

目前，我国高职院校开展大学生心理健康教育的情况和现状主要有两方面。一方面，我国高职院校心理健康教育已越来越受到关注和重视，并且取得了一定的成绩。一是很多学校在人员配置、资金投入、机构建设、工作的具体实施及其效果等方面都实现了从无到有的实质性突破。二是越来越多的人对心理健康教育展开了研究，探寻出了实施心理健康教育的多种形式，如课堂教学、心理健康教育讲座、关心心理健康的活动和设立心理咨询室开展心理咨询辅导等多样化的形式。

另一方面，在取得成果的同时，也存在不少问题。第一，心理健康教育工作缺乏针对性和实效性，比如，学科课程少，内容针对性不强，心理咨询室没有发挥功效等；第二，师资力量薄弱，高职院校的心理专业的专职教师较少，甚至没有，多为从事辅导员或者管理岗的心理学专业的老师兼任，难以完全满足学生的心理咨询需要；第三，基本条件尚不具备，比如硬件设施不规范，没有专门的心理咨询室等等。

四、课堂教学与课外活动双管齐下，培养学生成为高素质技术技能人才

高职学校充分利用地域文化特色资源，并将地域文化融于职业教育课程中，同时开展丰富多彩的心理健康活动，培养学生成为积极乐观的高素质技术技能人才。

以云南为例，云南地域广博、资源丰富，26个民族（25个少数民族和汉族）文化各具特色、形式多样、内涵深远，这些珍贵的独具特色的文化资源对职业教育课程教学极其宝贵，能为现代职业教育课程提供丰富多彩的教学元素。为了使学生重新认识不同的地域、民族文化特色，让学生理解地域文化精髓，可将地域文化融入职业教育课程的教学实践。通过课程学习，学生不仅能够更好更快地理解和吸收相关地域文化知识，而且还能加强在这些方面的研究能力和实际应用能力，进而去处理民族文化与现代生活的关系，从而更深刻地理解民族文化的内涵与底蕴，并提升个人的文化素养与综合素养。

（一）融地域文化特色资源于职业教育课程的具体做法

1. 利用地域文化资源，转化为丰富的职业教育课程资源，提升学生的文化素养

每个民族都有自己的特色文化，每个地区在长期的历史发展进程中都积淀了别具一格的地域文化，这些独特的地域文化可为职业教育教学提供丰富的课程资源，为高校相关应用专业的课堂教学创新提供载体和发展空间。将地域文化特色融入职业教育课程教学理念中，可以促使师生主动重视和关注本土的民风民俗、传统节日习俗、图腾图案和文化传承等。这也将有利于课堂与课外学习相结合，并从观念上打破以课堂教学为主的教学理念，促使学生在不同场所，通过不同的形式，学习、了解不同地域和不同民族文化的特色资源，并运用到解决实际问题中去，从而提升学生的文化素养。

2. 挖掘地域文化特色资源，运用灵活多样的教学方法与手段，激发学生学习的主动性

教师通过对地域文化特色资源进行挖掘、归纳、整理，将其融入职业教育课程教学，更能激发学生学习的积极性与主动性。比如室内装饰设计专业的教师可以挖掘云南少数民族的建筑文化，将其融入专业课程教学活动中，这不仅是教师教学的创新点和启发点，而且有利于学生树立设计是将民族文化与现代技艺相结合的理念。这样培养出的学生毕业后才能适应地方人才市场的需求，才能更好地为本土各行业输送技术技能人才，为推动地区经济的发展，打造民族特色文化产业奠定人才基础。

职业院校的学生不仅需要掌握基本的理论知识，而且更需要提高实践操作与解决问题的能力。所以，教师应运用灵活多样的教学方法与手段，以恰当的切入口将地方文化精髓渗透到职业教育课程学习中，使职业教育课程教学既能传承民族文化，又能彰显地域特色，引导学生从生活感知中出发，积极主动地学习，并自觉提高服务地方社会和经济发展的意识与能力。

3. 加强实践教学，打破教学与市场脱节的桎梏，培养学生的乡土情怀和服务意识

有别于本科教育，职业教育需要实践性教学，并且大多数的教学实践活动都是在本地进行的。为提高实践教学效果，必须加强针对本土特色资源的实践环节，以促进学生对本土特色文化的理解，从而培养学生的乡土情怀和服务意识。同时，在不影响正常教学秩序的同时，鼓励学生参与本土企业生产劳动，拓展职业教育课程范围，增加社会实践机会，打破教学与市场脱节的桎梏，将职业教育从课堂延伸到课外，从校内延伸到企业，使教学活动与教学效果得到良性互动。所以，教师的课前充分调查与认真准备是必不可少的。教师应找准地域文化特色教学资源与职业教育课程的契合点，开拓有针对性的教学领域。云南各少数民族文化种类众多，有的地域文化原生态形式并不太适合在课程教学中直接利用，通常需要教师认真筛选、整理与重构，再用现代设计理念对相

关元素进行整合，这样才可能使课程教学兼具地域文化特色和现代文明潮流，使教学设计兼具实用性和艺术性。将课堂教学融入地域文化，使地域文化特色资源通过课堂教学流动的形式得到传承和发展，增强了职业教育的使命感与历史感。在这个过程中，教师还要注意从实践中总结理论，并通过理论指导教学实践。

（二）高职学生心理健康教育课程内容及教学策略

所谓教学策略，是在教学目标确定以后，根据已定的教学任务和学生的特征，有针对性地选择与组合相关的教学内容、教学组织形式、教学方法和技术，形成的具有效率意义的特定的教学方案。

我国现阶段高职大学生心理健康教育的教学策略具有综合性不强、可操作性有限和缺乏灵活性的特点，主要表现在：第一，课堂教学环节薄弱，教学内容没有高职特色，教学组织形式和方法缺少针对性；第二，受时间、精力的限制，课外心理活动存在诸多局限，如心理咨询缺乏实效性，辅导员和任课老师心理辅导的意识薄弱，相应的心理专业知识不足等；第三，学生自助非常缺乏，学校缺少学生自己的心理组织。

鉴于上述情况，为提高心理健康教育课程的教学质量，培养学生良好的心理素质，高职学校的大学生心理健康教育课程应从教学内容、教学组织形式以及教学方法和技术入手，立足于学生的实际，注重课程的实用性并贴近学生心理，从而形成一套行之有效的、符合高职学生特点的心理健康教育教学策略。

1. 设计贴近学生心理的教学内容

高职大学生心理健康教育的教学内容应以提高学生心理素质为目的，注重课程的实用性并贴近学生的心理。主要分为三部分。一是开展以心理健康教育学科课程为主的课堂教学内容。针对高职大学生的心理特点，通过专业的课堂教学进行心理健康教育，其课程内容应包括：大学生心理健康教育、社交心理学、大学学习论、青年心理学和心理训练等。另外，在其他学科教学中渗透心理健康教育。为了有效帮助大学生构建良好的心理素质，促进大学生综合能力的快速增长与身心和谐发展，每位教师都应具备心理学、教育学和心理健康的基础知识，并能在教学或者与学生相处中及时发现问题，利用有关心理教育的相关知识适时地对学生进行心理辅导，使学生在潜移默化中培养良好的心理素质和健全的人格。二是组织以提升学生解决实际问题能力为主的课外活动。心理健康教育课外活动应立足高职学生的实际情况更注重实践性与灵活性。第一，开展心理辅导讲座。针对有相似心理问题的同学，组织沟通交往、竞争合作、自我意识、创新实践、学习管理、意志责任、心灵成长等主题心理辅导讲座，促进团队成员的互动交流，从而帮助个体获得成长。第二，开展系列心理健康学生自助活动，可以通过广播、黑板报、校园网和大屏幕等形式宣传心理健康知识。第三，引导学生自己组织心理活动。培训班级心理委员，组织班级心理辅导活动；指导学生心理健康协会，组织心理游戏和联欢会等活动。三是注重开发以提升学生心理学知识为主的潜在课程。潜在课程的开展方式多种多样。比如开设心理讲座，建立校园心理网站，举办心理征文、心理摄影比赛，举办心理影视欣赏周活动等，构建校园积极相向、健康活泼的氛围；建立大学生自助体系，即成立学校大学生心理健康协会、各二级学院学生心理沙龙、班级学生心理成长小组等；提高全校教职工的心理素质，包括行政管理人员，尤其是院系主管学生工作的领导、辅导员和宿管员等。

2. 采用以学生为中心的教学组织形式

鉴于目前以学校、教师为中心的班级授课制仍是教学的基本组织形式，但这种教学形式不利于促进学生的心理体验。实践证明，心理健康教育的教学组织形式应以学生为中心，从集体教学、小组教学和个别学习开展教育教学工作，可以充分调动学生的积极性，有效提高学生的心理健康水平。

3. 采用行之有效的教学方法

大学生心理健康教育课程在教学过程中，既要采用行之有效的教学方法，又要注重教学方法的综合运用，突出教学方法的示范性、指导性和可操作性，这样才能有效地实现课程的教育价值。教学方法多种多样，我们要根据课程的内容和学生实际采取有效的方法。一是讲授教学法，即教师通过讲述、讲解等方式向学生传递系统的心理教育中相关的理论和概念、原理，形成学生心理教育的初步知识。二是讨论交流法，即教师通过引入的话题或现实问题，展开讨论交流，澄清观念，分享各自的经历和经验感受，探讨问题和解决方法，从而帮助个体解决问题，调节情绪，建立人际关系，形成积极正确的生活观念和生活态度，达到维护心理健康的目的。三是案例教学法，即将已经发生或将来可能发生的问题作为个案形式让学生去分析和研究，并提出各种解决问题的方案，通过"案例导入、小组讨论交流、引导总结"的教学，调动学生的学习积极性，从而提高学生解决实际问题的能力。四是活动训练法，即教师通过精心的主题活动设计，让学生在各种游戏活动和拓展训练活动中获得体验与感悟，引导学生掌握并强化正确的行为方式，纠正并消除学生的一些不良行为，如通过人际沟通、自我认知、情绪管理等活动训练，使学生认识到自身存在的认知策略及思维方式，积极调整应对；通过松弛、系统脱敏、冲击和厌恶等训练法可以改善学生的情绪障碍。五是角色扮演法，即教师通过创设某种情境指导学生扮演一定的角色，用表演方式来完成特定的任务，并在扮演结束后组织大家展开讨论，以各自对某一个扮演角色的看法发表自己的意见，从而启发学生对一些心理问题如人际关系、自我状况等有所认识的一种方法。六是心理测评法，心理测评可以在课堂内外进行，教师向学生介绍自我测评的方法，并提供心理健康测试（SCL-90）、适应性测验、自卑或抑郁测验、职业个性与兴趣测验等，学生可以随时检测自己，从而使学生进一步开展自我分析，了解自己，形成正确的自我评价，并做一些力所能及的自我调整与改进。

五、职业规划教育

《礼记·中庸》中说"凡事预则立，不预则废"，意思是做任何事情，事前有准备就可以成功，没有准备就会失败。可见，事前规划对成功具有重要的促进作用。爱因斯坦曾说，"在一个崇高的目标支持下，不停地工作，即使慢，也一定会获得成功。"毫无疑问,正确的目标、崇高的理想对人的未来是具有灯塔般的指导作用。

(一)职业规划与理想目标的关系

职业规划指导是高校教育的重要内容。积极开展职业规划指导工作,能显著增强大学生的职业认知,培养大学生的职业素养,提高大学生的职业竞争力。进入新时代,社会企业对大学毕业生的要求越来越高,这不仅有对大学生专业知识与技能的高要求,而且有对大学生职业素养和职业认知的高要求。所以,对大学生群体来说,职业生涯规划的好坏必将影响整个生命历程。

职业生涯规划,也叫职业规划、生涯规划或职业生涯设计,主要指的是规划职业生涯。高职学生的职业生涯规划,指的是高职学生根据自己的专业、爱好、兴趣和能力等自身情况,结合时代和就业市场的特点,确定自己最优职业上的奋斗目标,并根据这个目标所作出的一系列规划。

高职学生进行职业生涯规划,主要有两个目标:一是找到一份工作,这份工作应该是适合自己的,而且最好是自己喜欢并且满意的,这个目标可以说解决了学生先找到工作的首要任务,当然这只是学生踏入社会后未来几十年工作的第一步,不能不考虑之后的职业发展,这就需要大学生进行职业生涯规划的第二目标。二是通过规划,谋求职业的发展。大学生不能只顾眼前利益而不顾长远利益,只有眼前的短期目标,而没有长期目标是非常危险的。诚然,长期目标也是依靠短期目标一步一步积累得来的,因此它更加需要大学生做好职业生涯规划,再根据实际情况适当地调整。

那么,职业规划和理想目标到底是怎样的关系呢?我们不妨从例子来入手进行分析。拿破仑说的经典名言"不想成为将军的士兵,不是一个好士兵。",众所周知。实际在现实中,拿破仑不但当上了将军,还成了元帅,最后甚至还当上了法兰西第一帝国的皇帝。如果拿破仑没有为自己订立成为将军的目标,那他以后人生目标的实现更无从谈起。反之,在金庸先生笔下的《倚天屠龙记》中,张无忌后来几乎具备了所有当皇帝的条件,但是最终他并没有当上皇帝,而是被朱元璋钻了空子。究其原因，张无忌从来没有想过当皇帝。换句话说，他从来就没有设定"当皇帝"这样一个人生目标。当然小说毕竟是文学作品，虽然不能作为史实，但是作为来源于生活的文学作品说明的道理却是和生活相同的。所以，我们要为自己制定清晰的目标，做到有的放矢，才更容易取得成功。

哈佛大学曾经对 1 万名学生进行跟踪调查，调查中发现，关于目标的设定大致有四种人：第一种：3%：他们会清楚地制定自己的目标，并把它们详细地记录下来，同时进行经常性的自我反思与检讨，看看自己是否实现了阶段性的目标与阶段性的计划。第二种：10%：他们会认真地思考自己的目标，但缺乏一个具体可行的计划。第三种：60%：他们曾经思考过自己的人生目标，但是并不认真，在受到刺激时才思考一下，根本谈不上什么计划。第四种：27%：没有目标，过一天算一天，他们的生活没有目标也没有方向。25 年后，那 3% 的人几乎都成为社会各界精英、领袖；那 10% 的人成为各专业领域的成功人士，事业有成；那 60% 的人成为社会大众群体，平凡地生活着；那 27% 的人生活不如意，工作不稳定，抱怨社会不公平。可见，目标对人未来成功具有非常重要的作用。

综上所述，理想目标与职业规划之间具有密切的联系与作用。理想目标为职业规划指明前进的方向，职业规划为理想目标的实现提供有力保障。没有理想目标就如同没有前进的方向，没有方向就不知道走向何方；没有职业规划，理想目标就如同空中楼阁，无法落地更无从谈起变成现实。所以，二者既有联系又相互依存。

（二）高职院校职业规划教育的现状及存在的问题

目前，高职院校大学生的职业规划教育逐渐引起重视，学校在对大学生专业知识进行传授的同时，也及时地对学生进行职业规划教育。这不仅是对大学生所学专业进行的合理化预测，而且也能对学生将来就业可能遇到问题给予理论上的指导。就现在来看，很多高职院校大学生职业规划教育在不断发展和创新，但存在的急需解决的问题也不容忽视。

1. 职业规划教育工作的现状

（1）重"理论讲解"，轻"实践拓展"

职业规划课程作为职业规划教育的一项重要载体，很多高职院校对该类课程的教学课程一般设置为15～20课时，时长半个学期有的甚至只有一周，教学内容多以理论知识讲解为主，实践拓展环节偏少，教学设计缺乏科学性和有效性，很难吸引学生的学习兴趣，仅仅依靠课堂理论教学，更难以实现预期的教学目标。

（2）重"结果导向"，轻"过程培育"

职业规划教育是一项系统工程，不是仅靠几个课时、老师讲讲就可以实现预期效果的，而且其中各环节更是层层递进的。很多高职院校并没有建立相对健全完善的保障机制，缺乏系统的职业规划指导方案，将职业规划教育仅局限于课堂教学，缺乏全程化的职业辅导和生涯跟踪，导致职业生涯规划教育的效果难以实现。

（3）重"知识传授"，轻"素质培养"

职业规划教育工作的目的不仅是传授知识，而且是培养学生的专业技能和综合素质，从而促进学生职业生涯的可持续发展。职业规划教育工作应该与思想政治教育和创新创业工作有机地结合起来，帮助学生实现观念和态度的转变，对学生未来的发展起到指导和推动作用。

2. 高职学生职业规划存在的问题

从学生层面分析，虽然我国目前职业规划教育已经提至中学进行，但是高职学生自身的职业生涯规划的意识相对薄弱。部分学生在开展自我认知时，往往满足于基于职业兴趣、价值观、能力和性格这几个认知维度进行的职业测评结果，没有考察自身的实际情况是否与之相符合，难以进行充分准确的自我认识；在开展专业认知和职业认知时，满足于课堂知识的学习，在专业提升和职业选择上缺乏主动性，缺乏职业探索的深入开展和行之有效的实施策略，所以，高职学生进行职业生涯规划的时候会出现一些共性的问题。

一是就业选择的盲目性。高职学生学习基础不牢固，自律能力弱，对事物容易产生"三分钟热血""三天打鱼两天晒网"的状况，自己也不知道到底想做什么。特别是很多学生对于自己想要找什么样的工作、能做什么工作不能确定、充满茫然，这个时候做的职业生涯规划，就只是做表面文章，甚至可能整个规划从最开始方向就是错误的。

二是就业选择的期待过高。虽然目前的就业形势非常严峻，但是很多高职学生对自己找工作的现状、工作条件和工资待遇过于乐观、甚至期待过高。造成这种问题的原因，可能是学生对自己评估过高，也可能是对就业现状估计不足，更可能是社会经验太少以至于对工作预期过于天真。

三是就业选择的盲从性。有很大一部分学生，对于自己能力估计不确定，对就业环境不确定，不知道自己该如何选择，或者对于自己的选择很纠结，这时候，别人的建议或选择就会极大地干扰学生自己的正确选择。这个别人可能是父母根据他们的喜好或者经验给出的建议，也可能是上几届学长或者同专业同学根据自己的职业规划所作出的判断。实际上，别人的建议未必是错误的，但是却不一定是最适合学生自己的，无论是父母、学长还是同学，他们可能都是出自好心，但是每个学生真正的喜好、能力强弱只有自己最清楚，可以听取建议，但是一定要结合自己的实际情况，绝对不能盲从。

四是个人定位的不准确性。个人在职业规划中存在定位不准确的问题，主要源于两个方面。一是个人的人生规划目标不够明确。在高职院校开设职业规划教育课程，是针对大学生未来就业所面临的情况和实境所提出的一项必要教育课程。随着近些年我国高等教育的发展，对毕业后的大学生也提出了更高的要求和标准。这是由于社会的发展将需要更多的人才，但对就业的要求和标准却在不断提高，也给更多学生未来就业带来挑战。在学生接受职业生涯规划教育时，对自己的人生规划目标不够明确，不能合理地分析自我优劣之处，导致不能够发挥自身的长处和优势，这对日后工作的选择以及能力的施展都存在弊端。二是个人定位的不准确性。大学生自身在进行职业生涯规划时也存在对个人的定位不够准确的问题。主体定位的不稳定性,也会影响职业生涯规划教育的发展。大学生的自我认知与自我定位出现问题的关键之处在于较为极端,遇到问题不懂得分情况来具体分析。对于自身的理解认知不够全面,不能发现自我优势。通过分析现阶段大学生对于自我认知的程度,可看出在大学生进行职业生涯规划时不能够做到全面具体。

由此可见,高职院校的职业规划教育工作对学生未来的发展具有重要作用。学校层面应当适当地加大对职业规划教育的投入力度,进一步唤醒大学生职业生涯规划的意识,引导学生明白职业生涯规划的意义所在,进而促使学生形成态度和观念上的转变。

(三)高职院校学生职业规划教育对策

1. 完善师资队伍,构建全员育人体系

全员育人强调每个教育主体都有育人的职责,应当相互合作形成合力。所以,育人的主体可以是辅导员、专业课教师、就业指导中心的教师和相关行业专家,也可以是学生干部和优秀校友,这些主体均可以发挥他们各自的优势,成为大学生职业规划教育的指导者,构建起全员育人的体系。具体做法可以从以下两个方面着手。

一是以职业规划课程为抓手,完善职业生涯规划教育的教师队伍。在很多高职院校中,职业规划相关课程的教学都是由辅导员或者就业指导中心的教师承担,很多授课教师也没有接受过系统的专业培训。为了构建高水平的师资队伍,一方面扩充师资力量,可以吸纳一些有不同专业背景的教师加入,建设一支职业化、专业化、专家化的教师队伍;另一方面建设交流研学平台,加大培训力度,鼓励相关教师考取职业技能证书,到行业企业挂职锻炼,全面提高其政策水平和工作能力,从而更好地为学生提供指导和服务。

二是建立职业生涯导师制度,完善职业生涯规划辅导和就业服务。大学生职业规划教育不应当仅限于课堂教学,应当重视理论与实践的结合,课内与课外结合。因此,学校可以建立职业生涯规划导师制度,辅导员、专业课教师以

及就业指导中心的教师均可以担任学生的职业生涯规划导师，为学生提供专业细致、有针对性的职业生涯规划辅导和就业服务，包括生涯设计、专业咨询、能力培养和职业指导。同时，吸收行业专家、优秀校友等加入职业生涯导师队伍，作为学校教育和服务的延伸，定期为学生开设讲座，提供咨询服务，开展职场体验、岗位实践等环节，使学生真正实现学以致用，保证职业规划教育的专业化与常态化。

2. 创新全程化教育模式，强化全过程服务

职业规划教育工作与思想政治教育工作都需要对大学生的人生观和价值观进行引导，二者是相辅相成、相互影响的，应当贯穿于学生的整个大学生涯。加强职业规划教育工作与思想政治教育工作的结合，不仅能实现职业生涯规划教育的全程化，还能提高思政工作的实效性，更好落实"立德树人"的育人目标。

首先，加强思想引领，激发学生的自我实现需求。英国全国STEM学习中心的创立者约翰·霍曼对全球职业生涯规划教育展开过独立调查，他提出了生涯规划教育的开展需要关照每个学生的需求。学校要加强思想引导，利用好入学教育、主题班会和谈心谈话等活动，帮助学生树立正确的职业价值观，激发学生的高层次需求，将自我实现作为人生目标，从而增强学习和生活的主动性和计划性。

其次，以主题教育活动为载体，引导学生进一步认识自我。正确的自我评估是职业生涯规划的基石。学校可以结合职业测评体系开发思政教育主题活动，让学生在参与活动过程中学会运用科学的认知方法挖掘自己的性格、兴趣、能力和价值观，客观全面地认识自我，科学合理设定职业目标。同时，强化逆商教育，当学生在实施职业生涯规划遭遇困难和失败时，引导学生从自身的知识、素质、经验等方面寻找原因，及时总结经验吸取教训，用积极的心态应对挫折，促进自我的发展。

再次，建立职业生涯规划成长档案，开展个性化指导。思想政治教育强调"一生一策"，职业规划教育中同样需要尊重学生的个体差异。成长档案记录

了学生追求职业目标和遵循职业生涯规划的历程,其中包含职业生涯规划书、各阶段学习计划和总结、参加活动情况、专业实践情况、职业体验报告、人际交往状况、自我综合评价等,其内容是伴随学生成长动态更新的。生涯导师需要全过程关注学生职业生涯规划的实施情况,指导学生整理、分析并更新自己的成长档案,及时给予帮助和建议,教会学生绘制出自己独特的生命彩虹图。

最后,加强学习阶段设计,加强分层次和分类指导。为不同阶段学生制定不同的职业生涯发展目标体系,从自我认知、职业认知和关系互动等方面订立多元丰富的结果指导体系。对大一学生,开展职业生涯规划教育帮助学生树立职业生涯规划意识,初步拟定职业方向,培养职业兴趣;对大二学生,开展有针对性的专项指导,提升学生的就业核心竞争力;面向大三的毕业班学生,帮助学生在思想和心理上做好职业角色转换的准备,通过阶梯式的引导和教育,促使学生较好地完成从校园人向职业者的过渡和转变。

3. 打造多维度实践平台,实现全方位育人效果

职业规划教育与创新创业教育在教育目标和教学内容等方面存在相似之处,将创新创业教育融入职业规划教育,能够帮助学生培养创新精神和实践能力,优化自身职业生涯规划和创业就业的路径选择。学校可以整合各类资源,加强职业生涯规划教育与创新创业教育、专业教育的结合,为学生打造各类生动而富有活力的实践平台。

一是以专业教育为着力点,激发学生的创新创业意识。将专业教育融入生涯规划教育中,引导学生主动了解所学专业的就业前景和发展方向,考取专业技能证书和职业认证证书;引导学生参加社团活动时,避免盲目选择,计划好自身学习与社团活动之间的相关性和互助性,在活动中真正提升自己的能力;引导学生选择假期实习时,紧密联系专业实际,在实践中加深对自身专业、未来职业以及行业的理解;引导学生参加各类专业技能竞赛和创新创业竞赛,以赛促教、以赛促学,多角度激发学生的潜力和创造力,帮助学生巩固专业思想、提升职业素养,培养学生创新创业思维。

二是发挥第二课堂的积极作用,促进实践育人。学校可以综合各类学生社团的优势,广泛开展丰富多彩、形式多样的实践活动,如职业情景模拟活动、优秀校友走访活动、志愿者服务活动、大学生暑期扶贫社会实践活动等,搭建社会实践、实习实训、职业体验等实践平台,在实践中注重培养学生的职业道德、专业技能和职业能力;重点打造专业性、学术性社团,以社团为依托开展大学生创新创业训练计划以及大学生创新创业大赛等活动,着力培养学生的创新意识、实践能力和奋斗精神;搭建"大学生创业园"等创新创业平台,为学生提供技术和资金支持,不断强化学生的创新素养和创业技能。

三是加强新媒体平台的设计开发,强化网络育人。学校为学生搭建自助学习平台,将职业生涯规划教育延伸到线上与课后,提供就业创业信息服务,共享优秀校友典型案例,创新创业大赛和职业生涯规划大赛相关作品等,帮助学生开拓视野;搭建微信公众号、微博等互动平台,方便学生与后台的教师、专家之间进行沟通,不仅能够提高学生学习的主动性,同时增加职业生涯规划教育的互动性、实效性和体验性。

高职院校的职业规划教育不仅对学生未来的职业发展起着非常关键性的作用,而且还关乎更长远的育人目标。培养学生理性分析、树立远大的目标、选择和规划未来职业生涯发展的能力,是职业规划教育更为重要的使命。

第二节　教师培养与管理现状综述

古人说:"师者,人之模范也。"在学生眼里,老师是"吐辞为经、举足为法",一言一行都给学生以极大影响。人才培养,关键在教师。教师队伍素质直接决定着大学办学能力和水平。建设社会主义现代化强国,需要一大批各方面各领域的优秀人才。这对我们教师队伍能力和水平提出了新的更高的要求。同样,随着信息化不断发展,知识获取方式和传授方式、教和学关系都发生了革命性变化。这也对教师队伍能力和水平提出了新的更高的要求。所以,面对新的更高的要求,各高校要坚持教育者先受教育,让教师更好担当起学生健康成长指导者和引路人的责任。而建设政治素质过硬、业务能力精湛、育人水平高超的高素质教师队伍也是大学建设的基础性工作。高校要从培养社会主义建设者和接班人的高度,考虑大学师资队伍的素质要求、人员构成、培训体系等。

高职教育作为大学教育的重要组成部分,主要是为各行各业生产、管理、建设、服务等一线领域培养并输送高素质技术技能型人才,这是高职教育区别于普通高等教育的本质特点。这个本质特点决定了从事高职教育的教师不仅要有本专业扎实的理论知识,而且要有较强的从事本专业实际工作的能力,也就是说高职教师应具有"双师"素质。

目前,我国职业教育改革正处于重要战略机遇期,发展职业教育已经成为国家促进转方式、调结构和民生改善的战略举措。所以,建设一支高素质专业化的"双师型"教师队伍,对于提高技能型人才培养质量、完善现代职业教育体系、推动职业教育科学发展具有十分重要的意义。

一、概念综述

了解"双师型"教师,我们应先从"双师型"教师、"双师素质"教师和"双师结构"教学团队三个概念性词语入手。

何为"双师型"教师?"双师型教师"是指既具有良好的师德品质、扎实的基础理论知识和较高的学术水平、教学水平,又具有较强的专业实践能力和实践、实训指导能力的教师;既是工程师、技师等技术人员,又是讲师、教授等教学人员;在学校能当老师教学生,进企业能当师傅带徒弟。

何为"双师素质"教师?"双师素质"教师是指既具有良好的师德品质、扎实的基础理论知识和较高的学术水平,又具有一定的专业能力和实际工作经验并能够参与解决一些实际问题,但却不一定能独当一面地承担行业企业专业技术工作的专业教师。

何为"双师结构"教学团队?"双师结构"教学团队是指由专任教师和兼

职教师按一定的比例共同组成的、能满足理论和实践教学需要的专业教学队伍，主要目的是弥补专业教师工程实践能力不足的问题。

二、政策梳理

1995年12月，《国家教委关于开展建设示范性职业大学工作的通知》（教职〔1995〕号）在"申请试点建设示范性职业大学的基本条件"中指出："有一支专兼结合、结构合理、素质较高的师资队伍。专业课教师和实习指导教师具有一定的专业实践能力，其中有1/3以上的'双师型'教师。"，首次明确提出了"双师型"教师的概念。

1998年2月，国家教委制定的《面向21世纪深化职业教育教学改革的原则意见》（教职〔1998〕1号）在"提高教师素质，发挥教师作用"方面指出"要采取教师到企业单位进行见习和锻炼等措施，使文化课教师了解专业知识，使专业课教师掌握专业技能，提高广大教师特别是中青年教师的实践能力。要注意从企事业单位引进有实践经验的教师或聘请他们做兼职教师。要重视教学骨干、专业带头人和'双师型'教师的培养。"

1999年6月，《中共中央国务院关于深化教育改革全面推进素质教育的决定》（中发〔1999〕9号）进一步明确要求，必须"加快建设兼有教师资格和其他专业技术职务的'双师型'教师队伍"。

2000年1月17日，教育部下发的《教育部关于加强高职高专教育人才培养工作的意见》（教高厅〔2000〕2号）指出，"双师型"教师队伍建设是提高高职高专教育教学质量的关键，并对"双师型"教师的内涵界定为"既是教师，又是工程师、会计师"等，同时强调抓好"双师型"教师的培养。

2004年4月，教育部首次将双师型转换为双师素质，教育部办公厅在《关于全面开展高职高专院校人才培养工作水平评估的通知》（教高厅〔2004〕16号）中的附件一《高职高专院校人才培养工作水平评估方案（试行）》中明确提出："双师素质教师是指具有讲师（或以上）教师职称，又具备下列条件之一的专任教师：有本专业实际工作的中级（或以上）技术职称（含行业特许的资格证书及有专业资格或专业技能考评员资格者）；近5年中有两年以上（可累计计算）在企业第一线本专业的实际工作经历，或参加教育部组织的教师专业技能培训获得合格证书，能全面指导学生专业实践实训活动；近5年主持（或主要参与）两项应用技术研究，成果已被企业使用，效益良好；近5年主持（或主要参与）两项校内实践教学设施建设或提升技术水平的设计安装工作，使用效果好；在省内同类院校中居先进水平。"

2006年11月，教育部发布的《关于全面提高高等职业教育教学质量的若干意见》（教高〔2006〕16号）提出，注重教师队伍的"双师"结构，逐步形成实践技能课程主要由具有相应高技能水平的兼职教师讲授的机制。

2011年11月，《教育部　财政部关于实施职业院校教师素质提高计划的意见》（教职成〔2011〕14号）提出，"进一步突出教师队伍建设的基础性先导性战略性地位，系统设计、多措并举、创新机制、加大投入，以建设高素质专业化"双师型"教师队伍为目标，以提升教师专业素质、优化教师队伍结构、完善教师培养培训体系为主要内容，以深化校企合作、提高培训质量为着力点，大幅度提高职业院校教师队伍建设的水平，为职业教育教学发展提供强有力人才保障。"

2011年12月，《教育部关于进一步完善职业教育教师培养培训制度的意见》（教职成〔2011〕16号），进一步强调大力加强职业教育"双师型"教师队伍建设。

2014年5月，《国务院关于加快发展现代职业教育的决定》（国发〔2014〕19号）的目标里提出专兼结合的"双师型"教师队伍建设进展显著。建设"双师型"教师队伍：完善教师资格标准，实施教师专业标准；健全教师专业技术职务（职称）评聘办法，探索在职业学校设置正高级教师职务（职称）；完善企业工程技术人员、高技能人才到职业院校担任专兼职教师的相关政策，兼职教师任教情况应作为其业绩考核评价的重要内容。推进高水平学校和大中型企业共建"双师型"教师培养培训基地。

2014年6月,教育部等六部门组织编制的《现代职业教育体系建设规划（2014～2020年）》要求完善"双师型"教师培养培训体系。建立符合职业院校特点的教师绩效评价标准,绩效工资内部分配向"双师型"教师适当倾斜。探索建立行业企业举办的职业院校和民办职业院校教师年金制度。

2016年10月,《教育部 财政部关于实施职业院校教师素质提高计划（2017～2020年）的意见》（教师〔2016〕10号）强调,"进一步加强职业院校'双师型'教师队伍建设",并制定目标任务为"2017～2020年,组织职业院校教师校长分层分类参加国家级培训,带动地方有计划、分步骤实施五年一周期的教师全员培训,提高教师'双师'素质和校长办学治校能力；支持开展中职、高职、应用型高校教师团队研修和协同创新,创建一批中高职教师专业技能创新示范团队；推进教师和企业人员双向交流合作,建立教师到企业实践和企业人才到学校兼职任教常态化机制,通过示范引领、创新机制、重点推进、以点带面,切实提升职业院校教师队伍整体素质和建设水平,加快建成一支师德高尚、素质优良、技艺精湛、结构合理、专兼结合的高素质专业化的'双师型'教师队伍。"

2017年12月,国务院办公厅发布的《国务院办公厅关于深化产教融合的若干意见》（国办发〔2017〕95号）指出,"推动职业学校、应用型本科高校与大中型企业合作建设'双师型'教师培养培训基地。完善职业学校和高等学校教师实践假期制度,支持在职教师定期到企业实践锻炼。"

2019年1月,《国务院关于印发国家职业教育改革实施方案的通知》（国发〔2019〕4号）,指出"'双师型'教师（同时具备理论教学和实践教学能力的教师）占专业课教师总数超过一半,分专业建设一批国家级职业教育教师教学创新团队。"为"双师型"教师队伍建设明确了具体指标。同时指出"多措并举打造'双师型'教师队伍",即"从2019年起,职业院校、应用型本科高校相关专业教师原则上从具有3年以上企业工作经历并具有高职以上学历的人员中公开招聘,特殊高技能人才(含具有高级工以上职业资格人员)可适当放宽学历要求,2020年起基本不再从应届毕业生中招聘。加强职业技术师范院校建设,优化结构布局,引导一批高水平工科学校举办职业技术师范教育。实施职业院校教师素质提高计划,建立100个'双师型'教师培养培训基地,职业院校、应用型本科高校教师每年至少1个月在企业或实训基地实训,落实教师5年一周期的全员轮训制度。探索组建高水平、结构化教师教学创新团队,教师分工协作进行模块化教学。定期组织选派职业院校专业骨干教师赴国外研修访学。在职业院校实行高层次、高技能人才以直接考察的方式公开招聘。建立健全职业院校自主聘任兼职教师的办法,推动企业工程技术人员、高技能人才和职业院校教师双向流动。职业院校通过校企合作、技术服务、社会培训、自办企业等所得收入,可按一定比例作为绩效工资来源。"

2019年9月,《教育部等四部门关于印发<深化新时代职业教育"双师型"教师队伍建设改革实施方案>的通知》(教师〔2019〕6号)指出,"建设高素质'双师型'教师队伍(含技工院校'一体化'教师,下同)是加快推进职业教育现代化的基础性工作。"虽然改革开放以来,教师素质能力显著提升,但是同时具备理论教学和实践教学能力的"双师型"教师和教学团队短缺,已成为制约职业教育改革发展的瓶颈。为了实现到2022年职业院校"双师型"教师占专业课教师的比例超过一半的目标,该方案从"建设分层分类的教师专业标准体系""推进以双师素质为导向的新教师准入制度改革""构建以职业技术师范院校为主体、产教融合的多元培养培训格局""完善'固定岗+流动岗'的教师资源配置新机制""建设'国家工匠之师'引领的高层次人才队伍""创建高水平结构化教师教学创新团队""聚焦1+X证书制度开展教师全员培训""建立校企人员双向交流协作共同体""深化突出'双师型'导向的教师考核评价改革""落实权益保障和激励机制提升社会地位""加强党对教师队伍建设的全面领导"和"强化教师队伍建设改革的保障措施"十二个方面,为基本建成一支师德高尚、技艺精湛、专兼结合、充满活力的高素质"双师型"教师队伍提供保障。

三、双师型教师培养模式研究

目前，我国大部分高职院校是通过转型形成的。一种是现有高专和职业大学联合办学，扩大规模而形成；另一种是发挥少数重点中专的优势专业，将它们升格为高职院校，或者将成人高校办出高职特色。然而转型过来的许多高职院校的原有教师学历水平，与《教师法》要求的任职资格全部达到本科学历比，还存在较大差距。为使学历达标，学校和教师个人投入了大量精力，却忽视了"双师素质"教师队伍的建设，从而导致出现了重学历达标而轻"双师型"教师建设的观念，这势必会延缓高职教育的发展。

（一）概念研究现状

学界认为"双师型"教师最早是由王义澄在1990年发表的《建设"双师型"专科教师队伍》中提出的。在政策法规中，"双师型"一词首次是在教职〔1995〕12号文件中被提出。目前，学界对双师型教师的研究和定义较多，但主要有以下几种观点。

一是"双职称"说，指既有高教系列中级以上职称，又具有本专业技术系列中级以上职称的教师；二是"双证"说，指教师持有教师资格证书和行业技能等级证书双证书；三是"双能（双素质）"说，指既具有作为教师的职业素质和能力，又具有技师（或其他高级技术人员）的职业素质和能力的专业教师；四是"叠加"说，教师有两方面含义：一方面就专业教师个体而言，既要有较高的专业知识水平，又要有较强的专业技能，其外显形式为既是讲师（或以上）又是工程师（或技师、高级工等）；另一方面就教师队伍结构而言，既有来自高校的，又有来自企业的。强调了形式，又注重了内容，使两者达到了有机的统一，较全面地体现了当前我国对"双师型"教师的要求；五是"双层次"说，指职业院校的教师既能讲授专业知识，又能开展专业实践；既能引导学生人格价值，又能指导学生获得与个人个性匹配的职业的一种复合型教师。

（二）"双师"队伍建设现状研究

目前，"双师"队伍现状的研究较多，表现在研究的人员多、方法多和成果多。大部分研究主要从存在的问题入手，以解决问题为目的提出改进的建议和采取的措施，最后得出的相应结论。现在基本形成以下几种结论。

第一，重理论、轻实践。有的专家通过分析认为现在"双师"队伍仍然存在"重理论、轻实践""学术性重于实用性"的现象。大部分学校教师入口有对口企业经历的比例小，过后的培养过程中到企业锻炼大多是以认识和观摩为主，实际操作和实践的较少。

第二，重课程教学、轻社会服务。高职院校教师因职称评审的要求，有重论文、轻科研，重课题研究、轻实际应用的倾向。师资队伍整体科研能力较弱，基于解决实际生产技术问题的科研水平还比较低。表现在教学过程中普遍重视理论教学环节，而缺乏通过产学研合作服务社会的理念和行动；科研管理中重课题申报，而缺乏科研成果应用推广的机制，有些成果只是以论文发表或报告形式结题为终点，造成了成果的闲置浪费，没有充分考虑科研成果与企业结合的实际应用价值。

第三，来源单一、多渠道机制缺乏操作性。目前，由于国家人事制度等方面的原因，高职院校进入教师的途径主要通过招录，大多数是从高校毕业的本科生、研究生和博士生中招录。只有少部分企业办学的高职院校有从企业招录教师的条件，但是这部分能被招录进高职院校的教师在全校教师中所占比例较低。虽然国家、行业鼓励甚至要求从企业招录优秀的技术技能人才，但很多企业的技术技能人才因不符合报考条件而无法进入高职院校。

第四，缺少行之有效的激励机制。大多数高职院校教师的考核方法和职称评聘沿用本科院校的方法，重学术轻技能，形成教师重视发表论文而轻视专业技能的提高。虽然2018年副高职称的评审权限已经下放到各高职院校，但是很多高职院校直接套用省教育厅的高教系列职称评审标准，并没有在此基础上形成符合本校特点且注重职业技能的职称评审标准。所以，在分配制度设计中

"双师"因素几乎没有得到体现。许多高职院校由于经费等原因，对"双师型"师资队伍建设的扶持力度不大，无法真正调动教师参与"双师型"教师队伍建设的积极性。

第五，缺少培养机制、无统一资格认证标准。高职院校的教师大多来自高校，学历高、实践能力较低。尽管有些院校规定了新进教师（尤其是青年教师）要到企业进行一定时间的实践，但是大多数时间都是参观认识性的，实际效果并不理想。同时，校本培养不够重视，很多院校新进教师入校后能否成为"双师型"教师全看教师自己，学校没有系统的培养机制，也缺少政策支持，这导致很多教师忙于教学任务和管理事务而忽视个人职业规划。另外，关于"双师"资格的认证，国家和学界没有统一的说法，对"双师"教师的内涵和外延的解释众多。没有一个统一的"双师"教师的资格认证标准，从而形成了现在多种多样的"双师"，有的标准高，有的却很低，这在教师队伍中形成了不好的影响。

（三）"双师型"教师队伍培养模式研究

要想培养出真正的"双师型"教师，学校应与企业联合，加强深度合作，探索行之有效的"双师型"教师培养模式。

1."订单班"培养模式

"订单班"培养模式，是指专业教师在指导"订单班"学生到企业顶岗实习的过程中，参与企业的生产过程，从而提高自己的"双师素质"。"订单班"学生在完成学校的基本理论和基本技能的学习及训练后，前往订单企业进行为期一年左右的顶岗实习。基于学生实习管理和教学指导的需要，学校安排专业教师承担学生顶岗实习的指导工作。实习指导教师前往"订单班"学生实习现场跟踪指导学生实习，加强对学生的管理，以解决学生在实际生产过程中遇到的难题为切入点，参与到企业的生产过程中，从而很好地将理论与实践结合起来，进而提高自己解决实际问题的能力。指导教师通过与企业之间的接触和合作，及时了解企业文化，帮助学生树立职业道德和职业责任，对学生在职业生涯规划和发展方面遇到的问题提供正确引导。同时，指导教师利用其长期工作和教学中积累的经验为企业提供解决问题的思路和方法，对企业的经营理念进行理论上的系统指导，对企业员工提供技术培训。这样学校既为企业订单培养人才，企业又为专业教师提供实践锻炼机会，真正实现了校企的"双赢"。

2. 企业挂职培养模式

企业挂职培养模式，是指学校选派青年教师以脱产或半脱产的形式，到企业挂职锻炼，深入企业生产实际。为了保障挂职不流于形式，学校制定企业挂职相应的制度，为那些从高校毕业后直接任教的年轻教师提供经费保障，同时有计划地实施培养工程，通过企业挂职的形式提升教师的教学能力和技术技能的操作能力。为了保障挂职教师学有所获、学有所成，学校为挂职教师规定必须完成的任务。具体为：一是开展行业或专业调研，了解专业的生产、技术、工艺、设备现状和发展趋势，以便在教学中及时补充新技术、新工艺和新材料方面的知识；二是带着教学中的课题向企业有丰富实践经验的工程技术人员请教，在他们的帮助下提高科研能力；三是加强学校与企业的沟通与联系，为"产学研""工学"结合建立纽带。通过这种方式，一些高职院校培养了一大批"双师型"骨干教师，推动了专业建设和学校发展。

3. "产学研"合作培养模式

产学研合作是指企业、高职院校和科研机构三方共同从事人才培养、产品开发和科学研究的教育活动，在这一过程中，专业教师进入合作企业，参与企业生产、开发和服务等各个具体环节，进而提高自身的教学能力、科研水平和实践技能。

为促进产学研结合，提高教师专业技术技能水平和实践教学能力，学校应鼓励将应用性课题研究作为"双师型"教师科研的重点任务，创造条件开展相应的科研、专项调研等技术工作，鼓励将生产实践中的课题引入到课堂教学中。学校应加强与企业之间的沟通与合作，着力寻找与企业之间的合作点，为企业提供技术服务，与企业一起开展技术研发，既能解决企业的难题，又能为教师提供生产实践和自身提高的机会和条件。学校要尽可能地为"双师型"教师开展科研创造条件，将教师自发自为的科研力量集中起来，有组织地开展产学研结合的课题研究，提高科研能力和实际效益。在科研经费上，学校应在课题申报、项目管理和经费支出方面给予积极的扶持，给予"双师型"教师配套的科研经费和自主政策。作为教师的科研基地，学校为产业提供必要的仪器和设备支持，为新技术的推广应用提供平台。同时，强调教师个体培养与团队建设同步，教师个体成长为团队建设提供有利基础，团队建设可以更好地促进教师个体成长。通过项目负责人指导技术负责人，技术负责人指导课题骨干成员，课题骨干成员带动项目团队，个人与团队共同进步、共同发展，共同提高社会服务能力。这样的产学研合作模式既加强了教师服务社会的理念，又在依托校企合作的基础上提升了教师"双师"素质，为培养真正的"双师型"教师提供了有力的支撑。

4. 企业引进培养模式

企业引进培养模式，是指引进掌握专业技术发展方向并精通行业企业工作程序的技术骨干作为学校的专职教师，或聘请生产、建设、管理和服务一线的能工巧匠、高级技师作为学校的兼职教师。引进教师的职责有：完整、系统地讲授一门专业实践技能课程，指导本专业学生的实训，向学生传授本专业生产实践所需的专业技能；参加本专业"双师"结构和"双师"素质教学团队建设，参与专业教学改革项目的研究与实践；对本专业人才培养工作提出咨询意见和建议。对引进的专、兼职教师进行职业教育培训，提高他们的职业教育教学能力。引进与培养同步，着力培养校企双专业带头人、专业负责人、课程负责人、骨干教师、逐步打造"双师结构"教师团队。同时，建立完善的人才引进、聘用工作制度。建立监督检查和意见反馈机制，优化"双师型"教师队伍。这样的培养模式，引进的企业人才，缩小了教学与生产之间的距离，充实了"双师型"教学团队，为学校优异的教学质量提供了有力保障。

四、"双师型"教师培训教育研究

2018年5月2日,习近平总书记到北京大学考察,与北京大学师生座谈并发表讲话时强调要建设高素质教师队伍,指出"人才培养,关键在教师。教师队伍素质直接决定着大学办学能力和水平。建设社会主义现代化强国,需要一大批各方面各领域的优秀人才。这对我们教师队伍能力和水平提出了新的更高的要求。同样,随着信息化不断发展,知识获取方式和传授方式、教和学关系都发生了革命性变化。这也对教师队伍能力和水平提出了新的更高的要求。"强调"建设政治素质过硬、业务能力精湛、育人水平高超的高素质教师队伍是大学建设的基础性工作。要从培养社会主义建设者和接班人的高度,考虑大学师资队伍的素质要求、人员构成、培训体系等。高素质教师队伍是由一个一个好老师组成的,也是由一个一个好老师带出来的。2014年教师节时我同北京师范大学的师生代表座谈时就如何做一名好老师提出了4点要求,即:要有理想信念、有道德情操、有扎实学识、有仁爱之心。"还强调"教师思想政治状况具有很强的示范性。要坚持教育者先受教育,让教师更好担当起学生健康成长指导者和引路人的责任。""评价教师队伍素质的第一标准应该是师德师风。师德师风建设应该是每一所学校常抓不懈的工作,既要有严格制度规定,也要有日常教育督导。"

教师一言一行都给学生极大影响,要想培养高素质技术技能人才,应先从培养高素质教师队伍开始。

(一)政策梳理

2006年11月,教育部和财政部发布的《教育部财政部关于实施国家示范性高等职业院校建设计划加快高等职业教育改革与发展的意见》(教高〔2006〕14号)强调"增强社会服务能力。示范院校要积极为社会提供技术开发与服务,大力开展职业技能培训,努力为提高劳动者素质、促进就业,以及转移农村劳动力提供服务;积极开展地区之间、城乡之间的对口支援与交流,主动为区域内职业院校培训师资,促进地区职业教育的协调发展。"

2006年11月,教育部发布的《教育部关于全面提高高等职业教育教学质量的若干意见》(教高〔2006〕16号)指出,"高等职业院校教师队伍建设要适应人才培养模式改革的需要,按照开放性和职业性的内在要求,根据国家人事分配制度改革的总体部署,改革人事分配和管理制度。要增加专业教师中具有企业工作经历的教师比例,安排专业教师到企业顶岗实践,积累实际工作经历,提高实践教学能力。同时要大量聘请行业企业的专业人才和能工巧匠到学校担任兼职教师,逐步加大兼职教师的比例,逐步形成实践技能课程主要由具有相应高技能水平的兼职教师讲授的机制。重视教师的职业道德、工作学习经历和科技开发服务能力,引导教师为企业和社区服务。逐步建立'双师型'教师资格认证体系,研究制订高等职业院校教师任职标准和准入制度。重视中青年教师的培养和教师的继续教育,提高教师的综合素质与教学能力。'十一五'期间,国家将加强骨干教师与教学管理人员的培训,建设一批优秀教学团队、表彰一批在高职教育领域作出突出贡献的专业带头人和骨干教师,提高教师队伍整体水平。"

2011年8月,教育部发布的《教育部关于推进中等和高等职业教育协调发展的指导意见》(教职成〔2011〕9号)指出,"加强师资队伍建设,注重教师培养培训。构建现代职业教育体系要注重为教师发展提供空间,调动教师的工作积极性。高等职业学校教师的职务(职称)评聘、表彰与奖励继续纳入高等教育系列;推进中等职业学校教师职务(职称)制度改革。完善职业学校教师定期到企业实践制度,在企业建立一批专业教师实践基地,通过参与企业生产实践提高教师专业能力与执教水平。鼓励中等和高等职业学校教师联合开展企业技术应用、新产品开发等服务活动。各地要建立职业学校教师准入制度,新进专业教师应具有一定年限的行业企业实践经历。建立健全技能人才到职业学校从教制度,制定完善企业和社会专业技术人员到校担任兼职教师措施。"

2011年9月,教育部发布的《教育部关于推进高等职业教育改革创新引领职业教育科学发展的若干意见》（教职成〔2011〕12号）指出"各地要加大高等职业学校教师培养培训力度，推动学校与企业共同开展教师培养培训工作。要在优秀企事业单位建立专业教师实践基地，完善专业教师到对口企事业单位定期实践制度。要在学校建立名师和技能大师工作室，完善老中青三结合的青年教师培养机制。要坚持培养与使用相结合，完善教师继续教育体系，健全教师继续教育考核制度和政策。"

2014年6月，教育部等六部门印发的《现代职业教育体系建设规划（2014~2020年）》指出，"完善教师培养制度。加强职业技术师范院校建设。依托高水平学校和大中型企业建立"双师型"职业教育师资培养基地。探索职业教育师资定向培养制度和"学历教育+企业实训"的培养办法。加强职业教育教师队伍师德建设，增强教师从事职业教育的荣誉感和责任感。"同时强调，"完善教师培训制度。建立职业院校教师轮训制度，促进职业院校教师专业化发展。建立一批职业教育教师实践企业基地，实行新任教师先实践、后上岗和教师定期实践制度，专业教师每两年专业实践的时间累计不少于两个月。鼓励职业院校教师加入行业协会组织。"

2017年12月，国务院印发的《国务院办公厅关于深化产教融合的若干意见》（国办发〔2017〕95号）指出，"强化企业职工在岗教育培训。落实企业职工培训制度，足额提取教育培训经费，确保教育培训经费60%以上用于一线职工。创新教育培训方式，鼓励企业向职业学校、高等学校和培训机构购买培训服务。鼓励有条件的企业开展职工技能竞赛，对参加培训提升技能等级的职工予以奖励或补贴。支持企业一线骨干技术人员技能提升，加强产能严重过剩行业转岗就业人员再就业培训。将不按规定提取使用教育培训经费并拒不改正的行为记入企业信用记录。"

2019年1月，国务院印发的《国家职业教育改革实施方案》在多措并举打造"双师型"教师队伍方面指出，"从2019年起，职业院校、应用型本科高校相关专业教师原则上从具有3年以上企业工作经历并具有高职以上学历的人员中公开招聘，特殊高技能人才（含具有高级工以上职业资格人员）可适当放宽学历要求，2020年起基本不再从应届毕业生中招聘。加强职业技术师范院校建设，优化结构布局，引导一批高水平工科学校举办职业技术师范教育。实施职业院校教师素质提高计划，建立100个"双师型"教师培养培训基地，职业院校、应用型本科高校教师每年至少1个月在企业或实训基地实训，落实教师5年一周期的全员轮训制度。探索组建高水平、结构化教师教学创新团队，教师分工协作进行模块化教学。定期组织选派职业院校专业骨干教师赴国外研修访学。在职业院校实行高层次、高技能人才以直接考察的方式公开招聘。建立健全职业院校自主聘任兼职教师的办法，推动企业工程技术人员、高技能人才和职业院校教师双向流动。职业院校通过校企合作、技术服务、社会培训、自办企业等所得收入，可按一定比例作为绩效工资来源。"

通过政策梳理，我们不难发现，国家非常重视高等职业学校教师的培养与培训。各高职院校应按照政策要求加强教师的培养与培训，通过培养与培训等多种途径提升教师的整体素质，进而为社会培养高素质技术技能人才奠定基础。

（二）高职院校"双师型"教师培养现状

高职院校教师的素质直接决定人才培养的质量，所以"双师型"高职教师培养是一个系统工程，必须加强顶层设计，正确处理教师培养所涉及的内外关系，应协调教师培养中各要素的资源整合，从而达到最佳效果。

目前，高职"双师型"教师的培养现状及存在的问题主要体现在以下几个方面。

1. 培养体系不完善，教师实践技能总体薄弱

教师培养体系不完善主要体现在两个方面。一是国家未出台《高等职业学校教师专业标准》，没有建立完备的考核标准，有些地方把高职院校作为事业单位，纳入地方事业单位招考范围，入职教师要参加统一考试。而参加考试的绝大多数应聘人员是高校毕业生，没有企业工作经历或者实践技能，对企业先

进的技术、工艺流程、操作技能等不甚了解，甚至有的对本专业的企业情况一无所知。所以，部分高职教师入职前在双师素质方面存在先天不足。而大量技术技能骨干或能工巧匠又无法通过这个途径进入高职院校。二是高职教师入职培训仍然采用普通高校的教师培训方式和内容，没有专门的职业教育师资培训内容。目前，很多学校都积极采取措施，鼓励教师通过考证提高"双师型"教师比例，但由于多种原因，教师实际能力与证书不匹配，加上不同专业对应的职业资格证书名目众多，没有明确的对应性要求，从而影响"双师型"教师工作的评价与考核。而且，在很多学校，教师是否为"双师型"教师，不会影响其工资和福利待遇，教师迫切成为"双师型"教师的内生动力不足。

2. 培训形式较为单一，培训的实效性不佳

学校出于多重考虑，开展的教师培训大多局限于校内。而校内由于受学校培训师资、培训资源等条件限制，培训形式单一，培训层次不高、培训实效不佳。而有机会到综合性高校进修的高职教师，很少能得到提升实践能力的岗位培训。课程设置没有结合职业教育特点，很难激发职教师资的培训热情，加上受训教师思想上不够重视，派出单位与培训单位对进修生监管不到位等因素，导致培训敷衍，效果不佳。

3. 相关制度缺失，企业背景的兼职教师队伍不稳定

高职院校原则上应聘请在企业界具有丰富实践经验的行业骨干、资深专家或者能工巧匠，充实兼职教师队伍，优化高职"双师型"教师队伍结构。但由于这些人员工作压力较大，工作时间与上课时间产生冲突，加上企业出于对自身利益和生产稳定性的考虑，对此事积极性不高。而学校对兼职教师薪酬没有特殊的倾斜政策，实践技能和专业教学能力没有专门的评价体系，兼职教师队伍未能发挥企业骨干对学校人才培养的有效作用。

4. 校企合作不够深入，"双师型"教师培养渠道狭窄

目前，校企合作表现为学校热、企业冷的状况。究其原因主要是未能建立以市场机制为基础的校企利益共同体，难以实现校企深度合作。校企共同培养

教师计划、培养模式和措施等方面的资源不能有效整合，系统培养教师效果差。

五、教师职业精神研究

职业精神是人们在长期的职业活动中，逐渐形成的职业认同以及以此建立的职业价值观，它还包括职业活动中被人们所认可的思维方式、行为方式等。每一种职业都受其职业精神内涵所指引，教师职业也不例外。目前，关于教师职业精神的研究众多，但研究主流多是围绕教师职业精神的概念内涵、特点、意义价值等。

高职院校教师职业精神适用于高职院校这个特有的教学领域。只有明晰高职院校的育人特点，才能够在研究和梳理高职院校教师职业精神内涵的过程中指向明确。与一般普通本科院校不同，高职院校在培养目标、教学方法、培养质量标准等方面独具特点。高职院校是高技能人才培养的核心阵地，重点培养职业型应用技术人才，应根据人才市场需求的变化，灵活调整和设置专业，侧重于培养学生的应用能力、操作能力和实践动手能力。在课堂教学中，教师融"教、学、做"为一体，把教学重点放在实务操作和专业技能的培养上。通过实训课程提高学生的专业能力、沟通能力、团队能力等，从而使学生在就业过程中发挥实际作用。而教师在高职院校人才培养战略目标实现中肩负重要责任。职业精神是教师职业素质的基本呈现，也是其做好本职工作的精神动力。

（一）职业精神内涵

高职院校教师职业内涵体现在师魂、师德和师能三个方面。第一，师魂是教师的精神风貌和精神追求，也是教师的精神境界和精神格局。教师的精神境界是教师基于其个人的成长经历、教育实践和信念所铸就起来的精神状态；教师的精神格局是一种对自身身份的定位，是一种战略眼光，是教师生存的空间。只有教师把教书育人这份职业作为其精神寄托和成就事业的根基，教育过程才有意义。从高职院校教师的职业角色定位而言，一个具有师魂的教师应是先进文化的传播者、学生人生可靠的领路人。而高职院校教师，通过向学生传递先进的思想文化才可能达到化人、树人、育人的目的，才能成为学生人生路上可靠的引路人。

第二，师德就是教师的职业道德，是教师在教育实践过程中所具备的道德品质和行为准则，是教师行业特殊的道德要求。教师在教书育人的活动中，不仅要向学生传授文化知识和专业技能，更要对学生进行德育教育。教书是教师的基本使命和工作，而育人是教育的生命和灵魂。教师学高、德优的职业特点决定了其工作作风是"以身作则，言传身教"，这也是被人们广为称颂的为师之道，也是教师应具备的思想品德。在教学实践中，教师应身先士卒，给学生做好表率。所以高职院校教师应具备爱岗敬业的情操、热爱学生的胸怀、为人师表的修养、不断进取的精神和严谨治学的风格等。

第三，师能是教师从事教育工作所必须具备的教学、科研、管理等方面的基本能力。师能是教育工作者开展教学的手段，具体包含专业素养、教学技巧、心理学和文学语言等几个方面的综合能力。专业素养是教师从事教育教学工作所必须具备的专业特质。作为一名教师，应精通本专业基本理论，熟悉本专业基本技能，了解本专业的学术前沿、新技术和新工艺等。教学技巧是教师在教学过程中根据教学规律采取的教学方法和遵循的教学原则。教师在课前对教学进行精心设计，课堂上巧妙组织，根据学生的性格、态度以及学生在接受知识时所表现出来的差异性，对学生作出激励性的评价，激励和引导学生自我发展和自我完善。在教学过程中，教师可以采用微课、慕课、网络等先进的教学工具，创新教学方法，利用心理学的知识了解学生的心理特点，调整采用便于学生接受的教学方法。从而促使取得最佳的教学效果。教师掌握一定的心理学知识，在与学生沟通交流和班级管理工作中都会起到事半功倍的效果。美国著名教育家杜威曾说："教学是一种艺术，真正的教师是艺术家。"教师之所以是艺术家在于借助语言向学生传播知识和交流思想，而且在教学过程中使抽象的知识变得生趣盎然，这完全凭借教师对语言的掌控力。所以，语言是教师必须具备的重要能力。在课堂教学中，教师独具特色和个人魅力的语言可以决定这门课程的教学质量和学生的学习效率。因此，教师必须学会使用声情并茂的语言描述事物、生动地表达情感并准确地反映知识之间的客观规律。只有这样才能唤起学生主动学习的兴趣，激发其灵感，才能达到教育启蒙学生的目的。

（二）高职院校教师职业精神现状及问题

长期以来，高职院校重视规模扩张轻内涵建设；重视职业技术教育轻职业精神教育，造成部分教师职业精神取向偏离核心价值观，实践定位飘忽不定，不仅严重弱化高职院校的人才培养工作，还对教师自身的职业发展产生不利影响。

具体表现在以下两个方面。

1. 高职教师在师德师风建设方面尚未从自然走向自觉

教师的职业精神主要来自教师本人对自己所从事工作的认可和尊重。高职教师在教学工作中积极性的高低在很大程度上取决于自身的职业价值观念。一名教师最基本的职责就是"立德树人、教书育人"。教师只有具备这样的责任意识，才能培养出德才兼备的人才，才能够做出过硬的创新科研成果，才能够发挥出教师群体引领整个社会风气的积极作用。但是部分高职教师却缺乏职业精神。有的教师工作责任心不强，缺乏敬业意识；有的教师选择教师职业的原因并不是出于对教育事业的热爱，而是出于社会地位高或是认为教师的收入稳定、有较长的假期等，出发点的偏失会引发后续问题的出现；有的教师教书育人意识淡薄，对学生缺乏爱心和耐心；有的教师言行不够规范，还有的教师缺乏严谨治学的作风，更有个别教师违反职业道德与学生有不正当关系，收受学生礼品，学术不端等，严重影响了高职教师的职业声誉。这一系列问题的出现都体现出高职院校教师对师德建设的意识还未从自然走向自觉，还没有从被约束转化为自省、内化的模式。

（1）缺乏敬业精神，责任意识不强

在现代社会中，无论从事何种职业，都需要从业者具备较强的敬业精神和责任意识。对于教师职业而言，爱岗敬业的情操是每位教师都必须遵守的最基本的职业道德规范。但是在实际教学工作中，部分教师受到社会不良风气的影响，只注重物质利益，以收入高低作为衡量其价值的唯一标准，不求进取，缺乏独立的学术研究能力和严谨治学的教学态度，甚至将时间和精力花费在个人第二职业上。还有的教师缺乏责任心，只满足于做好自身的本职工作，忽视学生除学习之外的其他问题，在教学过程中对于学生的其他问题采取回避态度，在课堂上只看重理论知识，忽视实践教学，不能够全方位地考虑学生的专业素质培养和全面发展，更无法按照"校企合作、工学结合"的要求开展实际的教学实践活动。虽然只有少数教师存在这类现象，但究其根本还是因为缺乏爱岗敬业的情操。

（2）割裂"教书育人"，忽视学生发展

在教育教学活动中，教书育人是一个全方位的教学过程，教师在教学过程中所担任的角色是全方位和多层次的。教师不仅是传授知识的主体，还是学生道德的典范、人生可靠的引路人。教师与学生之间的教学活动是师生之间的相互交往的活动，是由教师和学生共同完成的。但是，部分教师片面地认为自己的职责只是传授知识，帮助学生掌握一技之长，为未来就业做准备，上完课后便离开课堂，很少或几乎没有就学生关心的问题进行交流，更无暇顾及学生在学业和生活等诸多方面存在的困惑或问题，完全割裂了教书和育人这一教师的基本使命。还有部分教师思想政治观念淡薄，只专注于自身专业的教学业务和教学成绩，对党和国家的基本路线、方针和政策漠不关心。一些老教师对学生经常使用的作为现代社会交流媒介的重要工具如微博、微信、QQ和学生喜欢的抖音、快手、美图秀秀等不感兴趣甚至带有排斥情绪，所以，教师和学生之间的代沟与日俱增。

（3）教学师德失范，学术态度不端

严谨端正的治学风格是高职教师在教学过程中必须秉持的师德修养。这一要求不仅体现在教师的教学业务上，还体现在教师的学术道德品格上。在当前社会，媒体报道高校教师学术不端的新闻屡见不鲜。部分教师在教学科研上弄虚作假、行为失范，剽窃他人研究成果，这极大地败坏学术研究风气，也给教师职业和科学研究带来极大的负面影响。还有部分教师治学不严谨，教学不认真负责，而这些行为都潜移默化地对学生成长产生非常不利的影响。所以，高职教师要想在教学和科研上做出成绩，就必须脚踏实地以严谨治学的风格和淡泊名利的心态，以勇于奉献和甘为人梯的精神，发自内心地、自觉地树立师德观念，养成良好的师德习惯和行为规范。

2. 高职教师在师能建设方面尚有不足

师能是师德的重要载体。在较长的任职年限中，大部分资深高职教师已经积累了较为深厚的专业知识和文化底蕴。但是面对社会的发展和新知识、新技术、新成果的不断涌现，专业知识更新周期不断缩短，高职教师就更需要在潜心研究专业知识的基础上，不断了解学科前沿知识，从而拓展自身的专业视野，完善自身的知识结构，全面提高整体的教学素养和知识水平。目前，高职教师在师能方面仍存在很多不足，必须引起高职院校重视并着力改进。

（1）教学方法陈旧，知识更新缓慢

高职教育是与社会需求联系最为紧密的一种教育形式。在高职院校的教育教学过程中，教师需要与时俱进地及时、快速地补充新知识和新理论，更新教学手段和方法，使学生能在学习生涯中紧跟时代步伐，为就业打下坚实的基础。但是，在目前的高职院校中，师资队伍大部分由经验丰富的教师和经验不足的年轻教师构成，存在严重的断档。经验丰富的教师多数在教学中承担着中坚力量的重担，但多年的从教经历容易形成固化的教学模式，缺少创新与更新。有的教师选用的教材十年用一本，为了减少备课工作量，对教学内容多年不加修改、照本宣科，有的教师所用的教案千篇一律，没有实用价值，所引用的案例还是十几年前的典型案例，缺少时代性；有的教师教学手段落后，上课全凭一根粉笔，对多媒体等新型教学设备没有兴趣，不去学习甚至尝试使用。而年轻教师虽然容易接受新事物、善于学习和勇于补充新知识，但是又缺乏教学经验，对专业理论知识掌握得不够深刻，教学重点、难点把握得不够准确，在教学中授课内容的广度和深度还不够。

（2）知识储备单一，文理难以兼具

作为新时代的高职教师，不应是只懂一门学科的狭隘专业人士，而应是具有全方位知识的教育教学人才。当授课对象是长在新时代并受新时代思想熏陶的学生时，教师更应该扩充自己的知识面，秉持终身学习的理念，博采众长，多方面吸取新知识、新技能，做一个综合的、博学的教师。教师在充实自身知识领域时，除了丰富所学专业方面的知识和教学技巧外，还应文理兼具，具备哲学思维、数学逻辑、文学语言等能力。而实际上许多教师缺乏这样的意识，比如口语表达能力较为薄弱，专业知识自己清楚，却无法清楚地讲授给学生，甚至上课枯燥，教学效果十分不理想。

（3）缺乏职业意识，实践能力较弱

高职教育不同于高等教育，也有别于职业培训，有其鲜明的职业性特点。但在高职院校中，部分教师对高职教育的教学目的不清楚，实践操作技能较为薄弱，缺乏承担实践操作课程的能力，所以在教学中无法按照高职教育教学规律有序地开展实践教学活动。尤其是一些年轻教师，研究生或博士毕业就直接进入高职院校任教，没有企业实践的经历，如果再不经过认真的培训和顶岗锻炼，其实践能力和水平将极大地制约其专业素养和职业前景。

第三节　科研校企合作现状综述

高职院校作为我国高等教育的重要组成部分，在其自身发展过程中，科研工作占有重要地位，因为它既是培养高素质专业人才不可缺少的途径，也是经济社会发展的客观要求。而科研水平的高低在一定程度上也体现高职院校竞争力的强弱。然而，目前高职院校科研状况与社会的要求相距甚远。

一、科研意识不强，学术氛围不浓

目前，高职院校教师的学历、职称偏低，科研能力和科研水平不高，缺乏高层次人才，科研基本处于单打独斗的局面，未能形成高素质研究团队。而且很多教师认为科研高不可攀，他们平时多从事教学和行政管理等工作，主观认为科研遥不可及，畏难情绪较大，大多是拼凑文章，应付评职称，并没有把科研水平看作是衡量办学水平的重要标准和提高教学质量的基础。此外，学校对科研工作的态度也往往是开会时"重要"，会后变成"次要"，科研工作基本上成为教师的自发行为，缺乏规划和必要的支持，这严重制约着科研工作的开展。

二、科研基础条件差，科研经费投入不足

科研工作的开展与财、物保障是紧密相连的。目前，高职院校的实验室数量和实验条件十分有限，仅能满足日常教学工作，大多数高职院校没有为教师设立专门的开展科研活动的实验室，教师开展科研活动只能利用教学实验室的空闲时间，也没有与科研活动完整配套的实验设备。比如像非精密型的分析仪器，是很难保证科研实验的需要，这也是限制高职院校科研发展的重要因素之一。

高职院校大多是地方办的高校，往往受制于地方经济的发展，普遍存在经费不足、科研经费匮乏的问题。加上高职院校专业的特性，学科比较单一，办学时间短，学术影响力较小，无法与百年办学历史的大学相比。在自然科学方面，受实验条件、师资力量的限制，所能承担的重点资助项目较少，难以开展省部级、国家级课题。社会科学方面也无法与大学相抗衡，只能申请一些自筹经费的课题，而且还是一些非官方的职业教育学会、协会之类的组织，科研经费严重不足。

三、科研能力偏低，科研水平不高

目前，高职院校教师的年龄结构大致为：25～39岁青年教师约占50%以上，40～49岁中年教师约占20%，50岁以上的教师约占30%。中青年教

师占高职教师队伍的大多数，而且结构上出现了断层，青年教师忙于日常的教学和行政管理工作，科研能力偏低。另外，从职称结构上来看，初级职称约占20%，中级职称约占50%，副高级职称约占20%，正高级职称不到10%，而初、中级职称教师的科研能力相对较弱。此外，在师资学历层次上，高职院校高学历的教师比较少，博士基本没有，硕士也是占有少部分。教师中大学本科或专科学历的较多，这些教师没有从事科研工作的实践经历。以上这些因素都制约着高职院校科研工作的开展。

大部分高职院校缺乏高层次的学术带头人，没有形成高素质的科研团队，承担国家级科研项目的能力薄弱，科研工作持续发展缺少人才支撑。有些教师甚至不知道学术论文的基本格式和步骤，不知道怎样填写课题申报书。而且一些科研课题也基本上处于单打独斗的状态，基本都是项目负责人挑大梁，项目组人员及校内各专业、各学科不能协同作战，缺少跨专业、跨学科、跨部门的综合性研究和攻关。这样容易导致科研选题范围狭窄，科研成果形式肤浅。有相当一部分论文停留在经验总结或案例介绍上，学术含量较低，缺乏应用和推广价值。在国内外核心学术期刊或被SCI、EI检索的论文很少。另外，课题来源的层次也不高。

四、科研机构不健全，科研管理体系不完善

很多高职院校只抓教学，不管科研，缺少具体量化指标的科研管理办法和科研奖励政策。据有关资料统计，全国约40%的高职院校没有科研机构，也没有分管科研的领导。科研机构不健全，科研制度不完善，科研管理重点不明确等现象严重。所以，高职院校的科研项目申报在选项、科研人员组合和发挥学校的科研优势等方面缺乏规划设计。科研项目研究过程的控制与监督缺乏，造成申报、立项很积极，结题时草草收场的现象严重。没有建立必要的科研队伍建设机制、科研投入保障机制、科研竞争机制、科研激励机制等。科研管理环节的薄弱导致高职院校科研呈现出"无人管""自由化"状态，而管理体系

上的不完善直接影响了高职院校科研水平的提高。

五、产学研合作不够深入，服务社会能力较弱

高职院校的重要使命是对社会进步和发展做出贡献。如果高校只注重书院式的科研，只注重专著、科研论文的发表，而不把科研成果转化为生产力，缺少为行业、企业和社会发展服务的能力，其实科研就失去了它本身的价值与意义。目前，高职院校的科研与企业深度合作得还不够，技术研发缺少与市场的联系，科研成果在服务行业、企业和社会发展的能力有待加强，技术交易的社会服务贡献度不足。

第四节　实训与实践课程现状综述

随着"中国制造 2025、一带一路、互联网+"国家战略部署的提出和实施，社会对应用型技术技能人才培养提出了新的要求和挑战。高职院校的培养模式是理论和实践并行，相对更偏重实践技能的培养。所以，实训基地建设和实践课程开发是高职院校高素质技能型人才培养体系的重要环节，而越来越多的管理者和教师均认识到这一点。20 世纪 80 年代初，随着中国经济蓬勃发展和对职业技术人才的迫切需要，我国开始创建高职院校。在国家相关政策的支持和指引下，我国高职教育迅速发展。高职院校在发展中也逐渐意识到校内实训基地建设的重要性，目前，高职院校的校内实训基地不论是从规模，还是从数量上都取得了可喜的成绩。但是由于我国高职教育起步较晚，高职院校在校内实训基地建设上，还普遍存在一些问题。

一、政策梳理

1991 年 10 月出台的《国务院关于大力发展职业技术教育的决定》（国发〔1991〕55 号）强调，"各类职业技术学校和培训中心，应根据教学需要和

所具有的条件,积极发展校办产业,办好生产实习基地。提倡产教结合,工学结合。"同时指出,"要改革教学内容和教学方法,突出实践性教学环节,加强职业技能训练;教学安排中要注意增强适应性、实用性和灵活性。"

2006年11月,教育部和财政部发布的《教育部财政部关于实施国家示范性高等职业院校建设计划加快高等职业教育改革与发展的意见》(教高〔2006〕14号)指出,"建设一批融教学、培训、职业技能鉴定和技术研发功能于一体的实训基地或车间。"

2006年11月,教育部发布的《教育部关于全面提高高等职业教育教学质量的若干意见》(教高〔2006〕16号)强调,大力推行工学结合,突出实践能力培养,改革人才培养模式。并指出,"人才培养模式改革的重点是教学过程的实践性、开放性和职业性,实验、实训、实习是三个关键环节。"同时在校企合作,加强实训、实习基地建设方面强调,"加强实训、实习基地建设是高等职业院校改善办学条件、彰显办学特色、提高教学质量的重点。高等职业院校要按照教育规律和市场规则,本着建设主体多元化的原则,多渠道、多形式筹措资金;要紧密联系行业企业,厂校合作,不断改善实训、实习基地条件。要积极探索校内生产性实训基地建设的校企组合新模式,由学校提供场地和管理,企业提供设备、技术和师资支持,以企业为主组织实训;加强和推进校外顶岗实习力度,使校内生产性实训、校外顶岗实习比例逐步加大,提高学生的实际动手能力。要充分利用现代信息技术,开发虚拟工厂、虚拟车间、虚拟工艺、虚拟实验。'十一五'期间,国家将在重点专业领域选择市场需求大、机制灵活、效益突出的实训基地进行支持与建设,形成一批教育改革力度大、装备水平高、优质资源共享的高水平高等职业教育校内生产性实训基地。"

2011年8月,教育部发布的《教育部关于推进中等和高等职业教育协调发展的指导意见》(教职成〔2011〕9号)在强化学生素质培养,改进教育教学过程方面强调,重视实践教学、项目教学和团队学习。

2011年9月,教育部发布的《教育部关于推进高等职业教育改革创新引领职业教育科学发展的若干意见》（教职成〔2011〕12号）指出，"系统设计、实施生产性实训和顶岗实习，探索建立'校中厂''厂中校'等形式的实践教学基地，推动教学改革。强化教学过程的实践性、开放性和职业性，鼓励学校提供场地和管理，企业提供设备、技术和师资，校企联合组织实训，为校内实训提供真实的岗位训练、营造职场氛围和企业文化；鼓励将课堂建到产业园区、企业车间等生产一线，在实践教学方案设计与实施、指导教师配备、协同管理等方面与企业密切合作，提升教学效果。要加强安全教育，完善安全措施，确保实习实训安全。"

2014年5月，国务院出台的《国务院关于加快发展现代职业教育的决定》（国发〔2014〕19号）指出，"坚持校企合作、工学结合，强化教学、学习、实训相融合的教育教学活动。推行项目教学、案例教学、工作过程导向教学等教学模式。加大实习实训在教学中的比重，创新顶岗实习形式，强化以育人为目标的实习实训考核评价。健全学生实习责任保险制度。积极推进学历证书和职业资格证书"双证书"制度。开展校企联合招生、联合培养的现代学徒制试点，完善支持政策，推进校企一体化育人。开展职业技能竞赛。"

2014年6月，教育部等六部门印发的《现代职业教育体系建设规划（2014～2020年）》指出，到2020年，实训基地骨干专业覆盖率达到80%。同时强调，"加强实验、实训、实习和研究性学习环节。加强工程实践中心、实训基地和企业实习基地的建设，保障学习者有质量的实习实训需求。强化实习实训环节的评价考核。""推动学校把实训实习基地建在企业，企业把人才培养和培训基地建在学校。"

2017年12月，国务院印发的《国务院办公厅关于深化产教融合的若干意见》（国办发〔2017〕95号）指出，"健全学生到企业实习实训制度。鼓励以引企驻校、引校进企、校企一体等方式，吸引优势企业与学校共建共享生产性实训基地。支持各地依托学校建设行业或区域性实训基地，带动中小微企业参与校企合作。通过探索购买服务、落实税收政策等方式，鼓励企业直接接收学生实习实训。推进实习实训规范化，保障学生享有获得合理报酬等合法权益。"同时要求"实践性教学课时不少于总课时的50%。"

2019年1月，国务院印发的《国家职业教育改革实施方案》在打造一批高水平实训基地方面指出，"加大政策引导力度，充分调动各方面深化职业教育改革创新的积极性，带动各级政府、企业和职业院校建设一批资源共享，集实践教学、社会培训、企业真实生产和社会技术服务于一体的高水平职业教育实训基地。面向先进制造业等技术技能人才紧缺领域，统筹多种资源，建设若干具有辐射引领作用的高水平专业化产教融合实训基地，推动开放共享，辐射区域内学校和企业；鼓励职业院校建设或校企共建一批校内实训基地，提升重点专业建设和校企合作育人水平。积极吸引企业和社会力量参与，指导各地各校借鉴德国、日本、瑞士等国家经验，探索创新实训基地运营模式。提高实训基地规划、管理水平，为社会公众、职业院校在校生取得职业技能等级证书和企业提升人力资源水平提供有力支撑。"

通过政策梳理，我们不难发现实践教学在高职教育中占有重要地位，而且国家十分重视职业教育的实训基地建设。另外，从强调实训实践教学到明确规定实践性教学课时不少于50%的政策变化，这些都足以说明实践实训教学对培养高素质技术技能人才的重要作用。

二、实训实践课程教学现状

高等职业教育与普通高等教育相比，优势在于能使学生掌握实用技能，而技能习得的关键在于实训教学课程的开展。实训过程就是学生掌握技能的过程，而且实训课开展的结果直接影响到学生的就业，所以实训课程的重要性表现在三个方面。一是实训实践能激发学生的学习热情。课堂教学容易使学生感到枯燥，进而丧失学习的兴趣，即使授课教师通过多媒体手段把课堂设计得生动形象，也不如把学生带到实训场地的设备前更能激发学生的学习热情。二是只有通过踏实的实训实践训练，才能提高学生的动手和实操能力，才能造就高素质技术技能人才。三是实训教学开展是实现高职院校可持续发展的重要部分。高职院校学生的技能水平直接决定了毕业生的就业情况，而就业情况直接影响学校口碑和招生情况。

实训实践课程作为高职院校课程的重要组成部分，长期以来由于受到各种因素的影响，高职院校实训教学存在的主要问题有：教学目标滞后于社会发展，课程安排不合理，教学基地软、硬件条件不足，教学评价体系有待改进，缺少科学完善的管理体制等。

（一）教学目标滞后于社会发展

目前，高职院校由于受内外环境的影响，没有深入理解实训实践课程的意义和本质，普遍认为实训就是练习，而开设实训课的目的就是让学生通过练习了解专业技术流程、掌握专业技术操作方法。事实上这种看法是不够全面的。因为实训课通过练习只能培养学生某一方面的能力，随着社会的不断发展和生产方式的不断变革，专业分工将不断细化，社会和职场对人们的适应能力、创新能力和团队协作能力等的要求也会越来越高。如果高职院校不注重在实训教学中培养学生的适应能力、创新能力和团队协作能力，以提升学生的综合素质，只是在课程内容中对一个工种、一门技术进行培训，这是远远不够的。在整个实训教学过程中，如果师生间缺乏交流，学生只是机械地复制操作说明书，整个过程毫无启发性，也无法激发学生的主动性。而实训教学目标的不明确和滞后于社会发展，则直接导致实训教学方法和实训教学模式单一，培养出的学生也远远落后于企业的现实需求。

（二）教学课程安排不合理

很多高职院校在进行学科课程设置时，将同一学科的理论课程和实训课程完全分开。通常是在大一、大二期间上专业理论课，到了大三才开始进行相关实训课程的教学，有时同一学科的理论课程和实训课程由两个教师分别教学，教材和教学内容也无法有效衔接。学生往往等到开始上实训课程后才明白理论知识的重要性和其对实践指导的有用性，但在现实中却常常因太久没有接触相关专业理论知识而严重影响实训课程学习的效果。

另外,作为培养学生动手能力重要途径的实训实践课程,各教学部门在课程安排上应充分考虑实训实践课程特点然后再设定其比重。但是在目前的高职院校课程的安排过程中,实训实践课程远远少于理论课程。由于受实训条件等因素的限制,一般专业所讲授的理论课与实训实践课的比例为 2∶1。实训课时的数量远远低于理论课,因时间限制,所以学生在技能的训练时间与质量上无法得到保障。而学生的实践操作能力也会大打折扣。

(三)实训教学基地软硬件条件不足

1. 实训教学基地设备落后

当前很多职业院校由于实训教学基地设备不足或实训场地规模有限,只能在设计实训计划时尽可能地压缩实训课的课时,实训教师也不得不加快教学的节奏,在实训考核中也只能降低对学生的要求。另外,由于许多新型实训教学设备和耗材价格昂贵,加上资金困难等原因,基地设备长期得不到更新,耗材供应也经常断档。陈旧落后的教学设备满足不了实训教学的需求,更影响到了教学质量的提升,也使得实训教学走入了"形式化"的局面。这种浅尝辄止般的"敷衍式"的实训教学实在无法为学生打好专业应用基础,更无法使学生养成良好的工作习惯和认真负责、精益求精的工作态度,这也导致学生的动手能力差,致使其在就业竞争中处于劣势。

2. 双师型教师队伍数量不足

实训课程较为复杂,所以课程对任课教师的要求也比较高,要求教师不仅能懂得这门专业技术,而且还要有一定的实践操作经验。换句话说,实训课的授课教师应由双师型教师来授课。而目前的高职院校是普遍缺乏"双师型"教学人才。一方面,许多高职院校严重缺乏双师型教师,双师型教师数量不足。另一方面,许多高职院校严重缺乏高、精、尖技术的人才。例如高职院校中许多在岗从事实训教学的教师甚至从来没有接受过系统的技术应用训练,从事专业教学的经验也十分不足,缺乏理论与实践相结合的经验和能力。许多教师都不具备所教授实训课程的专业资质，教研能力也相对较差，因此难以胜任实训教学指导工作。另外，因诸多因素影响导致高职院校对高技术人才的培养受到限制。所以，这也造成高职院校培养的人才主要集中于中等或者中下等技术领域，这也致使培养出来的学生缺乏竞争力。

（四）实训教学评价体系有待改进

评价体系作为教学活动中的重要组成部分，对于保障课程实施的质量有着重要的作用。因此，完善评价体系对于教学质量的检测具有重要意义，但是现有的评价体系存在许多问题和不足。主要表现在两个方面：一是对实践教学的重视不够；二是实践课程教学管理系统不完善。实践教学不够重视既有领导的问题，也有教师的责任。另外，大部分高职院校的实训教学考核方式与其他课程的考核方式一样，即完全由实训教师对学生的实际操作行为进行考核。教师往往仅给出一个考核分数，一般没有综合评价和建议。这样的评价方式过于简单，缺乏科学性，考核形式也较为单一，而且仅局限于对操作技能的考核。由于操作技能的考核往往没有统一的标准，考核标准便由实训教师自己制定，有时就与现实工作要求不符。甚至有的实训教师认为，学生已进入毕业期，注意力主要放在了找工作上，可以放松对他们的相关要求，便轻易让学生通过考核并普遍给予好评和较高的成绩。这既不能引起学生对实训课程的重视，使其提升专业技能，也无法让学生通过实训课程建立正确的职业观，培养良好的职业道德和锻炼坚强的工作意志力。因此，高职院校的实训教学评价体系急需改进和完善。

（五）实训教学缺少科学完善的管理体制

科学完善的管理体制能够统一实训教学标准，规范实训教学行为，对高职院校实训教学的有效实施将起到保障作用。然而目前高职院校普遍缺少一套科学合理的实训教学管理制度，使得实训教学工作的管理较为松散，导致实训教学的效果不佳。

三、高职院校实训基地建设的现状及问题分析

（一）功能定位缺乏系统性全面性

我国高职教育因起步较晚，没有成熟经验可以借鉴，全国各地的职业院校在开始筹建校内实训基地的时候思路不够清晰，导致实训基地功能定位有所偏颇。具体表现在三个方面：一是筹建实训基地之前，没有经过客观的市场调研和科学的方案论证，导致对地方区域产业结构和职业岗位需求了解不充分，盲目追求实训基地数量和规模；二是部分学校及专业负责人对实训基地的建设重视程度不够，未能从专业群资源共享的角度考虑，各自为政，缺乏相互沟通，造成不必要的资源浪费，缺乏全局性；三是在筹建实训基地时缺乏长期规划，只考虑满足眼前基本实践教学需求，没能将生产、研发和职业资格鉴定以及技能大赛培训、面向社会服务、创新创业、技术推广等功能考虑进来，缺乏系统性，结果实训基地作用未能得到充分发挥，不具有可持续发展能力。

（二）课程设置的实训内容与职业岗位实际需求对接不紧密

课程是人才培养的核心，而校内实训基地实训课程内容开发设计是实训基地建设的核心要素，是向企业、行业和社会输送高素质技能型人才的重要支撑和保障。目前，许多高职院校的实训课程项目设置还是在传统的学科体系框架下来选取的，没有真正面向职业岗位群的实际能力需求来设置。这就导致设计出来的实训课程项目内容会与真实的工作场景相脱节。而实训项目之间也会缺乏系统的完整性，逻辑性不强。

（三）实训条件较为薄弱，缺乏科学运行管理体系

教育经费不足是限制高职院校校内实训基地建设发展的重要原因之一。虽然国家已出台教育资金专项来支持职业院校的实训基地建设，但是高职院校校内实训基地建设速度远远滞后于学生扩招数量增长和行业技术发展的速度。这也导致高职院校校内实训基地数量不足、专业实训设备缺乏严重、实训设备更新速度慢等矛盾突出，严重影响学生的实践教学活动有效展开。

在校内实训基地实际运行管理过程中，许多高职院校由于相关规章制度约束不到位，缺乏科学健全的运行管理机制，从而导致校内实训基地建设缺乏统筹规划，出现实训室重复建设和资源配置不合理等现象，在一定程度上更造成了资源浪费，运行效益不高。同时，在校内实训基地实践教学具体开展过程中，缺乏对学生的科学管理和引导，导致学生学习状态不佳，学习兴趣不浓厚，参与度不高，缺乏工匠精神、创新意识和创造能力。

（四）师资队伍力量薄弱，"双师型"教师不足

教师是保障教育教学质量的核心要素。师资队伍建设是提升办学水平和办学质量的关键，是学校内涵建设的核心。改革开放以来，随着我国高职教育事业的迅猛发展，高职师资队伍建设取得了显著成绩，在数量和质量上得到了很大的提升，但从教学水平来看，部分教师还无法胜任指导学生完成实践技能的教学工作。高职教师不但要给学生传授专业理论知识，还要给学生示范操作技能，这需要教师具备理论和实践的双重能力。无论是理论知识还是实践能力缺乏的教师都难以成为一名合格的高职教师。

四、校企合作机制在校内实训基地建设中的运用

高职教育的首要任务是培养高素质技术技能人才，而高素质技术技能人才培养的突出特点就是重视实践教学，重视技能培养。而高职院校的校内实训基地是专门针对学生进行专业岗位基本技能训练的场所，通过在校内实训基地的建设中引入校企合作机制，利用学校、企业的资源和育人环境，使学生在校内实训环节按照未来职业岗位基本技能要求进行专业实际操作训练，进而提升个人的综合素质，并通过合作解决学校办学条件不足和办学经费困难等问题，这也促进了高职院校"双师型"教师队伍素质的提高，从而保证了人才培养的质量。教育部部长袁贵仁曾在职业教育与成人教育工作会议上指出："当前我国职业教育发展的致命弱点就在校企合作，行业企业参与校企合作是今后一个时期职业教育改革发展的重点，是我们应当下大功夫、也是必须下大功夫去探索

和解决的难点"。由此可见，校企共建实训基地对高职人才的培育具有重要意义。

（一）理论探讨

高职院校在校内实训基地建设中引入校企合作机制是职业教育的内在要求。如果使校企合作要落到实处，那么学校应从校企共建、校企共管和校企共赢方面入手。

1. 校企共建

企业参与高职院校校内实训基地项目建设过程是落实校企合作机制的第一步工作，也是实训基地建成后将校企合作落到实处的基本保障。一方面，校企共同参与校内实训基地项目的各个建设环节。校内实训基地可以看作一个小型的建设项目，包括项目决策、设计、招投标等施工准备、施工、竣工验收等环节，以上各个环节的工作应由学校和企业共同完成，应通过相关机制鼓励高职院校专业对口合作企业带着他们对相应实训基地工作岗位的技能要求的认识参与到实训基地建设项目的可行性研究、设计方案的提出和优化、中标单位的选定等过程中来，这样可以使建成的实训基地最大限度的"仿真"，为后续其他校企合作工作的开展奠定基础。

另一方面，探索校企共建新模式。校企共建实训基地的模式有很多种，典型模式主要有：一是企业赞助模式，即企业为支持学校办学，同时为推广宣传本企业的产品，以无偿赞助或半赞助的形式向学校提供该企业生产所用的设备或软件等产品，与学校共建校内实训基地供学生实训使用，并且负责对产品更新或升级；二是优势互补模式，发挥学校和企业的各自优势，分工共同提供设备或师资，共建共用实训基地或培训基地；三是连锁经营模式，实训基地冠以企业名称，成立名义上的"分支机构"或"子公司"，引入企业的经营管理并交纳一定的管理费用，技术上由校方教师和企业技术人员提供指导，学生参与生产经营管理，并按教学计划的需要进行实训；四是"筑巢引凤"模式，学校有偿或无偿提供场地或设备，将企业迁至学校来生产，利用企业成熟的产品、熟练的技术工人和经验丰富的管理人员，校企共同创建教学工厂，给学生创造真实的实训环境；五是"借鸡生蛋"模式，校企双方签订合作协议，由企业出资，在校内建设实训基地，建成后，学校允许企业为师生提供有偿使用服务，企业经过一定年限的有偿服务，收回投资，得到可观收益。以上这些模式各有优缺点，此处不再一一展开赘述，各高职院校在建设校内实训基地时应根据各自的校情和行业情况择优选用。

2. 校企共管

目前，很多高职院校校内实训基地建成后，企业就很少参与其运行管理了，"校企合作"也未落到实处。校内实训基地的运行管理采用"校企合作"模式，具体应满足三个方面。一是建立管理机构。建立校企共同参与的管理机构，比如由学校组织成立校企合作实训办公室，人员由相关的学校管理人员、教师和企业行业的专家组成，具体负责实训基地的校企共管的有关事宜。二是制定制度及标准。首先，在充分协商的基础上，签订校企合作协议书，明确校企双方合作期间的责、权、利，并建立相应的校企合作规章制度和约束机制；其次，校企双方要根据区域发展对人才的需求、企业生产实际和专业实践教学的要求，完善企业工作流程和学校实训教学模式，共同制定校内实训基地人才培养制度，共同制定相关专业实训手册和实训室管理制度等。此外，还应引入国家和行业统一标准，共同制定企业生产工艺流程和质量检验标准，并根据企业标准，制定学校人才培养方案、课程标准和实训标准，以实行标准化管理。三是实行仿真教学。校内实训基地教学案例应主要来源于企业真实生产（经营）项目，推行项目化实训，按照企业实际工作流程组织实训教学。以行业和企业标准为依据形成按项目、按模块的教学培训标准，并对实训教学和培训项目进行质量评价，尽量实现专业教学要求与企业行业岗位技能要求的紧密对接。要保证实训指导教师中有一定比例的企业人员。此外，实训基地的校内指导教师可与企业专业技术人员定期换岗交流，将企业先进的管理理念、管理方法与职业文化、企业文化引入到校内实训基地。

3. 校企共赢

在校企共建实训基地过程中，学校的获益自不必说，即培养了学生的实践能力、为"双师型"教师的培养提供了实践场所、更为学校提供了产学研场所。而企业作为市场经济的主体，以盈利为主要经营目标，那在校企共建实训基地的过程中，企业的收益呢？所以，校企合作中互惠互利是校企合作的基础和驱动力。虽然在上文提到的几种校企共建模式对于企业来说多少有些益处，但对于企业的吸引力并不大，企业并不一定愿意通过直接参与职业教育来获得人力资源。那么，如何让企业主动地参与到校企合作中进而实现"校企共赢"呢？我们可以从以下两个方面入手。

一方面，建立服务机制。高职院校在校企合作方面作为获益较大的一方，往往更积极主动，所以要确立良好的服务意识，发挥自身的办学优势，学会站在企业的角度考虑企业的需求、困难和利益，主动为企业提供服务，在为企业服务的过程中构建校企合作的基础。另一方面，建立互动机制。高职院校要主动建立学校领导与企业领导之间、师生与企业员工之间相互沟通的渠道和纽带，使彼此之间建立深厚的友谊；校企之间还要多进行文化方面的互动，让企业文化融入校园，让校园文化走进企业。总而言之，要以学校方面的主动，赢得企业的信任、支持和配合，产生互动的局面，形成有效的互动机制，为校企双方的合作创造良好的氛围。

目前，大多数高职院校的教师来源主要有两种：一种是直接从"象牙塔"毕业而来，没有企业工作经历，专业知识水平没问题，但实践技能水平欠佳；另一种是从行业企业而来，实践操作技能水平较强，但教育教学能力较弱。所以，同时具备理论和实践双重能力的"双师型"教师十分紧缺。没有名师，就没有高徒，更没有名校。所以，在校内实训基地建设中加强"双师型"师资队伍建设迫在眉睫。

高职院校是以培养适应社会需求的高素质技术技能人才为目标，为了更好地实现这一目标，就必须加强实践教学。实践教学是高职院校教学过程中的重要环节和特色部分，是培养学生专业技能、专业素养以及学生"零距离"接触职业技术岗位的最有效途径。而校外实训基地是实现这一环节、突出这一特色的重要保障。

校外实训基地是指学校和企业、学校和用人单位利用企业生产经营管理的资源，为培养学生的专业技能和专业素养而建立的实训场所。它突破了传统的、单一的人才培养模式，在专业与行业、教师与企业、学生与生产岗位之间建立了密切的联系，解决了职业教育教学中培养方案、培养模式与培养质量等诸多问题。

校外实训基地在高职教育人才培养中发挥着非常重要的作用，是校企合作、"工学结合"的有效载体。目前，我国部分高职院校在校外实训基地建设过程中，围绕"产学研"一体的实训基地或者校企合作的"共享"模式开展实践探讨，但在实践过程中仍然存在着实训基地闲置、设备不配套和管理不到位等问题，这些问题使人才培养、教学改革、科研成果转化和毕业生就业等成效缓慢。

五、校外实训基地建设现状及存在的问题

校外实训基地是校内实训基地的必要补充，内外结合共同完善高职院校对学生职业技能的培养。但由于现实种种原因制约，高职院校要想建立拥有实训效果良好而又相对稳定的实训基地是比较困难的，在其建设和管理等方面也存在各种各样的问题。

（一）财政支持力度不够，硬件设施不配套

校外实训基地的建设需要大量资金，而国家对高职院校的建设拨款远远低于本科院校。所以高职院校在资金有限的情况下校外实训基地的投入明显低于校内实训基地的资金投入，教学硬件设施配套不齐，更新慢，实用性不强。部分高职院校在校外实训基地建设过程中，以专业或者各二级学院为单位另起炉灶进行校外实训基地建设，这种各自为政的方式导致投入到校外实训基地建设中的资金既少又分散，结果是校外实训基地无法有效整合资源，硬件设施配置

不全，实训基地管理人员不足，不能满足实训教学的实际需要。

（二）法律法规不完备，企业参与度不高

国外很多成功的职业教育典范，都源于健全的法律法规支持。比如德国的"双元制"、英国的"工读交替、美国的"合作教育"等，他们成功的重要条件均在于他们的职业教育发展有健全的法律法规作为后盾支撑。我国因职业教育起步较晚，所以与职业教育配套的法律、法规还不够完备。虽然我国已出台了《职业教育法》，但没有明确规定企业必须参与职业教育的义务与责任，均为鼓励企业参与职业教育，这样对企业的约束力太小，操作性不强，导致企业热情和参与度不够高。

（三）人力资源匮乏，管理不到位

大部分高职院校在校外实训基地建设方面存在人力资源匮乏，管理不到位的问题。主要表现在两方面：一是部分教师观念转变不到位，导致实训师资短缺。虽然当前高职教育一直提倡实践、实训教学，但仍然有很多教师认识不到"实训"的重要性，宁愿固守课堂，从事专业理论教学，也不愿到企业（行业）实践，积累实训教学的知识和经验，造成大部分校外实训基地师资力量薄弱，实训教师业务水平低，实践经验少，综合素质不高；二是部分高职院校往往忽视对校外实训基地进行有效的管理和利用。在校外实训基地建设的过程中，缺少人力投入，导致实训基地管理不到位，实训教学课程开设不足、实践课程教学质量不高。

（四）建设管理不到位，开放程度不高

从对内开放程度看，现在大部分高职院校还没有在校外实训课程的教学计划方面做出合理、可行的安排，学生的课程基本上在校内课堂完成，而对于交通不便的校外实训基地，学生难以利用其资源，这使得实训基地往往闲置，设备和场所的利用率很低；从对外开放程度看，共享型实训基地虽然与许多企业、行业建立了合作关系，但却没有设立专门管理和服务队伍，导致项目不能在最短期限内完成，项目质量低，缺少应用性。

（五）实训基地功能单一化，开发不够完全

很多高职院校受限于资金、设计理念、自身技术实力或者时间等因素，在校外实训基地建设过程中只追求数量和功能实现简单，而忽视内涵建设和实训基地深层次功能的开发，实训基地单纯满足一到两门课程或几个项目的教学，导致实训基地功能单一，没有完全开发，甚至低层次重复性建设大量出现。

第四章　昆明工业职业技术学院管理与办学模式实践探索

昆明工业职业技术学院是2002年5月经云南省人民政府批准、国家教育部备案的一所公办高等职业院校，隶属于昆明钢铁集团公司（简称昆钢）。学校的前身是始建于1964年成立的昆钢技校、1979年开办的云南电大昆钢分校、1982年成立的昆钢职工培训处、1985年开办的昆钢职工大学，历经整合形成了昆明工业职业技术学院。截至2020年，已有56年的职业教育办学历史。

学校秉承"学以致用、德优技高"的校训，以"发展市场化的技能培训和创办有特色的学历教育"为办学方向，坚持"双轮驱动、两翼齐飞"的办学定位，依托昆钢国有大型企业得天独厚的产业和文化优势，进一步深化校企一体、产教融合、工学结合、服务产业发展的办学之路，形成了"校企一体、铸钢铸才"的办学特色。2010年成为云南省示范性高职院校建设项目院校；2014年学校顺利通过省级示范高职院校项目验收，通过云南省特色高职院校评估；2015年，学校荣获"全国毕业生就业典型经验高校"，学校成为教育部确定的首批现代学徒制试点高职院校、教育部中德诺浩高技能人才培养助推计划校企合作项目学校；2017年，学校获得"云南省优质高职院校建设单位"；2019年，各类在校生增加到15534人，培训鉴定人数增加到25653人，办学规模不断壮大，办学水平日益提高，成功入选国家高水平专业群立项建设单位。

多年以来，学校将立德树人作为根本任务，坚持"立足昆钢，服务行业企业，为地方经济和社会发展服务，辐射西南和东南亚、南亚，建设特色鲜明的优质高职院校"的办学定位，以市场需求为引领，服务发展为宗旨，以促进就业为导向，培养适用生产需要的高素质技能型人才，突出应用性、操作性、实践性，走产教融合、校企一体的发展道路。

学校设有云南省第 127 职业技能鉴定所和冶金行业特有工种职业技能鉴定站 54 站，具有多种职业资格培训资质，形成了职业教育、职业培训"一体两翼"的办学格局。一直以来，学校依托企业办学的资源优势，产教深度融合，办学质量和办学水平得到了社会认可，被誉为"云南钢铁及工业高技能人才的摇篮"。

学校作为国企举办的一所公办高职院校，其管理与办学模式既有特色又有优势，本章主要从党的政治建设作用发挥研究、学生培养及管理模式、教师培养与管理模式、科研校企合作模式和实训校企一体模式五个方面探讨企业办高职院校管理的成效与特色以及思考和建议，以期对同类高职院校起到参考作用。

第一节 党的政治建设作用发挥研究

党的十九大报告强调，中国共产党是中国特色社会主义最本质的特征和中国特色社会主义制度的最大优势。《中国共产党党章》规定"党政军民学，东西南北中，党是领导一切的。"上述既明确了在中国特色社会主义建设中坚持和加强党的领导的必要性和重要性，也明确了党的领导是全方位，是全面的领导，覆盖经济、政治、文化、社会、生态等各个领域。党的领导是全过程和全方位的，既包含党政机关、企事业单位及各种社会团体，更包括制定法律法规及治国理政的各个方面和全过程，主要体现在纵览全局、协调各方，以此来强化落实"四个意识"、坚定"四个自信"、切实做到"两个维护"，始终与习近平同志为核心的党中央保持高度一致。坚定在中国共产党领导下，扎根中国大地办学，培养中国特色社会主义建设者和接班人的鲜明立场，确保社会主义办学方向不动摇、不偏航。

一、筑牢根基，不断强化党的政治建设

旗帜鲜明讲政治既是我党加强自身建设的光荣传统，也是党的十八大以来全面从严治党取得重大成果的宝贵经验，同时也是办好中国特色社会主义高职教育的"航向标"。高职教育工作必须认真贯彻落实党的十九大精神，深刻把握习近平总书记加强党的建设新要求，主动适应高职教育党建工作新常态，始终坚持党的领导。旗帜鲜明讲政治，从根本上回答了高职院校培养什么人、怎样培养人、为谁培养人的办学方向问题。

（一）理顺机制，完善制度，不断强化高职院校中党的领导地位

办好新时代社会主义高职院校首先要解决好办学主导权的问题，必须保证学校的教育权、教学权和管理权牢牢掌握在党的手中，这是新时代党的建设和高职院校建设的根本要求。同时，高职院校又是人才荟萃的地方，不同于社会的其他领域，在这里有教师有学生、有共产党员有党外人士、有高级知识分子也有普通社会主义建设者，如何既强化党的领导又能聚八方之智形成办学合力，就需要不断理顺完善高职院校中党的领导机制和管理模式。就这个问题，昆明工业职业技术学院结合新时代党的建设总要求和高职院校工作特点，坚持和完善党委领导下的校长负责制，进一步理顺机制、完善制度，较好地将党的领导落实到学院教育教学的各方面全过程。十九大以来，根据上级要求先后修订出台了《贯彻执行普通高等学校党委领导下的校长负责制的实施办法》《学院党委会议事规则》《"三重一大"决策制度实施办法》《校长办公会议事规则》《董事会议事规则》《监事会议事规则》《党委在人才引进、课程建设、教材选用、学术活动等重大问题上把好政治关实施方案》等制度性文件。并在二级学院实施党政联席会议制度和党组织会议制度，进一步理顺治理结构关系，推进依法治校和依法执教，将党委的领导落实到学校教育教学和人才培养的全过程。

(二)团结紧张，严肃活泼，牢牢把握高职院校办学的政治方向

把牢办学方向，就要深入学习贯彻习近平总书记重要讲话特别是关于高校工作的重要指示精神，坚决贯彻党中央的教育方针政策，经常主动地与中央的教育方针政策对标看齐，坚定不移地把党的领导贯穿办学工作的全过程。基于此，学校近年来，一直突出思想政治引领，结合"两学一做"学习教育常态化制度化，强化党委中心组学习、教职工政治理论学习、学生党员思想政治教育等，以习近平新时代中国特色社会主义思想武装师生员工头脑，帮助师生员工牢固树立政治意识、大局意识、核心意识、看齐意识。同时，围绕深入推进党的伟大事业立德树人，坚持人才培养的政治标准，按照政治要求贯彻到人才培养、课程设置、教育教学全过程，坚定不移传播马克思主义科学原理，坚定不移培育和弘扬社会主义核心价值观，把中国特色社会主义融入学生政治思想品德、社会行为公德、职业专业道德、家庭生活美德、个人修养品德的培养中，努力培养德才兼备、全面发展的合格人才。

(三)党建强师建，党风树教风，着力构建积极健康的校园政治文化

发展积极健康的党内政治文化，是党的政治建设的重大任务和崭新课题。面对这一课题学校立足现有与双高建设战略紧密结合起来，积极发展校园党内政治文化，进一步激发广大教职员工的责任意识、争先意识、团结意识、改革意识和创新意识，充分发挥党员干部的中坚骨干作用和示范引领作用。一方面，充分运用高校哲学社会科学优势，切实提高理论学习的深度和高度，当前特别注重深入学习研究习近平总书记系列重要讲话精神和治国理政新理念新思想新战略，着力运用马克思主义立场、观点、方法观察和解决问题。另一方面，发挥文化育人功能，在通识教育、专业课教育中增设优秀传统文化、革命文化、社会主义先进文化等课程和内容，深入阐释其时代内涵和当代价值，教育和要求广大教职员工在社会思想文化交流、交融和交锋中坚守党的文化立场，真正让道路自信、理论自信、制度自信、文化自信在高职院校扎根。

二、凝聚力量，不断加强党的组织建设

基层党组织是高职院校贯彻落实党的教育方针、培养合格人才的直接组织者，是学校党委各项工作部署落到实处的直接责任者，是学校教学、行政、后勤工作的直接推动者，是广大师生员工的直接服务者。高职院校基层党组织要体现好"四个直接"地位，充分发挥好政治核心和战斗堡垒"两个方面"作用，必须要深化全面从严治党和职业教育改革，通过问题导向、对标看齐和严格考核问责来提升高职院校基层党建工作，开拓创新地抓好高职院校基层党组织建设，使之成为坚强的战斗堡垒。

（一）强化领导力，正本清源，不断推进基层党组织规范化建设

以强化基层党组织的政治功能为重点，增强基层党组织政治领导力，确保各级党组织在政治立场、政治方向、政治原则、政治道路上同党中央保持高度一致。基层党组织是党的领导力的直接体现和执行者，基层党组织的坚强与否又直接表现为制度的规范化、队伍的规范化、活动的规范化和基层阵地的规范化建设上，扎实推进基层党组织的规范化建设也当然地成为强化党组织政治领导力的有效有力抓手。昆明工业职业技术学院紧盯支部规范化建设，一方面，以"基层党建创新提质年"、巩固高校党建20项重点任务整改落实和"互联网+党建"为抓手，不断夯实党内谈心谈话、民主评议，党费和党组织经费使用管理等党组织制度建设，严格执行"三会一课""党员积分制""党支部书记抓基层党建述职评议考核"等制度，进一步筑牢党支部工作根基。一方面，以党支部规范化建设及整顿软弱涣散基层党组织为抓手，从党员活动室建设着手，不断完善支部组织架构、党员日常管理制度、支部主题党日活动等制度，按照党支部规范化建设三年规划实施方案的安排，不断提升学校11个党支部的基础建设，2019年学校6个基层党支部实现规范化建设达标创建，切实增强了基层党支部在教育教学中的领导地位，发挥了积极作用。

（二）强化组织力，发挥作用，不断加强基层党组织的队伍建设

"为政之要，莫先于用人。"干部队伍是高职院校教育发展的宝贵财富和骨干力量，抓好干部队伍组织建设事关学校长远发展。要强化基层党组织的组织力，就必须要在选好干部、配强班子、优化结构、储备人才上下功夫，使干部队伍在学校事业发展更好地发挥"中流砥柱"的作用。昆明工业职业技术学院近年来，一直注力于基层队伍建设。一是选好干部，树立导向。严把选人用人关，完善干部"能下"机制，修订完善学校《中层管理人员管理办法》《干部监督实施细则》《昆明工业职业技术学院党委中层管理班子及人员年度综合考评工作实施细则》，规范干部选拔任用，2019年提拔使用2名中层管理人员（其中1名为90后），调整4名科级管理干部，组织对7名科级管理人员试用期考核并通过党委研究讨论按期转正。二是配强班子，形成合力。一个班子的领导力、执行力、战斗力，不仅取决于班子成员个体是否优秀，而且取决于班子结构是否优化。学校高度重视二级学院领导班子建设，不仅强调团结的班子要有团结的方法，切实增强班子领导组织能力；同时根据"动车理念"和"高铁原理"，在"优中选优"的同时，精心选配二级学院领导班子，根据年龄、专业、学历、职称情况，使领导班子和干部队伍形成合理的年龄结构和素质结构，做到新老搭配、优势互补、志趣相投，真正使火车"车头能带、节节能快"，既有动力又有活力。三是创新机制，储备人才。学校着眼全面深化改革，从干部职数、岗位任务、聘任、考核、管理等方面创新，建立"目标任务导向"的干部考核机制；在岗位、聘任、考核、薪酬四个方面重新修订相关制度和办法，推进人事制度改革。一方面，学校着力聚才引智，"不拘一格降人才"，对专业性强、群众关注的干部岗位实行公开选拔、竞争上岗，既扩大了参与度，又增加了说服力，拓宽了干部"上"的范围；另一方面，探索并推行干部免职、辞职、降职制度，严格实施干部退出机制，通过改任非常设性职务、转岗分流、专职从事业务等途径，2名中层管理人员因达到年龄退出管理岗位，疏通干部"下"的渠道。学校还积极拓展干部培养成长渠道，实行青年教师挂职制度，鼓励和支持干部教师到云南省教育厅等机关、昆钢集团公司等机关企事业单位挂职交流。实行干部轮岗交流制度，结合换届改选、班子调整，有计划分步骤实施校内干部交流，多岗位培养锻炼干部素质，不断优化干部资源配置，把最适合的人放在最适合的岗位。学校还注重从政治上关注干部、工作上关爱干部、生活上关心干部、心理上疏导干部，充分调动各级干部的积极性、主动性、创造性，为广大干部营造一个安心、顺心、舒心的学习、工作、生活和成长环境。一方面极大地调动了全校教师的工作积极性与工作热情，更为学校干部队伍建设提供了人才支撑。

（三）强化动员力，创新实践，不断丰富基层党组织的党内生活

党的十九大报告提出要把每一个党支部建设成为宣传党的主张、贯彻党的决定、领导基层治理、团结动员群众、推动改革发展的坚强战斗堡垒，就是要发挥好基层党组织的政治优势和组织优势，采取组织引领、机制引领等多种方式，动员一切可以动员的力量，引导群团组织、物业企业、社会组织等各类社会力量有序参与到新时代中国特色社会主义伟大事业建设中来，在全面建成小康社会，实现中华民族伟大复兴中发挥好社会各方面的作用。而强化基层党组织的动员力，关键就在于要不断地创新实践党内生活，切实提升基层党组织的吸引力和凝聚力。昆明工业职业技术学院坚持问题导向，一方面，以突出党性锻炼，服务学校中心工作为主要目标，学校两级党组织开展各具特色的"扫黑除恶"专题、"树师德、扬师风、不忘初心当先锋"党内主题实践活动，革命传统教育培训、庆祝中华人民共和国成立70周年、昆钢建厂80周年、"学习党史、新中国史"，组织开展"重温红色记忆、激荡爱国情怀"主题观影活动等党内系列活动。一方面，学校各党支部结合"三会一课"和主题党日，经管学院党支部组织去安宁市八街大龙洞"安宁市革命历史教育馆"（安禄罗游击大队指挥部旧址）开展了"追寻红色印记、传承红色基因"革命教育培训活动、学习长征精神；马克思主义学院党支部举行"强化队伍建设——爱家爱党爱祖国"主题党日活动，到云南省博物馆参观"红军长征过云南"特展；交通运输学院党支部举办"回味红色经典,传承革命精神——素质教育园地揭牌仪式";行政党支部开展"庆国庆、忆初心"主题党日活动,全体党员参观安宁石龙坝水电站博物馆和石龙坝第一车间。各支部丰富了"三会一课"和主题党日的内容和形式,将党员先锋岗与党员积分制进一步结合,按要求做好党务公开工作,强化党支部战斗堡垒作用和党员的先锋模范作用。另一方面,营造出学习先进、崇尚先进、争当先进、赶超先进的浓厚氛围,充分发挥榜样的引领作用。以纪念建党98周年为契机,学校党委表彰2019年度党内先进集体3个和先进个人36名,充分发挥先进典型的示范带头作用。

三、学思践悟,不断夯实党的思想建设

思想是行动的先导,要把思想引领摆在更加突出的位置,以学习习近平新时代中国特色社会主义思想和党的十九大精神为重点,教育引导党员干部不断增强"四个意识",树牢"四个自信",为在新时代展现新作为筑牢思想根基,把准前进方向。昆明工业职业技术学院近年来一直注重教育引导党员强化党性锻炼,结合"两学一做"学习教育常态化制度化,结合"三会一课"等党内基本制度的落实,深入开展"万名党员进党校"等工作,持续用党的创新理论武装头脑,推动各级党员干部、教师学生更加自觉地为实现新时代党的历史使命不懈奋斗。扎实开展"不忘初心 牢记使命"主题教育,永葆共产党人政治本色,在新时代展现共产党员应有的担当作为。

一是结合"不忘初心,牢记使命"主题教育,学校党委以习近平新时代中国特色社会主义思想为引领,落实立德树人的根本任务,围绕服务昆钢公司转型发展提供人才支撑为中心,按照"学习教育、调查研究、检视问题、整改落实、组织领导"5个21项内容,结合学校实际,高标准严要求开展主题教育各阶段工作。

二是压实党委理论学习中心组、干部例会集中学习、党务干部培训、"万名党员进党校"党员教育培训、"千万师生同上一堂课""同绘彩云南、共筑

中国梦百场形势报告会""云岭先锋夜校"等理论学习活动，推动各党支部严格落实党员政治生日、"三会一课"和主题党日等活动制度，教育党员干部和党员教师自觉向着理想信念高标准努力，引导学校师生听党话、感党恩、跟党走。

三是坚持把培育和践行社会主义核心价值观贯穿教书育人全过程，在强化大学生思想政治建设、促进"思政课堂"与"课堂思政"同向同行的同时，推动中共昆钢公司党校、学校马克思主义学院的正式成立，不断提高学校思政工作质量和水平，充分发挥思政课对学生的思想引领作用，引领学生扣好人生的第一粒扣子。

四是全面加强对课堂教学、各类思想文化阵地和新闻宣传平台的规范管理，制定《意识形态责任制考核办法》《意识形态责任制问责办法》《微信公众平台管理办法》等制度，进一步严格"一会一报""一事一报""严把政治关"制度，加强舆情管理和正面教育引导，开展防范和抵御校园宗教渗透专项排查，守好政治安全底线。

四、从严管党治党，全面加强党的纪律作风建设

党的作风建设关系到党的性质，关系到人心的向背，影响着社会风气，决定着高校的发展，是我党建设十分重要的问题之一。干部的作风怎么样，同群众的关系如何，对党的整体形象和威信，对学校事业发展有着至关重要的影响。从高校干部队伍的作风情况看，总体上是好的，但"校园不是真空地带"，"四风一顽症"即"形式主义、官僚主义、享乐主义、奢靡之风""工作不落实"的问题仍然存在，不容忽视。为此，昆明工业职业技术学院坚持以中央"八项规定"和省委、上级党委的有关禁令为指导，以巡视检查为契机，对准焦距、找准穴位、抓住要害、动真碰硬，对作风之弊、行为之垢进行经常性地大排查、大检修、大扫除，以作风建设的新成效凝聚起推动学校事业发展的强大力量。

（一）形成党风廉政建设和党建工作齐抓共管机制

学校把党风廉政建设与党建工作同部署、同落实、同检查、同考核，形成

齐抓共管机制；突出党委第一责任人责任和其他领导班子成员"一岗双责"，带头抓工作落实。修订下发学校领导进一步贯彻落实中央八项规定精神的实施意见、"四种形态"监督执纪实施细则，以制度建设为抓手开展教育监督管理。这既强化党员干部和风险岗位人员的监督管理，又使工作流程进一步规范化，较大地提高工作效率。

（二）学校领导干部深入基层，直接联系服务师生

学校制定印发《领导班子成员直接联系和服务师生指导意见》，领导干部进一步改进作风，多次深入基层、深入师生、深入课堂、深入宿舍，联系基层青年教师，面对面与学生交流联系，到联系支部开展调研，在组织关系所在的党支部认真参加组织生活，学校党委书记、院长带头开展香港问题、中美贸易、学习宣传贯彻党的十九届四中全会精神集体备课3次，为师生上形势政策教育课15次，带头上专业课，了解师生状况，帮助解决实际问题。

（三）围绕双师型教师队伍建设，持续加强师德师风建设

学校结合云南省教育厅最新要求，围绕学校双师型教师队伍建设现状，持续开展师德师风建设工作。同时，学校党委会专题研究，制定下发学校师德师风建设工作方案、学校师德失范行为负面清单及处理办法、师德师风考核评价办法，建立师德师风建设长效机制，努力建设一批政治素质过硬、业务能力精湛、育人水平超高的高素质教师队伍。

（四）夯实基础，加强权力运行的监督制约

一是在两级党组织的组织生活中，进一步突出政治学习和教育，突出党性锻炼，强调政治建设，特别是严守政治纪律。二是充分运用监督执纪"四种形态"，定期不定期开展批评和自我批评，经常性提醒提示，努力让"红红脸、出出汗"成为常态；经常提醒本支部的党员，尤其是党员领导干部，时刻保持警醒；充分发挥党支部纪检委员这一神经末梢的作用，进一步加强对基层党支部的党内监督，营造廉政勤政的浓厚氛围。三是做好节假日和重要时间节点的廉政提醒，确保党员干部绷紧廉洁自律这根弦，强化纪律意识。四是针对重点

岗位和关键环节，学校做好"组织人事""三公经费""招生就业""科研经费""教育扶贫"等重点领域、重点环节的监督，促进工作改进，加强权力运行的监督制约，进一步营造风清气正的工作环境。

（五）坚持警示教育常态化，筑牢党员思想防线

学校在坚持警示教育常态化，筑牢党员思想防线上。一方面，采取集中学习和个人自学相结合的方式，充分利用中心组学习，党员大会，以会代学等机会，组织党员干部开展《党章》《中国共产党问责条例》《中国共产党廉洁自律准则》等知识的学习，党支部加强对党员干部政治纪律、组织纪律、廉洁自律意识的教育，不断提高干部职工的廉洁意识和增强其拒腐防变的能力。另一方面，充分发挥"廉政"宣传教育的重要作用，开展好"廉洁教育月""廉政文化作品征集"等活动，把党风廉政教育融入理论学习、融入党课教育、融入形势任务教育、融入教职工培训、融入党员教育中，强化干部职工纪律和廉洁意识。

第二节 学生培养及管理模式研究

昆明工业职业技术学院从 1964 年昆钢技工学校第一届学生只有 200 人发展到今天的在校生 15534 人，在学生培养及管理模式上经过长期摸索，已逐步形成符合学校自身特点的工作经验并独具特色。

2019 年，学校围绕高职扩招 100 万招生计划，实现录取三年制大专 3859 人，录取五年制大专 412 人，总计录取 4271 人。学校良好的生源和学校一直以来秉承的"一切为了学生，为了一切学生，为了学生的一切"的学生管理理念密切相关。

一、学校育人模式研究

在学生培养方面，学校以培养高素质应用型专业人才为着力点，形成独具

特色的"三区四化六融合"育人模式。

（一）"三区四化六融合"

"三区四化六融合"（见图4-1），是学校在办学中逐渐形成的国企办高职、塑造工匠精神的"校区、厂区、社区"三元融合，"四化"育人机制和产教深度"六融合"人才培养模式为核心的国企办学模式，是校企一体、协同育人的体现。"三区"指的是"校区""厂区""社区"有机融为一体，校中厂、厂中校、校区、厂区、社区融合，润泽苑、知行苑、和谐苑、创业苑、德优苑把校园划分为五大功能区：教学办公区、实训区、运动区、创业区、培训区，一所校区、厂区、社区开放融通的独特校园布局。校内是朗朗读书声，旁边是现代化生产厂区和宁静休闲的晓塘社区公园，使学生"进校就如进厂，上学就像上班"，在校期间培养了良好的职业精神和职业能力，就业后岗位适应能力强。"四化"指的是学校秉承"校企一体、产教融合"的办学理念，遵循职业教育的办学特点与规律，实现了企业全过程参与育人。在实施过程中，坚持"办学机制校企一体化，培养模式产教一体化，教学方式理实一体化，办学形式日制教育与职工培训一体化"的四化育人模式。"六融合"指的是校企共同育人的过程中实现了"人才培养与企业需求相融合，专业教师与企业能工巧匠相融合，教学内容与工作任务相融合，能力考核与技能鉴定相融合，理论教学和技能培训相融合，校园文化与企业文化相融合"的产教深度六融合的高职人才培养模式。"三区四化六融合"实现了企业全过程参与育人，学校办学专业设置紧跟企业行业产业发展需求，人才培养共享学校、企业、社区资源，文化建设校园文化、企业文化、社区文化有机融合，实现了"专业与产业、职业岗位对接，专业课程内容与职业标准对接，教学过程与生产过程对接，学历证书与职业资格证书对接，职业教育与终身学习对接"，共同培养高技术技能人才。

[图：“三区四化六融合”国企办学模式结构图，包含学校、政府、企业、行业四个外部主体，以及校区、厂区、社区三个内部区域，中心为"产教深度六融合人才培养模式"]

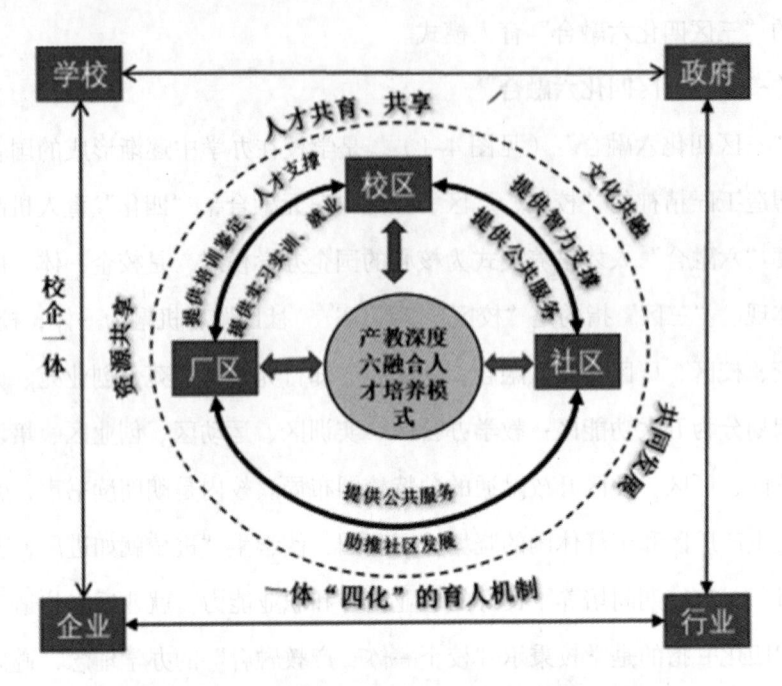

图4-1 "三区四化六融合"国企办学模式结构图

（二）育人成效显著

学校的办学主体昆钢集团是1939年成立的特大型国有企业，公司实施"主业优强，相关多元"的发展战略，产业遍布云南16个州市、省外及东南亚地区，学校所在地安宁昆钢十里钢城，是一个有十多万人居住的城市社区，社区城市功能齐备，交通教育卫生基础设施完备，各类文体设施齐全，学校位于社区、厂区中心位置，学生在校学习可以享受十里钢城的优质资源，学校办学可以共享企业、社区的教师资源、实训资源、交通通信资源、体育资源、卫生资源、休闲娱乐等资源，学校对企业社区开放，学校融入企业、社区，学校、企业、社区相互依托，充分发挥了资源的最大价值，形成了独具特色的校企共同育人的崭新模式。

1. 马克思主义学院打造特色党课品牌为学生扣好人生的第一粒扣子

昆钢公司党校、昆明工业职业技术学院马克思主义学院于2019年9月24日下午在学校图书馆党建书屋正式成立并举行揭牌仪式。目前，昆钢是全国第一家设立马克思主义学院的国有企业，这既可以更好地整合学校内马克思主义理论学科建设优势，又可以更好地发挥昆钢党校在马克思主义理论教学、研究、宣传和人才培养方面的重要作用。马克思主义学院自成立以来紧紧围绕党和国家的方针、路线和政策，坚持立德树人，充分利用各方资源，加强校企、校校、校社等实践合作，开设特色党课和大学生思想政治教育课程，加强职业教育办学质量和内涵建设，提升职工培训能力，为昆钢公司高质量发展提供人才支撑。另外，马克思主义学院立足于学校"校企一体"优势，促进资源共享，向社会提供宣讲服务。

马克思主义学院在学生思想政治教育课程设置上充分考虑在校学生的实际情况，其教学内容既紧紧围绕马列主义、毛泽东思想、邓小平理论、"三个代表"重要思想和习近平新时代中国特色社会主义思想，又针对当代大学生的思想特点，立足在校学生的实际情况，帮助他们解决思想、学习和生活中的实际问题，从而将思想政治理论学习与学生生活实际相结合，体现了思想政治理论课教育教学的针对性和实效性，进而提高学生理论联系实际的能力，真正实现了学以致用。

马克思主义学院依托"企业办学、校企一体"的办学优势，加强校企合作、校社合作、校政合作，把校园文化与企业文化、社区文化、优秀传统文化有机融合，打造工匠精神，搭建校内校外共通的育人平台，优化育人环境，完善育人服务。一是制定了《昆明工业职业技术学院思想政治理论课实践教学实施方案》，建立了4个思想政治理论课实践教学基地：云南师范大学"一二一"运动纪念馆、云南昆钢桥钢有限责任公司的"中国第一电力制钢厂"旧址、昆钢展览厅（厂史荣誉室）和昆明工业职业技术学院的校史馆。上述基地的建立，使实践育人活动从校内走向校外，从企业走向社会。二是组织学生在昆钢养生敬老中心开展长期的敬老爱老活动。与昆钢晓塘社区签订"共筑共建"志愿服务协议，定期开展社区服务活动。三是开展内容丰富的党课。学校结合云南省高校"百场形势政策报告会"要求，邀请昆钢公司董事长、公司党委副书记、公司副总经理、全国劳动模范等到校做专题报告，学校领导也亲自为大学生们上专题党课、形势政策课。企业领导、劳动模范、校领导为学生作形势政策报告成常态。

大学阶段的思想政治教育课程对学生的作用十分重要。2014年5月4日，习近平总书记在北京大学考察时指出："青年的价值取向决定了未来整个社会的价值取向，而青年又处在价值观形成和确立的时期，抓好这一时期的价值观养成十分重要。这就像穿衣服扣扣子一样，如果第一粒扣子扣错了，剩余的扣子都会扣错。人生的扣子从一开始就要扣好。"2014年9月9日和12月20日，习近平总书记在北京师范大学和澳门大学横琴新校区考察时，进一步要求广大教师要引导和帮助青少年学生扣好人生第一粒扣子。

抓住青少年价值观形成的关键期，马克思主义学院充分发挥大学生思想政治教育课程的教育功能，引导青年学生扣好人生第一粒扣子。

一是在坚定理想信念中扣好人生第一粒扣子。习近平总书记明确指出，"青年时代树立正确的理想、坚定的信念十分紧要，不仅要树立，而且要在心中扎根，一辈子都能坚持为之奋斗。"所以引导学生扣好人生第一粒扣子，必须发挥理想信念的引领作用，从而帮助学生筑牢信仰之基、补足精神之钙、把稳思想之舵。马克思主义学院把思政的实践课搬到昆明陆军讲武堂和云南师范大学"一二·一"运动纪念馆去上，通过参观学生既了解讲武堂和西南联大的历史，又能在历史学习中有助于树立崇高的理想信念。

二是在练就过硬本领中扣好人生第一粒扣子。扣好人生的第一粒扣子，不仅要有崇高的理想信念，而且要有过硬的本领。人工智能、大数据，云计算的迅猛发展无不昭示着知识是成才的基石，而青年要想立于时代潮头，必须树立梦想从学习开始、事业靠本领成就的观念，努力学习知识、练就过硬本领。但在实际生活中，很多学生上了大学后思想上开始放松，每天无所事事，我校的思政课利用课堂教学与交流实践活动及时引导学生把有限的时间和精力用在学习知识与练就过硬本领中，引导学生在校期间尽己所能地学习专业知识和练就过硬本领，真正实现学有所长，从而为自己梦想的实现保驾护航。

三是在矢志艰苦奋斗中扣好人生第一粒扣子。任何美好理想的实现都离不开筚路蓝缕的艰苦奋斗与胼手胝足的负重前行。现在很多大学生小事不愿干，大事干不了；学习的苦吃不了，工作的苦更吃不了。针对这样的情况，马克思主义学院的思想政治教育课程充分发挥榜样的作用，以《习近平的七年知青岁月》为素材，结合习总书记在动乱年代15岁下乡当知青的经历，引导学生不怕困难、勇于吃苦，肯于埋头苦干，这对毕业后学生能快速适应工作岗位要求具有非常积极的作用。

四是在锤炼高尚品格中扣好人生第一粒扣子。高尚品格是道德境界和品格力量的和谐统一，是职业操守和人生智慧的精神展示，是文明素养和崇高品质的完美体现，是真善美的正能量。马列学院的思想政治教育课程不仅仅是传授理论知识，更在锤炼学生高尚品格上下功夫。时刻发挥思政课的思想引领作用，引导学生做"一个高尚的人，一个纯粹的人，一个有道德的人，一个脱离了低级趣味的人，一个有益于人民的人。"引导学生把正确的道德认知、自觉的道德养成与积极的道德实践紧密结合起来，自觉树立和践行社会主义核心价值观。在自律教育中引导学生严于律己，从而培养学生独立、自省、稳定的道德人格。

五是在强化使命担当中扣好人生第一粒扣子。中华民族的伟大复兴，中国梦的实现绝不是喊喊口号，轻轻松松就能实现的，需要一代又一代人的不懈努力与艰苦奋斗。青年是祖国的未来，是未来社会建设的中流砥柱，所以，青年人必须强化自身的使命担当。2019年4月30日，习总书记在纪念五四运动100周年大会上的讲话时说，"100年来，中国青年满怀对祖国和人民的赤子之心，积极投身党领导的革命、建设、改革伟大事业，为人民战斗、为祖国献身、为幸福生活奋斗，把最美好的青春献给祖国和人民，谱写了一曲又一曲壮丽的青春之歌。""新时代中国新年要勇于砥砺奋斗。奋斗是青春最亮丽的底色。""新时代中国青年，要有家国情怀，也要有人类关怀，发扬中华文化崇尚的四海一家、天下为公精神，为实现中华民族伟大复兴而奋斗，为推动共建

'一带一路'、推动构建人类命运共同体而努力。"同时习总书记也在这次大会上这样深情寄语新时代中国青年，"新时代中国青年要继续发扬五四精神，以实现中华民族伟大复兴为己任，不辜负党的期望、人民期待、民族重托，不辜负我们这个伟大时代。"国家的前途、民族的命运、人民的幸福，是当代中国青年必须和必将承担的重任。学校思政课在平时的教学中发挥"春风化雨"般的思想政治教育作用，引导广大青年学生在党的领导下勇做时代奋进者、开拓者和奉献者，养成面对任务不推诿，面对困难不退却，面对矛盾不回避，面对挫折不放弃的良好品质，在实现中华民族伟大复兴的历史舞台上书写自己美丽的青春，创造出自己的人生华章。

2. 各二级学院充分利用企业、社区资源开设特色课程培养学生的专业素养和实践能力

目前，学校设有8个学院（冶金化工学院、电气学院、机械学院、交通运输学院、计算机信息学院、建筑工程学院、经济管理学院、人文教育学院）12个专业大类（装备制造、资源环境与安全、能源动力与材料、生物与化工、土木建筑、交通运输、公共管理与服务、电子信息、财经商贸、文化艺术、医药卫生、教育与体育）的65个高职专科专业，专业涵盖工学和管理学两个学科门类。学校已有7个专业（建筑钢结构工程技术、黑色冶金技术、机电设备维修与管理、电气自动化技术、机械制造与自动化、物流管理、统计与会计核算）通过云南省教育厅评审立项及备案，获评省级高水平骨干专业。各二级学院充分利用企业、社区资源，立足骨干专业开设特色课程打造专业群，从而培养学生的专业素养与实践能力。

（1）物流管理专业群

物流管理专业群依托昆明钢铁控股有限公司的行业背景、企业主体产业和云南省"建立以昆明为中心的物流产业核心区"的发展规划而设置，紧密对接现代服务业。专业群以物流管理专业为龙头，引领带动物流管理、物流工程技术、电子商务等5个左右专业建设发展，形成物流、电商、大数据、信息化等

产业互融共进的形式，为区域经济社会发展提供人才支撑。

我校物流管理专业从开设之初，依托昆明钢铁集团有限公司、武钢集团昆明钢铁股份有限公司，以生产物流为重点校企共建，在国内同类型院校中，生产物流作为物流专业重点建设方向具备异质性，而我校"物流管理"专业立足昆钢、面向区域，始终坚持打造具备优秀技术技能的工业生产物流专业人员，充分发挥校企一体优势，弥补现在省内物流人才培养在工业生产物流方向较为薄弱的现状，并在专业建设的探索与实践中形成了真实任务真实做真有用的专业特色。

1）校外实训基地：物流管理专业及专业群先后与昆钢泛亚物流集团、昆钢生产物流中心、德邦物流、顺丰快递建立了12个校外实习实训基地，运行良好并建立了保障机制，为专业教学创造了必备的实验实训条件。

2）社会服务能力：物流管理专业及专业群依托昆钢集团公司的培训教育中心一直承担着昆钢员工培训提升的任务，积极为企业或在校学生开展岗位技术服务培训工作，每年为企业培训在岗职工200人次以上。

（2）黑色冶金技术专业群

黑色冶金技术专业群依托昆明钢铁控股有限公司的行业背景和主体产业设置，服务昆明钢铁控股有限公司主要产业、云南八大重点产业和中国制造2025，紧密对接先进制造、新材料应用产业。专业群以黑色冶金技术专业为核心，引领带动工业分析技术、应用化工技术、材料工程技术、材料成型与控制技术、资源综合利用与管理技术等8个左右的专业建设发展。

（3）智能制造专业群

智能制造专业群服务中国制造2025，重点对接区域先进制造、战略新兴产业中的钢铁及延伸产业链，对应其钢铁上游产业、钢铁中游产业。专业群以机电设备维修与管理专业为龙头，引领带动电气自动化技术、电力系统自动化技术、工业过程自动化技术、焊接技术与自动化等12个左右的专业建设发展。

（4）建筑工程专业群

建筑工程专业群服务中国制造2025，重点对接区域先进制造、战略新兴产业中的钢铁及延伸产业链，对应其钢铁上游产业、钢铁中游产业、下游建筑产业。专业群以建筑钢结构工程技术专业为龙头，引领带动建筑工程技术、建筑工程管理、建筑装饰工程技术等8个左右的专业建设发展。

（5）交通运输专业群

交通运输专业群服务中国制造，重点对接区域先进制造、战略新兴产业中的钢铁及延伸产业链，对应其钢铁上游产业、钢铁中游产业、下游建筑产业、下游汽车产业。专业群以汽车检测与维修技术专业为龙头，带动新能源汽车技术、汽车营销与服务等3个左右的专业建设发展。

（6）经济管理专业群

经济管理专业群支撑和服务钢铁及延伸产业链、产城生态链，重点对接现代物流业务链、销售链。专业群以市场营销专业为龙头，引领带动会计、统计与会计核算、人力资源管理等5个专业建设发展。

（7）文旅大健康专业群

文旅大健康专业群服务重大民生工程和现代服务业，引领区域社会公共事业和特色产业发展，重点对接产城生态链，对应其文旅大健康产业、大数据产业。专业群以学前教育专业为龙头，引领带动康复治疗技术、老年服务与管理等7个左右的专业建设发展。

（8）电子信息专业群

电子信息专业群服务重大民生工程和现代服务业，引领区域社会公共事业和特色产业发展，重点对接产城生态链，对应其文旅大健康产业、大数据产业。专业群以计算机网络技术专业为龙头，引领带动信息安全管理、大数据技术与应用、物联网应用技术、云计算技术与应用、虚拟现应用技术等5个左右的专业建设发展。

各专业在专业人才需求调研的基础上，紧密对接国家标准、"1+X"证书制度以及高职扩招等政策，坚持书证融通，将体现行业龙头企业新技术、新工艺、新规范的职业技能证书与学校的课程体现融合，探索柔性、可拓展、面向岗位群的课程建设新模式，按照"平台＋模块＋方向"思路，由教学团队与企业兼职教师、行业专家组成建设团队，遵循各岗位工作过程，分解工作任务，融合职证书等级标准，构建系统化的开放式、模块化的课程体系。根据岗位要求和职业考核标准，分解职业能力，按照从简单到综合，由易到难，分级别开发的原则，形成"基础能力、专业能力、综合能力"三个层次的能力目标体系。根据能力目标，进行专业群职业基础课程、职业技能基础课程、职业技能核心课程三个模块分阶分层的模块化课程体系重构。同时以高于国家标准的校本人才培养标准与课程标准为特色，将社会主义核心价值观融入专业教育，进一步凝练不同专业群的专业精神；以职业素养教育与专业教育融合为切入点，加强技术技能教育中的专业精神渗透，于专业素养和实践能力中厚植工匠文化，从而培养学生崇尚精益求精的工匠精神。

3. 实训部联合二级学院组织培训与技能大赛提升学生的专业素养

学校积极搭建培训平台和组织具有专业特色的技能竞赛，构建了"以赛促学，以赛促教"的文化氛围，承办多项省级学生技能大赛，学生在省级职业技能大赛上频频获奖，其专业素养和专业能力更是得到显著提升。

为了强化毕业生就业技能学习，提升毕业生就业竞争力，学校联合云南省劳服实业总公司为2019届毕业生提供毕业前的职业技能培训服务，从而为毕业生搭建良好的职业技能培训平台。开展的培训工作则以就业为导向强化职业技能培训，让学生多学、多练，通过课程掌握技能，并获得相应的职业资格证，从而提高毕业生适应社会和企业需求的能力，并提高学生的职业能力和就业能力。

为全力做好大学生就业指导工作，加大就业服务工作力度，创新就业指导模式，引导大学生了解用人单位需求，学校实训部积极组织学生参加各类竞赛。2019年，实训部以校级初赛到决赛形式甄选出综合成绩较高的7名选手和10

份简历设计作品参加云南省 2019 年"台创杯"大学生模拟求职大赛。学校 6 名同学荣获"潜力人才奖",1 名同学的简历设计作品荣获三等奖。

自 2014 年以来,学校多次承办云南省职业院校技能大赛(分赛区),以赛促学,赛训结合,既提高了教学质量,又提升了学生的专业素养。2019 年,学校作为云南省职业院校技能大赛分赛区主要承办:工业机器人技术应用、维修电工、会计扑克牌三个赛项。全省 30 所高职院校,182 名选手参加竞赛,学校在与同类院校交流学习的过程中既迈出了"走出去"的重要一步,又在比赛中提升了学生的技术技能水平。学校通过举办技能大赛也实现了以赛促学,以赛促教,以赛促改,赛训结合,提高了职业教育人才培养质量的目的。

4. 学生处、体艺部、图书馆举办丰富多彩的文娱活动提升学生的综合素养

为了进一步丰富广大学生的文化生活,引导学生感受充满朝气和内涵丰富的校园文化,学生处、体艺部和图书馆从不同方面举办丰富多彩的文娱活动。这些活动把校园文化同昆钢企业文化深度融合,继承传承、培育了具有鲜明特色的职业院校的校园文化。独特的校园文化造就了学生多才多艺,每年学校都会组织形式多样、丰富多彩的校园文艺体育活动,使学生在活动中提升个人的综合素养。

(1)承办及参加各类体育赛项,提升学生的综合素养

2019 年,学校承办了 2019 年云南省大学生乒乓球比赛暨 2020 年全国学生运动会乒乓球比赛(大学组)选拔赛,全国第二十一届 CUBA 中国大学生篮球二级联赛西南赛区决赛,并组织学生参加云南省高校春季大学生篮球、足球、啦啦操周末联赛和全国学生运动会羽毛球项目云南省(大学生组)选拔赛。通过承办及组织学生参加各类体育赛项,既增强了学生的身体素质,又提升了学生的团队精神、集体荣誉感等综合素养。

(2)组织丰富多彩的体艺活动,丰富学生的文娱生活

通过举办"高雅艺术进校园",冬季运动会,组织昆钢公司党校成立 60 周年暨昆明工业职业技术学院迎新晚会,学校不仅给学生提供了展示个人才艺

的平台，而且对于培养学生的团队精神和吃苦耐劳精神具有十分重要的作用。

（3）组织丰富多彩的文化活动，厚植学生的文化素养

1）学生处组织校园大舞台、主持人大赛、演讲比赛、辩论赛等一系列丰富多彩的文化活动，使学生不仅在活动中提升了个人的综合素养，而且在浓厚的校园文化氛围中厚植学生的文化素养。

2）图书馆联合学生处，举办"诵读经典·诗化人生""阅读一本经典好书，开启一段传奇之旅"和"读百家经典，品百态人生"等阅读推广活动，活动形式多样："搜书探宝""寻找最美古诗词""朗读者""读百家经典"读书会、图书馆寻宝大赛、首届方正阿帕比读书知识竞赛、组织学生参加第九届云南省高校文化节中华优秀文化知识竞赛和全国首届"图书馆杯全民英语口语风采展示活动"。另外，图书馆每月定期向学生推送"好书推荐"活动。内容丰富："新学期好书推荐""歌德新书/加缪的荒诞美学""歌德新书/花意诗情，占尽三月春""王小波专题""歌德新书/人民的本色之劳动篇""五月好书推荐""歌德新书庆六一/愿童真无岁月，愿青春不离别""六月好书推荐——中国当代作者的思想魅力""歌德6月新书推荐/粽里乾坤大，书中日月长""八一建军节，致敬燎原之星火"和"红妆藏心底，多彩耀人间"等。学生通过参加经典阅读推广活动，既领略到阅读的魅力，感受到阅读可以怡情养性、可以净化心灵、可以启发智慧，又在自己的心田播下一颗爱上阅读的种子，在感受经典和传承文化的过程中提升个人的文化素养。

图书馆组织学生参加"首届全国高职高专院校信息素养大赛云南省区选拔赛"活动，通过对学生进行赛前的培训，参与校赛、省赛和国赛的层层选拔，既为学生提供了交流学习的平台，也为提升我校学生的综合文化素养起到较好的引导和促进作用。

二、现代学徒制

《国务院关于加快发展现代职业教育的决定》中提出"开展校企联合招生、

联合培养的现代学徒制试点",教育部等六部门关于印发《职业学校校企合作促进办法》的通知中三次提到学徒制培养,可见,现代学徒制已成为我国职业教育改革的重要课题。

(一)学徒制的产生历史及特点

学徒制是以师带徒的方式培训专门职业劳动者的一种教育模式。产生最早且流传时间最久的学徒制的形式主要是父传子,特点是师徒关系包含于父子关系之中,父亲把技艺传给儿子。

1. 传统学徒制的产生及特点

传统学徒制教育历史悠久,可以追溯到奴隶社会,在封建社会盛行,并在手工作坊、商行等行当,在木匠、打铁、染织、艺术等诸多领域广为流行,传统学徒制师傅言传身教,手把手传授,徒弟身临其境,效仿操作,边做边学,直接习得知识,形成自己的技能和经验。传统学徒制使得社会生产诸多专门技艺代代相传,推动了人类社会的进步与发展。随着生产规模的不断扩大,社会分工越来越细,原有的家庭内部一对一现场教学和后期行会组织的一对多现场教学,都无法完成生产过程。尤其是工业革命之后,社会生产趋于专业化、规模化和标准化,传统学徒制已不能适应社会生产力发展需要,学校教育应运而生。学校教育既能集中对学生进行系统高效的理论讲授和实践教学,又能为社会经济发展快速提供技术人才支撑,所以逐渐成为社会教育的主要形式。

传统学徒制的优点主要体现在三个方面。第一,高度情景性学习。学徒在生产一线,现场学习,深入生产过程,在真实的工作情景,真实的生产过程中学习和操作。第二,一对一指导。一个师傅带一个或少数几个徒弟,口口相传或手手相授,徒弟在师傅的直接教授下习得知识和技能,教学效率高。第三,边学边做。徒弟紧跟师傅劳动,观察师傅操作,模仿师傅动作,徒弟从师傅那里直接习得实用操作和操作方法,不需要长时间的分析和思考,拿来即能用,所以,学徒的学习主动性和积极性大大提高。

传统学徒制的弊端也是显而易见的。一是徒弟对师傅的人身依附关系,学徒制早期是长辈对子女传授，逐渐过渡到师傅收养子做徒弟，这时的学徒虽然和师傅没有血缘关系，但是师徒之间的从属关系没有改变。徒弟在很大程度上依附于师傅，能否学到技艺和本领全由师傅说了算，师傅完全凌驾于徒弟的一切权利之上。二是传统学徒制的技能传授，只是师徒之间操作方式的直接传递。徒弟对知识和技能的获取大多通过对师傅实践经验的观察和复制来实现的，徒弟获得的知识取决于师傅传授的多少。由于师傅拥有的知识和技能具有固定岗位、地域和自身能力的局限，使得徒弟学到的经验也具有一定的片面性，而且这种手手相授的技艺，缺乏理论知识的指导，只是师徒传承，无法推而广之，技术进步缓慢，对社会生产力的推动和促进作用也十分有限。

2. 现代学徒制的产生及特点

现代学徒制是在机器大生产背景下，学校和企业深度合作，优势互补，学校主要承担文化思想和通识知识的教育和培养，以满足学生全面发展的需要；企业主要承担生产技术和操作方法的训练和指导，目的在于培养学生的岗位操作技能。学校教师和企业师傅联合传授，将学生培养成新型技能人才的一种现代职业教育形式。

二战后，德国被美、英、法、苏分解，但几十年后又成为欧洲最大经济体。世界研究认为职业教育是德国经济振兴的秘密武器，而德国职业教育的核心是"双元制"。"双元制"中企业和职业学校共同完成对学生的整个培训过程，学生寻找合适的企业并签订协议，然后被企业推荐到相应的学校，校企紧密结合，学校负责理论和方法教育，企业负责技术技能和岗位培训，校企双导师育人。这被认为是现代学徒制的成功范例。为德国培养了新兴产业所需要的大批高技能人才，也使德国经济迅速恢复并很快跻身世界发达国家之列。此后，很多国家学习和效仿德国双元制，并结合本国实际，积极开展现代学徒制改革和实践。英国、瑞士、法国、加拿大、澳大利亚等发达国家学徒制呈现出良好的发展态势。

现代学徒制是传统学徒制和现代职业教育相结合的产物，随着工业化大生产的不断发展，生产方式发生了根本转变，企业的规模化生产取代了传统手工作坊，这就需要高效、规范的人才培养和供应机制。所以，学校职业教育模式开始占主导地位。为了克服学校教育理论与实践相脱节的缺陷，现代学徒制便应运而生。现代学徒制和传统学徒制，两者相同之处在于都有师傅和徒弟，都离不开师傅对徒弟的直接指导，都强调"边做边学"。但现代学徒制更体现在"现代"上，与传统学徒制相比在学徒身份、培养目标、学习内容、学习方式和学习地点等方面都具有鲜明的现代特色。首先，身份的转变，现代学徒制中的学徒不再是人身依附于师傅的学徒，而是学校学生和企业学徒的双重身份，跟随学校教师和企业师傅双导师学习。其次，培养目标的转变。现代学徒制培养目标不再是单纯的熟练操作工人，而是理论联系实际，兼顾人的全面发展的技术技能型人才。再次，学习内容的转变，现代学徒制不仅有操作方法和生产技术的学习，而且还有思想政治、文化和理论知识的学习。然后，学习方式的转变，现代学徒制不再是单纯经验的模仿和学习，而是工学交替、半工半读式的培训和学习。最后，学习场所的转变，现代学徒制不仅在生产一线学习，而且还在学校课堂学习。

总而言之，现代学徒制是以校企深度合作为基础，以学生能力培养为核心，以课程为纽带，工学交替为主要形式，教师、师傅双导师指导为支撑的现代人才培养模式。

（二）我国现代学徒制的提出

与西方发达国家不同，由于现代工业起步较晚，传统学徒制作为职业教育的主体形式一直延续到新中国成立。解放初期，我国正规职业学校数量很少，技术工人培养的任务主要由企业承担。1950年，中央人民政府颁布了《关于开展职工业余教育的指示》，此后，我国中央政府又陆续颁发文件，不断完善学徒制度，1958年，天津市还发布了《关于培训学徒的补充规定》。早期的学徒教育制度，已经具备了现代学徒制中企业主体的基本要素。改革开放后，市场经济日趋繁荣，为了增强市场竞争力，减轻企业负担，大量企业改制。恰逢职业学校蓬勃发展，毕业生数量大规模增加，企业的培训职能逐步被剥离，技术人才主要依靠职业学校来培养，这改变了劳动力供给结构，建国数十年来以企业为主体的学徒教育制度终结。

正规职业学校教育固然有传统学徒教育所没有的大批量培养人才的优势，但学校教育理论和实践脱节、教学情景与实际工作情景不符、重理论轻实训等弊端也是不争的事实，仅靠职业学校本身是难以从根本上予以解决的，而毕业生也无法快速地适应经济社会高效生产的需要，所以，产教结合、校企合作势在必行。2011年，教育部领导在推进国家中等职业教育改革发展示范学校建设专题培训班上首次谈到现代学徒制，并号召地方政府和企业积极参与现代学徒制，以解决东南沿海"用工荒"问题。2013年，教育部委托部分地区和单位，开始现代学徒制理论研究和实践探索。2014年，李克强总理在国务院常务会议中确定了加快发展现代职业教育的任务措施，提出"开展校企联合招生、联合培养的现代学徒制试点"。将开展现代学徒制试点上升到国家层面。2015年，国务院在《中国制造2025》中提出了中国政府实施制造强国战略第一个十年的行动纲领。中国要从制造大国向制造强国迈进，成功实现中国制造2025战略目标，需要千千万万能工巧匠，正如党的十九大倡导的全社会要弘扬劳模精神和工匠精神，营造劳动光荣的社会风尚和精益求精的敬业风气。推行现代学徒制也是引导全社会摒弃追求享乐、浮躁不实的思想倾向，弯下身子参加生产劳动，专注本业、踏实务实、精益求精、勇于创新，为中国特色社会主义新时代职业教育体系完善与健康发展注入新的活力。

（三）首批100所现代学徒制试点高职院校建设案例

学校作为由国有特大型企业昆钢集团主办的一所公办高职院校，在56年职业教育办学历史的积淀下，形成了"学以致用，德优技高"的校训和"校企一体，铸钢铸才"的办学特色。在"三区四化六融合"办学模式的引领下，学校被教育部确定为首批100所现代学徒制试点高职院校，学校在人才培养和专业建设等方面形成很有特色的一些做法。

作为学校办学主体的昆钢集团始建于 1939 年 2 月，是云南省特大型国有企业，是中国企业 500 强之一。公司坚持"主业优强、相关多元、提质增效、转型发展"的发展战略，产业遍布云南省内 17 个州市区及省外、国外，形成了资源型产业、新材料产业、现代服务业和钢铁产业四大产业板块。昆钢集团主动服务和融入国家发展战略，围绕"一带一路"、中国制造 2025 及云南独特的区位优势，积极推进养生敬老、通用航空、现代物流、装备制造、酒店旅游等产业，大力发展高等职业教育。昆钢集团多元产业的发展及校企一体的优势，为学校实施现代学徒制试点工作提供了强有力的支撑。

学校坚持"办学机制校企一体化，培养模式产教一体化，教学方式理实一体化，办学形式日制教育与职工培训一体化"四化育人模式，实现了人才培养与企业需求、专业教师与企业能工巧匠、教学内容与工作任务、能力考核与技能鉴定、理论教学和技能培训、校园文化与企业文化的深度融合。

学校、昆钢在新教师、新员工的培养上，长期坚持了"师带徒"技能人才培养模式，积累了丰富的师带徒经验。每年学校、昆钢根据新入职大学生所学专业为其安排师傅，师傅和徒弟不仅签订书面协议，而且举行师徒见面的拜师仪式，并规定师带徒期限为一年，而师傅应根据所带徒弟的专业和岗位为徒弟制定培养目标及培养方案，从理论知识和岗位技能等方面对徒弟进行综合培养。另外各项细致的考核指标为产生良好的师带徒效果提供了有力的支撑与保障。这种"师带徒"技能人才培养模式既有利于新教师、新员工快速地适应岗位要求，又有利于新教师、新员工的快速成长与成才，这对学校、昆钢的师资队伍和人才队伍建设更是非常有利的。

2015 年 8 月学校被教育部确定为"全国 100 所之一的现代学徒制试点高职院校"，学校充分利用校企一体的体制机制和资源优势，探索校企一体现代学徒制下"双主体，双定生，双协议，双导师"的"四双"人才培养模式。即"学校企业"双主体"共同育人；根据企业需求和学生意愿定向招生定向就业的"双定生"招生办法；学生分别与学校、企业签订现代学徒制招生培养就业"双协议";学校教师与企业师傅共同担任学生的"双导师"培养办法。采用"课堂教育＋岗位师带徒技能传授"的教学方式,学习内容以"知识＋技能"为主,达到理论与实践,职业与专业,岗位与课程对接融合,组建以教学名师、技能大师、工程师、能工巧匠为核心的"双导师"的教学团队,以学校、企业为主体建设校内学徒培训站、校外学徒制专业教学站。课程教学采取任务驱动、项目导向、案例教学、技能传授等灵活多样的方式,实现做中学、做中教,培养学生的岗位能力和职业素养。落实学校和企业的双主体育人责任,校企双向介入,共同开发人才培养方案,共同实施教学管理,合理安排学徒岗位、分配工作任务,校企共同建立教学组织运行、质量监控和评价体系,加强过程管理,探索现代学徒制人才培养的运行机制,提高人才培养质量。

学校的"师带徒"专业充分利用校企一体的办学资源,积极对接相关企业,与企业合作共同培养学生,为使学生成为优秀的技术技能人才提供了有力的保障。例如,"冶金技术"专业与昆明钢铁股份公司安宁公司对接,安排学徒轮换跟岗、分配工作任务,与学校共同实施专业教学管理、质量监控和评价体系;"电气自动化技术"专业与云南昆钢重型装备制造有限公司机修分公司对接,重型装备制造有限公司与学校签订《现代学徒制试点项目校企合作协议书》,电气学院通过学生自愿报名、学院考察形式,最终筛选出230多名电气自动化技术专业学生参与电梯修理、机床电气检修、电机修理等三个岗位的工作与学习。通过校企一体"课堂教育＋岗位师带徒技能传授"的教学方式,以"知识＋技能"为主要教学内容达到理论与实践相结合,实现职业与专业,岗位与课程的对接融合;"焊接技术与自动化"专业与昆钢重型装备制造有限公司机修分公司对接,按照现代学徒制试点要求,在国家教育部、云南省教育厅的统一指导下,打造的学徒制升级版,按照学校"四双"现代学徒制人才培养模式的要求,整体设计规划现代学徒制试点方案。

学校之所以能成为首批现代学徒制试点院校,源于学校充分利用校企一体的体制机制和资源优势,落实学校和企业的双主体育人责任,校企双向介入,探索现代学徒制人才培养的运行机制，提高人才培养质量。校企深度合作取得了显著成效。

1. 共通校企需求，实现产教融合

作为一所国有大型企业举办的职业院校，学校在打造现代学徒制培养模式方面充分实现共通校企需求。

（1）共同发展职教集团

经云南省教育厅批准，2008年9月1日成立的云南工业职业教育集团，以昆明钢铁集团公司为主体，昆明工业职业技术学院为龙头，总部设在昆明工业职业技术学院。目前有成员单位34家，其中包括职业院校5家，职业技能鉴定所1家，省内企业25家，国外企业3家。

（2）共同制定评价标准

学校与昆钢立足学校发展实际，以市场需求为引导，以专业发展适应企业需求为导向，共同制定专业建设、人才培养、高职院校发展等方面的评价标准。

（3）共同制定培养方案、共同构建课程体系

学校依托昆钢集团，创新办学机制，共同制定人才培养方案、共同构建课程体系。集团支持学院成立了校企合作管理处等机构，深入推进校企一体化的产学研结合办学模式，以就业为导向，优化教育教学过程，同集团相关企业建立了资源共享、人才共育、过程共管、成果共享、责任共担、互惠共赢的"校企一体化"办学和人才培养机制。

校企双方共同开发人才培养方案，设计教学模块，开发教学内容，共同实施教学管理，明确实习计划和方案，合理安排学徒岗位、分配工作任务，共同建立教学组织运行，为学院的人才培养模式创新和现代学徒制培养方案的落地奠定了坚实的基础。

（4）共同培养师资队伍、共同建设实训基地

学校充分发挥国有大型企业办高等职业教育在实习实训基地建设、"双师

型"教师队伍建设方面的优势，依托昆钢所属企业，为学生实习实训提供了良好的条件：中央财政支持的实习实训基地1个，省级示范实习实训基地6个，省级专业实习实训基地1个，公共实习实训基地1个，校内实习实训基地7个，各类专业实训室60个，校外实习实训基地50个。按照现代学徒制试点专业人才培养的需求，学校结合企业、行业实际情况，进行双主体实训条件建设工作。校企共建校内现代学徒培训站6个、校外现代学徒教学站6个，为现代学徒制搭建教学平台。学校企业共享优质的办学资源，为技术技能人才培养奠定了坚实的基础。

学校组建以教学名师、技能大师、工程师、能工巧匠为核心的"双导师"教学团队，采用"课堂教育+岗位师带徒技能传授"的教学方式。学校教职工也是昆钢的员工，昆钢公司制定了"专业技术人员履职传授到工职院兼职讲课"制度，校企一体互聘共用。学校拥有强大的兼职教师资源库：昆钢公司"四项选拔"专家33人，省委联系专家5人，"云岭牌"人才9人，"兴滇人才奖"2人，云南省技术创新人才及培养对象8人，全国行业技术能手13人，全国技术能手9人，这些各类人才都是我校的兼职教师资源，学校相关专业课程和实践教学环节课程40%以上由直接来自昆钢企业的高级工程技术人员和技师等能工巧匠担任。

2. 共享教育成果，实现校企共赢

学校充分发挥校企一体的资源优势，在技术研发、招生就业、文化建设方面实现共赢，共享教育成果。

（1）共同开展技术研发

"十二五"期间，学校获得省级教学成果奖一等奖1项，二等奖1项，申报立项云南省教育厅自然科学基金项目22项，云南省高职教育教学研究课题项目6项；成功申报昆钢集团公司管理创新项目5项，获二、三等奖4项，申报昆钢集团公司科研项目15项，师生获得专利7项，公开发表核心期刊论文55篇（含SCI论文2篇、EI论文8篇）。学校与昆钢技术中心、管道公司等单位合作科研项目10项。学校与昆钢重装集团合作研发设计电工实训设备100套，均投入教学和生产使用。

（2）共同实现优质招生与就业

经过多年发展，学校被誉为"云南钢铁及工业高技能人才的摇篮"。学校坚持正确的办学定位，始终把立德树人作为教育教学的主要任务，招生工作实施"稳计划、扩类别、控专业、提质量"四大举措，目前各类在校人数达15000余人。

学校坚持"学成有业"的就业理念，充分利用"校企一体"平台，发挥昆钢集团产业遍布省内、省外、国外的优势，搭建毕业生就业平台，促进毕业生就业。学校建成2348家就业单位资源库，提供给毕业生的岗位数是毕业生人数的7倍，学校与宝钢集团、海螺集团等中国500强企业开展订单培养，57家大型国有企业连续6年到学校进行人才招聘，学校毕业生就业率连续6年保持在98%以上，2016年毕业生就业率99.16%，80%以上的毕业生在大型国有企业和上市公司工作。学校连续两年作为就业典型经验高校向全省高校做经验交流，学校连续荣获"云南省就业创业工作创新奖""云南省就业创业工作目标责任考核一等奖"，荣获了国家教育部评选的"2015年度50所全国毕业生就业典型经验高校"荣誉称号。

（3）共同建设校企合作文化

从成立的那一天起，学校文化就打上了昆钢独有的文化烙印，伴随着昆钢的发展壮大，昆钢企业文化追求的"创造价值，创造文明，造福社会"的宗旨和"育人，兴企，报国"的核心价值观，"质量为本，客户至上，诚信共赢"的经营理念和"钢铁意志，精诚合作"的团队精神，深深扎根于昆明工业职业技术学院师生的心中。学校围绕立德树人的目标，大力弘扬社会主义核心价值观，秉承"学以致用，德优技高"的校训，形成了"校企一体，铸钢铸才"的高职办学特色。学生"进校就如进厂，上学就像上班"，校企文化的融合、独特的校园文化造就了昆明工职院的毕业生坚强的意志品质、吃苦耐劳的奉献精神和适应环境的工作能力,毕业生"能吃苦,下得去,留得住,会干活",深受社会和用人单位的广泛欢迎和好评。

三、学生成才经验探讨

学校培养的学生成才主要表现在两方面。一是学生职业素养逐渐提升,取得一批标志性成果。学校把校园文化同昆钢企业文化深度融合、通过继承传承、培育具有鲜明特色的职业院校的校园文化。独特的校园文化造就了学生多才多艺,学校积极组织具有专业特色的技能竞赛,构建了"以赛促学,以赛促教"的文化氛围,承办多项省级学生技能大赛,学生在省级职业技能大赛上频频获奖。组织学生参加国家级的职业技能大赛,2015年3名学生获得二等奖。促进职业技能竞赛活动与日常教学工作紧密结合,学生职业技能取证率高,毕业生双证书取证率达99.79%。学生积极投身社会实践和志愿服务活动,受到社会好评。

二是人才培养质量逐年升高,毕业生深受用人单位好评。职业素养教育已让爱岗敬业、诚实守信、精益求精、吃苦耐劳、团结协作与拼搏创新等企业文化浸润于学生学习生活的方方面面,学生在潜移默化的文化滋养中实现职业素养与职业技能的协调发展,毕业生深受社会及用人单位好评,近5年来毕业生年终就业率均保持在98%以上,80%以上的毕业生在大型国有企业和上市公司工作,就业率和就业质量的水平在云南省高校中名列前茅。学校连续荣获"云南省就业创业工作创新奖"和"云南省就业创业工作目标责任考核一等奖",获得"云南省高校毕业生就业典型经验高校"称号。

目前,学校在校生15000余人,他们来自省内外不同地区,来自不同民族,来自不同家庭,所以学生也千差万别,加上时代的发展以及"90后""00"学生所特有的时代性格,因此在学生管理工作中难免会出现这样那样的问题。然而学校在学生管理与服务过程中经过长期摸索实践,在培养学生成才方面逐步总结出了一些符合我校自身特点的工作经验。

（一）企业文化的潜移默化作用

学校的地理位置在安宁昆钢十里钢城，这是一个有十多万人居住的城市社区，社区城市功能齐备，交通教育卫生基础设施完备，各类文体设施齐全，学校位于社区、厂区中心位置，学生在校学习可以享受十里钢城的优质资源，学校办学可以共享企业、社区的教师资源、实训资源、交通通信资源、体育资源、卫生资源、休闲娱乐等资源，学校对企业社区开放，学校融入企业、社区，学校、企业、社区相互依托，学生进校如同进厂，上课如同上班，在这样的环境下，企业文化对学生有着潜移默化的作用。

1. 昆钢企业文化

作为红土高原的钢铁脊梁，昆明钢铁控股有限公司（简称昆钢）已有80余年的建厂历史，经过八十余年的风雨历程，已积淀形成"传承匠心、创新超越、开放共赢"的企业精神与独具特色的企业文化。

昆钢企业文化以提升企业整体素质，增强员工队伍的凝聚力、创造力，提高企业的竞争力，实现企业和人的全面、协调发展为目的。以铸魂、立道、塑形为手段，作用于企业发展的全过程，使文化力转化为现实的生产力、竞争力、发展力。坚持以人为本，创新为魂，昆钢企业文化追求的是在继承和学习的基础上不断创新和发展。使企业的目标与员工个人价值追求完美的结合，让昆钢员工的才智在实现企业目标的过程中得到挖掘和发挥，在创造企业价值中实现自身价值，实现企业价值、员工价值的完美结合和统一。

昆钢的企业文化由四个层次组成：物质文化、行为文化、制度文化和精神文化。物质文化是昆钢VI体系、文化宣传网络系统和宣传载体的集合，行为文化是昆钢员工行为准则，制度文化是在价值观念指引下的企业经营管理制度、流程体系，精神文化即昆钢的价值观体系。

（1）"传承匠心、创新超越、开放共赢"的企业精神

务实担当、爱岗敬业是昆钢人的根，精益求精、不断进取是昆钢人的魂，团结协作、无私奉献是昆钢人攻坚克难的法宝，经过数十年积淀凝聚成匠心精

神,并将继续传承。创新超越是昆钢创造辉煌业绩的力量源泉,就是敢于突破传统、突破自己,勇于挑战自身存在的问题;就是瞄准先进企业、先进水平,奋起追赶,创建一流的企业。开放,是昆钢跨越发展的重要引擎;共赢,就是为客户创造价值、为员工实现价值、为社会展现价值。

(2)"务实、创新、合作、担当"的核心价值观

昆钢核心价值观是昆钢判断言行是非的根本原则,更是社会主义核心价值观在昆钢的具体体现。

"务实"包含五层意思:一是要行动而不是空谈;二是做事情之前要有明确的方向;三是有了方向,确定阶段性的目标,行动要和目标一致;四是注重结果,讲求实效,要重承诺,做不到的事情不乱承诺,言必行,行必果;五是"用别人喜欢的方式去对待别人",这就需要换位思考,了解用户的需求:用户在产品质量、产品功能、售后服务方面,他们想要什么。

没有创新就没有昆钢的现在,没有创新更不会有昆钢的未来。持续的管理创新、技术创新、机制创新是昆钢发展的必然选择。昆钢将通过强化创新意识、营造创新氛围、完善创新机制、激发创新活力来提高昆钢的创新能力。创新基于学习。昆钢致力于培育学习型员工、建设学习型组织,强调全员学习、持续学习、终身学习。鼓励员工在工作中发现问题、解决问题,这就是创新。

"合作":一是指同心同德,昆钢人拥有一致的目标与价值取向,有相同的行动准则与精神,对企业具有高度的责任感、荣誉感和归属感;二是以大局为重,昆钢人摒弃私己观念和本位主义,个人服从整体,局部服从全局,整体利益高于一切;三是坦诚沟通,昆钢人提倡在彼此信任的基础上进行坦诚沟通,通过真诚、开放、有效的沟通消除误解,增进理解,促进配合,提高效率;四是和衷共济,昆钢强调人与人之间、部门与部门之间的协作配合,追求团队整体的合力和战斗力。

"担当"意味着凭着信念、激情,依靠日复一日的付出,把自己肩上的责任视同生命。主要体现在五个方面:一是公司对员工负责任;二是员工对自身

的成长负责任；三是员工对公司负责，员工对用户负责任，对我们的合作伙伴负责任；四是公司依法治企、合法经营，经营行为要对国家、对社会负责，对自己的企业负责；五是担当要从我做起，恪尽职守，高度负责，用全部的热情与智慧去承担自己的职责；以推卸责任为耻，以尽职尽责为荣，竭尽全力做好本职工作。

2. 企业文化对提高学生技术技能的积极作用

高职院校的学生在技术技能方面要求较高，他们应能熟练地操作专业设备，会自己设计并制作产品。而我校学生平时上学就像上班，进校如同进厂，他们经常耳闻厂区机器的轰鸣，目睹一线工人认真、严谨、精益求精的工作状态，这无疑对他们关于技术技能的标准和要求产生积极的作用与深远的影响。

（1）现代学徒，试点先行，引领传承工匠精神

学校自2015年被教育部确定"首批100所现代学徒制试点高职院校"以来，在教育部和云南省教育厅的指导下，与办学主体昆钢一起紧密对接、深度合作，整体设计规划方案，共同打造现代学徒制升级版，先后以冶金技术、机电设备维修与管理等6个专业为试点，与昆钢多家子公司建立现代学徒教学站，进行现代学徒制项目研究，整合校企师资、实训资源，合理安排学徒岗位、分配工作任务，开始以"知识＋技能"为主要教学内容的理论与实践，以"课堂教育＋岗位师带徒技能传授"的教学方式，做到职业与专业、岗位与课程对接融合，真正实现了"双主体、双定生、双协议、双导师"的"四双"人才培养模式，展开了"学生—学徒—准员工—员工"四位一体的进阶程序。校企共同实施人才培养、教学管理、质量监控和评价，开启了现代学徒制试点新征程，工匠精神由此更好的引领传承。

工匠精神和企业的"传承匠心"是一脉相承的，其核心是要求学生能够务实担当、爱岗敬业、精益求精、不断进取。作为我校的学生，要想成才其实就是让自己成为高技能技术人才，那专业知识和实操能力必须过硬。而要想练就一身过硬的技术技能本领，学生在平时的学习中要务实，热爱自己所学专业，

在不断地刻苦训练和精益求精的过程中不断提升自己的专业技术水平。

（2）师徒帮带，技能传承，德优技高赢美誉

2015年8月，学校获得"全国首批100所现代学徒制试点高职院校"的殊荣，源于学校充分利用校企一体的体制机制和资源优势，探索出校企一体现代学徒制下"双主体，双定生，双协议，双导师"的"四双"人才培养模式，即学校企业"双主体"共同育人；根据企业需求和学生意愿定向招生、定向就业的"双定生"招生办法；学生分别与学校、企业签订现代学徒制招生培养就业"双协议"；学校教师与企业师傅共同担任学生的"双导师"培养办法。采用"课堂教育＋岗位师带徒技能传授"的教学方式，学习内容以"知识＋技能"为主，达到理论与实践，职业与专业，岗位与课程对接融合，组建以教学名师、技能大师、工程师、能工巧匠为核心的"双导师"教学团队，以学校、企业为主体建设校内学徒培训站、校外学徒制专业教学站。课程教学采取任务驱动、项目导向、案例教学、技能传授等灵活多样的方式，实现做中学、做中教，培养学生的岗位能力和职业素养。落实学校和企业的双主体育人责任，校企双向介入，共同开发人才培养方案，共同实施教学管理，合理安排学徒岗位、分配工作任务，校企共同建立教学组织运行、质量监控和评价体系，加强过程管理，探索现代学徒制人才培养的运行机制，提高人才培养质量。

现代学徒制"四双"人才培养模式在师徒帮带，技能传承上发挥了重要作用，这也源于校企一体的资源优势，而技能传承何尝不是企业精神"传承匠心"的一种具体化。这不仅为我校培养出了一批批德优技高的实用性人才，而且为学校赢得了用人企业、高校同行以及社会的普遍认可与高度赞誉，因为我校毕业生到企业后"能吃苦，下得去，留得住，会干活"。

3. 企业文化对提高学生综合素养的重要作用

我校作为一所公办高职院校，在学生培养方面不仅注重知识的传授，技能的训练，而且更注重学生素质拓展、能力培养和自我管理习惯的养成教育。为了提高学生的综合素养，提升学生各方面的能力，学校通过形式多样的活动培

养学生的自我认识、自省自查能力。比如学校通过组织学生到昆钢公司各一线生产经营单位（对应学生所学专业）参观实习，加强学生对专业的认识和体验，真正领会书本上的知识，进一步升华为自身的认知。

另外，我校90%以上的学生均是集中住宿，这不仅有利于学生形成自我教育、自我管理、自我服务、自我成长以及良好行为习惯的养成，而且更有利于学生融入集体，形成团结协作，提高与人沟通交流的能力。学校有计划地定期开展一系列有益于同学身心健康的社会实践，文化建设等各种活动，比如学校组织学生在昆钢养生敬老中心开展长期的敬老爱老活动，与昆钢晓塘社区签订"共筑共建"志愿服务协议，定期开展社区服务活动，组织学生参加昆钢、社区、学校组织的无偿献血活动等。这些活动使同学们在企业文化潜移默化的陶冶和影响下，把外化的行为规范内化为行为素质，从而养成良好的生活习惯、学习习惯、文明礼仪习惯，最终成长为一个个乐观向上、积极进取、自我激励的综合素养突出的社会栋梁之材。

昆钢的核心价值观"务实、创新、合作、担当"对提升学生的综合素养具有积极的作用。学生大一、大二、大三到企业参观、实习甚至顶岗实习，通过实地参观体验，实际操作，学生可以通过眼见手做，感受企业文化的精髓，陶冶情操，并把企业的"务实"精神内化为行动，体现在学习上有明确的方向，制定阶段性目标，学习中更讲求实效。在与同学、师长的交往中，"用别人喜欢的方式去对待别人"，学会换位思考，提升与人交往的能力。企业的"创新"体现在管理创新、技术创新和机制创新。这种创新意识在学生的参观、实习和顶岗实习中都会对学生产生潜移默化的影响。学生会把创新意识融入学习中，在学习中发现问题，运用所学知识解决问题，这何尝不是创新。"合作"是同心同德、以大局为重、坦诚沟通、和衷共济。学生在企业实习中对合作精神深有感受，产品的生产需要生产线多个技工的密切配合才能完成。而这种合作精神毫无疑问会对学生的学习、生活和集体活动产生重要影响，比如个人服从集体，不追求个人英雄主义，追求团队整体的合力和战斗力。"担当"是指勇于担负自己所应承担的责任，学生要对自身的成才负责任，对学校负责，对国家、社会负责，从自己做起，尽自己作为学生的学习之责，并用全部热情与智慧去承担自己所应承担的责任，不推卸责任，不给自己所犯的错误找借口，严于律己，学好本领，为社会发展做出自己应做的贡献。

（二）校企协同育人途径与做法

学校与企业联合共同探索专业对接产业、资源共享、技能人才共育，培养职业素养过硬的高技术技能人才。2018年5月2日，习总书记在北京大学师生座谈会上的讲话指出，"到2020年全面建成小康社会，到2035年基本实现社会主义现代化，到21世纪中叶把我国建成富强民主文明和谐美丽的社会主义现代化强国。广大青年生逢其时，也重任在肩。""中华民族伟大复兴，绝不是轻轻松松、敲锣打鼓就能实现的，我们必须准备付出更为艰巨、更为艰苦的努力。广大青年要成为实现中华民族伟大复兴的生力军，肩负起国家和民族的希望。"每一代青年都有自己的使命和机缘，今天的广大青年学子应为实现中国梦，实现中华民族伟大复兴而努力奋斗。

大学，作为立德树人、培养人才的地方，应为社会主义培养德智体美全面发展的建设者和接班人，具体如何培养人，应先从职业素养入手。要真正培养好学生的基本职业素养，让高职院校学生得到社会认可、企业欢迎和家长满意，绝非一件易事。如何使高职毕业生不仅符合企业用工标准，而且能够适应学生自身职业生涯发展的需要；如何探索高职院校学生职业素养有效培育方式和途径为学生成才助力，我校从以下五个方面入手。

1. 坚持正确的办学方向，构建职业素养教育体系

第一，坚持办学正确政治方向。《礼记·大学》说："大学之道，在明明德，在亲民，在止于至善。"古今中外，关于教育和办学，思想流派繁多，理论观点各异，但在教育必须培养社会发展所需要的人这一点上是有共识的。培养社会发展所需要的人，说具体了，就是培养社会发展、知识积累、文化传承、国家存续、制度运行所要求的人。所以，古今中外，每个国家都是按照自己的

政治要求来培养人的，世界一流大学都是在服务自己国家发展中成长起来的。我国社会主义教育就是要培养社会主义建设者和接班人。

马克思主义是我们立党立国的根本指导思想，也是我国大学最鲜亮的底色。在世界人民心目中马克思至今依然是最伟大的思想家。各高职院校要抓好马克思主义理论教育，深化学生对马克思主义历史必然性和科学真理性、理论意义和现实意义的认识，教育他们学会运用马克思主义立场观点方法观察世界、分析世界，真正搞懂面临的时代课题，深刻把握世界发展走向，认清中国和世界发展大势，让学生深刻感悟马克思主义真理力量，为学生成长成才打下科学思想基础。要坚持不懈培育和弘扬社会主义核心价值观，引导广大师生做社会主义核心价值观的坚定信仰者、积极传播者、模范践行者。要把中国特色社会主义道路自信、理论自信、制度自信、文化自信转化为办好中国特色世界一流大学的自信。只要我们在培养社会主义建设者和接班人上有作为、有成效，我们的大学就能在世界上有地位、有话语权。

第二，坚持立德树人的根本任务。"才者，德之资也；德者，才之帅也。"人才培养一定是育人和育才相统一的过程，而育人是本。人无德不立，育人的根本在于立德。这是人才培养的辩证法。办学就要尊重这个规律，否则就办不好学。要把立德树人的成效作为检验学校一切工作的根本标准，真正做到以文化人、以德育人，不断提高学生思想水平、政治觉悟、道德品质、文化素养，做到明大德、守公德、严私德。要把立德树人内化到大学建设和管理各领域、各方面、各环节，做到以树人为核心，以立德为根本。

十八大报告指出，"要把立德树人作为教育的根本任务，加快发展现代职业教育。"《国家中长期教育改革和发展规划纲要》（2010～2020年）指出，"职业教育要着力培养学生的职业道德、职业技能和就业创业能力。切实加强和改进未成年人思想道德建设和大学生思想政治教育工作。"这不仅要求职业教育注重对学生职业技能的培养，还要注重对学生现代职业道德、职业素质的培养。

2016年12月7日至8日，习近平出席全国高校思想政治工作会议时指出，"要坚持把立德树人作为中心环节，把思想政治工作贯穿教育教学全过程，实现全程育人、全方位育人，努力开创我国高等教育事业发展新局面。""不断提高学生思想水平、政治觉悟、道德品质、文化素养，让学生成为德才兼备、全面发展的人才。"2014年6月23日，国务院总理李克强在全国职业教育工作会议前向全体代表发表讲话时指出"要把提高职业技能和培养职业精神高度融合，不仅要培养大批怀有一技之长的劳动者，而且要让受教育者牢固树立敬业守信、精益求精等职业精神，让千千万万拥有较强动手和服务能力的人才进入劳动大军。"所以，培养德技双优、具有"工匠精神"的高素质技能人才是高职院校新的历史使命。

学校为了培养德技双优、具有"工匠精神"的高素质技能人才，课程设置别具匠心：思想政治教育课程带领学生领略中国优秀的传统文化，树立社会主义核心价值观；实训课程则带领学生走进企业，体会现代企业文化，领会企业精神和核心价值观；大学生心理健康教育课程帮助学生调适心理健康，学会为人处事之道；大学生就业与创业指导课程引导学生养成职业行为，为学生职业生涯提供有力支撑。

第三，构建职业素养教育体系。高职院校应以学校为单位建立科学的职业素养教育体系，确立合理的人才培养模式。结合高等职业教育的实际情况，融入国内外先进的职业教育理念和教育经验制定行之有效的目标和计划，不断完善职业素养教育体系。为了让职业素养教育实实在在地落到学生教育的实处，我校将职业素养教育纳入人才培养方案，各二级学院按照人才培养方案调整教育教学模式，配合教务处完成素养教育课程的开发并以选修课的形式向学生开展，并设定学生必须修够的学分来作为学生毕业审核标准之一。见表4-1所示。另外，学校启动实施"学历证书+若干职业技能等级证书"（简称"1+X"）试点工作，成功申报5个证书制度试点，这为学生的职业素养教育提供了有力支撑。

表4-1 素养教育选修课程一览表

项目类型	教育内容	类别	学分	学期安排	隶属部门
基本素养教育活动	入学教育	必修	2	第1学期	各二级学院
	军训	必修	2	第1学期	学生处
	军事理论课	必修	2	第1学期	学生处
	就业指导与双创教育	必修	2	第1~4学期	公共课教学部
	大学生心理健康	必修	2	第1~4学期	公共课教学部
	专题活动		学生参与学生处、团委组织的专题活动、社会实践、社团活动等,根据参与情况和评价结果,认定1~3学分/项		学生处/团委
	社会实践				
	社团活动				
	公选课	必修	学校开出的公选课,在开课计划中提出学分设置意见,一般2学分/门		公共课教学部
职业素养教育活动	专业选修课	选修	各二级学院申请开出的专业选修课,在开课计划中提出学分设置意见,一般1~2学分/门		教务处 各二级学院
	职业礼仪(九型人格之职场心理)	选修	2学分		教务处
	企业实践	选修	学生参加顶岗实习、工学交替、在读企业录用参加岗前培训、创业活动等,根据实践实质和内容,认定学分3~10学分,并根据在岗学习内容认定课程学习学分,替代在校课程学分;特殊情况可提交学院进行专项论证		教务处 各二级学院
	创业实践	选修			
职业技能奖励学分	职业技能竞赛获奖	选修	由各二级学院提出认定意见,教务处复核 校级竞赛:一、二、三等奖认定3、2、1学分/项/生 省(市)级竞赛:一、二、三等奖认定6、4、2学分/项/生 国家级竞赛:一、二、三等奖认定9、6、3学分/项/生 此项职业素养奖励学分中,省级以上获奖可同时作为课程学分替代相关专业类课程学分		教务处
	实践创新训练项目	选修	由各二级学院提出认定意见,教务处复核 学生参加科研项目研究和实践活动,根据成效认定学分:校级、省(市)级、国家级项目主持人给予2、3、4学分/生;结题追加2、4、6学分/生;一般参与者学分减半		教务处
	职业技能鉴定证书	选修	由各二级学院提出认定意见,教务处复核 学生获得职业技能鉴定证书,根据证书的行业认可度和考证难度,各二级学院进行学分认定,一般1~5学分/项/生。此项职业素养奖励学分,可同时作为课程学分替代相关专业类课程学分		二级学院

2. 重塑养成教育，增强学生自我管理能力

为了引导学生进行自我教育，严格要求自己，养成良好的行为习惯，同时有意识地形成符合企业需求的职业化行为习惯，培育职业形象，学校充分发挥学生干部的"领头雁"作用，加强学生干部培训，增强学生自我管理的能力。并紧紧围绕学生成长与成才的中心，强化行为习惯养成教育，开展"课前十分钟诵读经典活动""课堂纪律管理""寝室文化"等日常管理工作，将学生的行为做明确的规范要求，在时间观念、课堂礼仪、文明着装、文明就餐、校园禁言、宿舍卫生等方面提出具体要求。

3. 培育大国工匠精神，丰富职业素养教育内容

2016年的政府工作报告中，李克强总理四次提到培育和弘扬工匠精神，工匠精神的培育被提高到国家层面，2017年发布的《关于开展新工科研究与实践的通知》，进一步凸显了新时期对工匠精神的迫切需求及国家的重视程度。

从古代《诗经·卫风·淇奥》"如切如磋，如琢如磨。"对工匠精神的描述到现代认为工匠精神就是精益求精、爱岗敬业；从德国的精益求精、严格严谨、耐心专注、品质至上、追求卓越到日本的爱业情怀、崇尚极致、安分淡然，到底何为工匠精神？其实工匠精神可以从人和物的两方面来理解。人的层面，表现为工匠精神包含爱岗敬业的职业精神、不断创新和精益求精等；物的层面，工匠精神是中国传统文化和民族精神的重要组成部分，新时期提出培育和弘扬工匠精神是对中国传统文化传承和发展的继续，体现了中国传统文化对真善美的追求和坚持。

学校根据不同行业企业的要求和标准，结合专业特色培育工匠精神，为相应专业学生"量身定制"职业素养教育的相应内容，增强目的性和指向性，并结合学校的人才培养体系因材施教。如会计、市场营销、汽车营销与服务专业把"诚信与沟通"职业素养教育融入专业课程中，汽车检测与维修技术、建筑装饰技术、工业机器人技术等专业加强学生的"工匠精神"职业素养教育；

学前教育专业加强"尊师重教""身教重于言传"等职业素养教育；空中乘务加强"文明礼貌"的职业素养教育；等等。同时，学校整合企业资源，利用企业文化熏陶学生从而帮助学生养成传承匠心、创新超越和团结协作的工匠情怀。

4. 开展多样校园文化，培养高素质技能人才

校园文化活动是学生在校期间成长、成才的重要舞台，将学生应该具备的职业素养嵌入校园文化活动之中，以"春色满园"的内容和"百花齐放"的形式来达到润物细无声的教育目的。邀请企业道德楷模或优秀毕业生到学校现身传"道"，开展各种体育竞技活动，将运动场当作职业风采展示的舞台供学生展示，通过集体项目竞技，增强学生的团队合作意识和集体荣誉感；组织"心理健康月"活动，通过讲座和团体游戏等活动教会学生情绪控制的简易办法，健全人格。丰富多彩的校园文化，无疑为培养高素质技术技能人才打下了扎实的文化根基。

5. 利用学校企业资源，实行校企协同育人

首先，职业素养要学校与企业双方共同参与，积极与办学主体昆钢公司沟通，牵引办学企业积极参与，完善以就业、创业为导向，工学交替、产教融合的协同育人机制。主要表现在办学过程中，学校主动选择、吸收和内化企业文化的相关元素，以企业量化行为规范与操作规程严格教育学生，使学生端正职业态度、学会责任内化于心、拥有高度责任感，并在实践中逐渐形成敬业奉献、精益求精、务实创新、努力拼搏的品质与优良作风。其次，职业素养要分学校、二级学院、班级三个层次进行规划，实行分级管理，按学校、学院、班级三级组织实施，一线教师、辅导员、学院书记、行政管理人员等都要参与其中，协同育人。学校、企业双方，学校、二级学院、班级三级联动，共同为企业、行业、国家和社会培养职业素养高的技术技能人才。

第三节　教师培养与管理模式研究

昆明工业职业技术学院自 2002 年组建成立以来，大部分教师都是基础课教师，能真正从事专业教学的专业教师不足教师队伍的一半。通过十多年的外引内培，学校的人才优势日益显现，师资队伍结构也更趋向合理化。截至 2019 年 12 月，学校教师人数完全符合师生比，其中专任教师占全部教师的比例约为 80%，"双师型"教师比例显著提升，学校师资力量与组建成立之初的数量和质量有了质的飞越。学校在"双师型"教师培养方面主要有以下几点做法。

一、双师型教师培养模式研究

学校在双师型教师培养上主要采用"校企共育"模式，具体有以下三点做法。

（一）校企共建　人才强校　切实推进双师队伍建设

学校的办学主体昆明钢铁集团有限责任公司是全省最大的钢铁联合生产基地和龙头企业，是全国特大型工业企业和中国企业 500 强之一。集团公司在人才培养、专业设置、校区建设、师资队伍、实习实训基地建设等方面给了学校极大的支持，无偿划拨土地进行了学校改扩建工程建设，累计投入 3.4 亿元建设资金，建成了可满足 1.5 万学生教学所需的新校区。2015 年昆钢集团公司按照省教育厅和省财政厅联合发文的要求对学校进行了生均拨款等支持，使学院办学条件进一步得到改善。同时学院大力推动产学研结合，以就业为导向，优化教育教学过程，与昆钢建立了资源共享、人才共育、过程共管、成果共享、责任共担、社会共赢的"校企一体化"办学机制和人才培养的机制。

学校充分利用校企一体的天然优势，立足本校，重点抓专业带头人培养、中青年骨干教师培养、专业团队建设和"双师型"教师培养，定期安排专业教师到昆钢公司各生产单位进行顶岗实践，通过课程教学研讨、公开课、说课、考察学习、学术交流、进修培训等途径，培养"双师型"骨干教师。另外，学校吸纳企业中高层管理人员、首席工程师、技术状元、高级技师等专兼结合的人才，充实学校兼职兼任教师队伍，形成学校兼职教师资源库；同时，合作省级技能大师工作室，实施技能人才培养的"双导师"制。

一体化的"双师"队伍。学校教职工也是昆钢的员工，昆钢公司制定了"专业技术人员履职传授到工职院兼职讲课"制度，校企一体互聘共用，学校拥有强大的兼职教师资源库。昆钢公司现有"四项选拔"专家33人，省委联系专家5人，"云岭牌"人才9人，"兴滇人才奖"2人，云南省技术创新人才及培养对象8人，全国行业技术能手13人，全国技术能手9人，有7000余名各类专业技术人才和近3000余名技师、高级技师，这些各类人才都是我校的兼职教师资源，学校相关专业课程和实践教学环节课程40%以上由直接来自昆钢企业的高级工程技术人员和技师等能工巧匠担任。他们有较好的理论基础实践经验丰富，为"双师型"教师培养提供了人才支撑，也为学校兼职教师提供了人才资源保障。

（二）严格遴选　注重培训　切实提升双师队伍质量

学校在双师型教师遴选过程中，严格把关。在双师型教师的遴选标准上，学校把教师的外在条件（学历、职称和职业资格证书等）与内在能力（专业技能、操作能力和语言表达能力等）相结合，同时根据现有师资队伍的结构特点，把一些内在能力具体化，形成学校特有的选拔模式。这样，在严格科学合理的选拔制度下才能有力地保障了学校招聘人才的质量，也为双师型队伍建设提供人才支撑。

无论是占学校教师队伍大部分的青年教师还是从企业招聘的教师，学校结合教师的自身发展情况为其制定符合实际的人才培养方案和切实可行的培训计划，通过网上培训、送出去培训、出国学习交流等形式形成有效的培训体制，这既能弥补青年教师教学与实践的不足，又能提升从企业招聘教师的教学水平，更切实地提升了"双师型"教师队伍的质量,也为学校打造一支师德高尚、技艺精湛、专兼结合、充满活力的高素质"双师型"教师队伍和学校"双高"建设提供有力保障。

(三)从企业来 到企业去 切实加强校企深度合作

学校依托办学主体昆钢公司和云南工业职业教育集团[①]、产教融合型企业等建立校企人员双向交流协作共同体。从企业来,到企业去,建立校企人员双向流动相互兼职常态运行机制。"从企业来"是指学校既可以从昆钢公司(包含各二级单位)招聘岗位高级技师和能工巧匠到学校任教,又可以聘任企业CEO、高管、行业专家和能工巧匠等到学校担任兼职教授;"到企业去"是指学校教师既可以到昆钢公司(包含各二级单位)应聘又可以按照学校要求到昆钢公司挂职锻炼、参观实习甚至担任企业培训导师等,这样的双向流动相互兼职常态运行机制有利于"双师型"教师队伍的建设。

充分发挥办学主体——国企昆钢公司的示范带头作用,在企业设置访问工程师、教师企业实践流动站、技能大师工作室。在标准要求、岗位设置、遴选聘任、专业发展、考核管理等方面综合施策,健全高技能人才到学校从教制度,聘请一大批企事业单位高技能人才、能工巧匠、非物质文化遗产传承人等到学校兼职任教。充分利用校企一体的办学优势,在教师和员工培训、课程开发、实践教学、技术成果转化等方面切实加强校企深度合作,推动教师立足行业企业,开展科学研究,服务企业技术升级和产品研发。完善教师定期到企业实践制度,推进学校专业课教师每年至少累计1个月以多种形式参与企业实践或实训基地实训。联合行业组织,遴选、建设教师企业实践基地和兼职教师资源库,为学校"双高"建设和职业教育发展提供优质人才资源支撑。

---

① 云南工业职业教育集团,经云南省教育厅批准,于2008年9月1日成立,以昆明钢铁集团公司为主体,昆明工业职业技术学院为"龙头",总部设在昆明工业职业技术学院。目前有成员单位34家,其中包括职业院校5家,职业技能鉴定所1家,省内企业25家、国外企业3家。

二、教学课程开发研究

在教学课程开发上，学校充分利用办学主体（昆钢集团公司）的资源优势，对应行业需求和专业要求，打造精品课程，实现教学课程与企业需求无缝对接。

教学课程主要包括公共基础课、思想政治教育课、专业理论课和实训实践课。

（一）公共基础课开发研究

公共基础课程包含英语、高等数学、应用文写作、就业指导与双创教育、大学生心理健康教育等课程。这里我们以应用文写作课程教学为例，以点代面来看公共基础课程如何与企业需求对接来开展教学活动，从而为培养学生的综合素养提供支撑。

目前，很多高职院校都设有《应用文写作》课程，但是高职院校的毕业生应用文写作能力却不容乐观。虽然大部分企业员工都对高职毕业生实用文体的写作能力持肯定态度，但还有少部分持否定态度，也有少部分人认为高职毕业生对常用文体的熟悉度不够，甚至还有少部分认为高职毕业生的基本文字功底薄弱，难以顺利完成工作中必要应用文种的写作。所以，高职应用文写作课程的教学成效并不容乐观。

1.应用文写作课程教学情况

《应用文写作》作为公共基础课程，应为专业课服务，应与专业课教学相结合，并为专业课教学打好基础。但在实际的教学活动中，却存在《应用文写作》教学内容与专业结合度不高的情况。出现这种情况在于《应用文写作》课程教师往往各自为政，虽然他们清楚《应用文写作》课程应该为专业课提供基础教学，但是在实际教学活动中他们缺少与专业课教师的沟通，授课内容各自为政，授课内容自然与专业课需求相脱节。

目前，很多高职院校的《应用文写作》课程的教学存在与其他相关课程内容重复率较高的情况。很多学校除了开设《应用文写作》课程，还开设《就业指导》，这两门课的求职信和简历等就业文书有重复部分，其他教学内容重叠较少。还有部分高校开设《经济应用文》《财经应用文》和《商务应用文》等课程，这些课程在教学内容上和应用文写作课程重叠的概率比较高。从教学效果来看，在实际教学活动中绝大多数学生都不太愿意接受相关课程内容的反复讲解，而导致课程教学内容重叠多的原因主要有两方面。一方面，制定人才培养方案时，制定方案的教师和授课教师之间未沟通，他们多根据以往的经验想当然地安排课程的学时和内容。另一方面，相关课程的教师之间缺少沟通，教学内容和进度完全由授课教师根据课程的性质和自己的偏好来确定。

另外，企业对招聘学生的应用写作能力特别重视，但他们普遍反映高职学生在这方面能力偏弱。造成这种状况的原因在于，高职学生应用文写作的教学内容和实际使用的应用文之间有一定的差距。造成差距的原因主要有三方面。一是授课教师不关注企业的需求。在应用文写作课程的教学过程中，只有少部分教师会根据企业需求选择教学内容，少之又少的教师会带学生去企业实践，而绝大部分教师根本不关注企业的需求。二是学生对企业的需求不了解。只有少部分学生很清楚在企业工作会用到应用文种，了解一点、甚至不了解的同学占大多数。这说明应用文写作课程的教学与企业之间存在严重的脱节状况。三是课程教材与企业需求严重脱节。很多高职院校《应用文写作》课程所用的教材都是本科院校所使用的教材，既不符合高职学生的实际情况，又与企业需求严重脱节。

2. 应用文写作课程的实践教学状况

应用文写作是一门实践性很强的学科，要把写作知识内化为写作能力，需要学生大量的练习。但是，在实际教学中，学生写作训练的时间和训练的方式远远不能满足写作能力培养的需要。一般高职院校的应用文写作课的课时为24学时，而学生需要掌握的应用文种很多，有限的课时限制了学生课堂上的练习机会。所以，大部分教师采用了课堂授课与课外练习相结合的训练方式。

这种为了练习而练习的脱离实际的实践方式，既难以调动学生学习的积极性，又容易使学生产生为了作业而作业的应付心理，写作效果可想而知。虽然学生在举办活动时会用到通知、海报等应用文种，但因学生的活动一般是各二级学院或者学生处（团委）或者学生社团组织，和应用文写作教师没有关系，所以应用文种的练习和学生活动相结合的较少。可见，应用文写作练习的纸上谈兵，也是导致学生实践能力薄弱的重要原因。

整体来看，高职应用文写作教学存在的问题有：该课程的教学和专业结合度不高，和其他相关课程内容重复率高，该课程的教学和企业还未建立联系，学生实践严重不足等。造成这种现状的原因有：虽然国家要求高职院校的教育要和产业深度融合，各个学校的专业课产教融合也开展得轰轰烈烈，但是应用文写作老师总觉得产教融合是专业课老师的事，和自己没关系或关系不大，所以应用文教学基本上还处于故步自封和我行我素的状态。有的教师也尝试进行改革，但改革的力度微乎其微。和专业课程相比，应用文的教学改革基本处于停步不前甚至滞后的状态。

3. 学校应用文写作课程产教融合的实现路径

学校作为一所高职院校，在应用文写作课程教学上以前也存在上述问题，但是经过课程教学改革，目前的课程教学比以往有较大突破，教学内容对应专业、产业和行业的需求，教师能立足学生的实际情况开展教学活动，所以，取得了显而易见的教学效果。

（1）立足学生实际研发校本教材，实现教学内容与企业需求无缝对接

学校根据学生的实际情况，历时两年研发出校本教材《应用文写作教程》。该教材由应用文写作课程授课教师主编。教材编写以培养技术技能型人才和高级专门人才为目标，注重所选内容的先进性、科学性和适用性，同时突出学科优势和我校的办学特色。该教材经试用一年后修订，师生反响较好，经主编申请，学校教材编审委员会审核同意，正式出版。

1）教学内容对接企业需求。《应用文写作教程》在内容的选取上从职业教育的培养目标出发，主要使学生掌握应用文写作的基础理论、基础知识和基

本技能，初步具备写作常见应用文的能力，全面提高学生的文种应用能力、书面表达能力，以及学生借助应用文写作解决实际问题的能力，实现培养应用型人才的目标。

该教材内容分为七章，内容为：第一章应用文写作、第二章党政机关公文、第三章事务文书、第四章科技论文写作、第五章财经文书、第六章新闻通讯和第七章日常事务文书。内容既包括通知、报告和请示这样常用的党政机关公文，也包括计划、总结和简报这样使用较多的事务文书，还包括学生会涉及到的毕业论文、合同、求职信和简历等文书。每章所选取的内容以贴近专业、贴近职业、贴近企业和贴近社会为主。教学活动以任务驱动为导向，以完成任务过程为脉络进行授课，更注重培养学生的岗位实践能力，从而适应学生未来职业发展和企业工作实际的需求。

2）教材体现"校企一体"办学特色。学校是一所以"校企一体、产教融合、工学结合、服务产业发展"为办学思路，特色鲜明、独树一帜、校企深度融合的高职院校，这为本教材的编写提供了得天独厚的研究基础和实践佐证。所以本教材的最大特色是充分体现我校"校企一体、产教融合、工学结合、服务产业发展"的办学思路，内容的选取更是以企业所涉及的各种公文为蓝本，更注重培养学生掌握企业的常用公文写作，从而适应工作和职业发展的需要。本教材的编写以高等职业教育的培养目标以及本门课程性质为依据，力求突破原有学科体系，淡化理论、强化实践，将工作、生活中的实例引入到教学活动中，通过案例分析、病文修改，指导学生实操和进行情景模拟训练。教师在授课过程中更注重从学生的工作实际需要和职业发展需求出发，突出知识性、专业性、实用性和时代性，更贴近专业、贴近职业、贴近企业和贴近社会生活，更适合高职高专的学生使用。

（2）针对不同专业开展特色教学，实现课程教学与专业内容无缝对接

应用文写作作为一门公共基础课，是学好、用好专业知识和技能的基础，因此，其教学要突出为专业服务的功能。应用文写作课程要实现更好地为专业

服务，就要结合不同专业的特点，在不同的专业群中开展特色教学。应用文写作课程开展的特色教学，主要从以下三个方面入手。第一，根据专业和岗位需求确定应用文种。我们把应用文种分为通用文种（所有专业的学生都应学习的文种）和专业文种（对应专业选讲的应用文种）两大类。在进行专业文种教学时，授课教师根据专业和学生未来岗位需求，选择和专业相关度比较高的文种进行教学。比如财经文书这章内容，经济合同是所有专业学生都需要学习的通用文种，但是市场调查报告是只有市场营销专业学生才学习的专业文种。第二，根据专业和岗位需求选择教学内容。应用文写作教师应充分了解所授课班级学生的专业特点和专业课程，明确各专业学生未来从事岗位工作应具备的职业素养，并研究自己所授课程对支撑学生职业素养养成所起的作用，进而找到应用文写作课程教学内容与学生职业素养养成的最佳切入点与结合点，真正实现应用文写作教学与专业的无缝对接。第三，应用文写作教学方式上注重与专业课内容上的衔接和渗透。应用文写作教学应主动配合专业课教学，把与专业相关联的内容渗透到整个教学过程中，无论是理论讲授、举例分析还是练习实践等环节，都尽可能与专业建立联系，让学生在文化课学习中，潜移默化地受到专业熏陶，以此开阔专业视野，增进专业认识，最终达到让学生热爱所学专业的目的。

（3）共享课程资源，注重分工协作，实现基础课程与专业课程无缝对接

目前，高职院校与应用文写作有关联的课程为数不少，而相关授课老师之间教学因各自为政，导致重复讲解的内容较多。所以为了解决这个问题，学校的公共课教学部成立教学团队，实现应用文写作教师的所有课程资源充分共享，既能相互学习、取长补短，又能相互借鉴，提高教学质量。另外，教学团队加强与各二级学院沟通，使制定人才方案的教师了解应用文写作的授课内容，这样制定人才培养方案时不再开设相似度比较高的科目。而在面对有一定重叠内容的课程时，则在确定教学目标时就体现各自的侧重点，从而避免重复教学。另外应用文写作教师加强与教学内容有关联教师之间的沟通交流，相互协调教

学内容，尽量使教学内容之间互为补充，进而培养学生扎实而全面的基础知识功底。

（4）立足校企一体，利用企业资源，实现基础课程与企业实际无缝对接

我校作为一所国企公办高等职业院校，最大的特色、最大的优势就是校企一体，产教深度融合。作为公共基础课的应用文写作课程，与专业课相比开展产教融合的教学模式要难上很多，但是为了达到预期的教学效果，必须加强产教融合，注重实效，让学生在课堂上所学的知识能够在走向工作岗位后直接应用于工作实践，从而解决工作中遇到的实际问题。比如该校本教材的某位主编老师曾经在昆钢公司办公室工作，他有多年的公文写作经验。平时任课老师之间经常沟通、交流，他把企业的公文资料共享给其他应用文写作教师，应用文写作的授课教师把企业公文作为学生学习应用文种的范本，这样既能让学生近距离感受企业公文的特点及写作要求，又能贴近实际地掌握企业公文的写作要领，这无疑对学生毕业后到企业从事类似的公文写作是非常有帮助的。

（5）理论联系实际，开展体验教学，实现理论课程与实践教学的无缝对接

学校的校训是"学以致用，德优技高"，所以不管是专业课还是公共基础课的教学活动都十分重视理论与实践的无缝对接，这充分实现了学生的"做中学"和"学中做"，这样使学生有较强的动手能力。而应用文写作课程也体现了这一要求，在教学活动中加强体验环节，注重实践，从而培养学生实用文体的写作能力。体验式教学活动主要通过以下方式实现。

第一，创设形式多样的情景化课堂。比如"日常事务文书"的"求职信、简历、条据"等内容讲解时，老师从案例入手为学生创设情景化课堂：小李是一位即将毕业的大学毕业生，最近遇到一系列的事：要参加校园招聘会需要准备一份求职信简历；学校要组织一次大型文艺晚会，作为学生会一员的他要负责各种文书的写作与设计，诸如海报、条据、启事，小王该如何完成这一系列文书的写作呢？创设这样的与现实相关的情景，可以让学生在情景模拟中进行

应用文写作练习。再如，模拟学生竞聘班干部场景，撰写演讲稿并进行实战演讲；模拟招聘现场，签订劳动合同等。

第二，利用丰富多彩的校园活动进行教学实践。美国教育家杜威曾说"教育即生活"。学校有着丰富多彩的校园活动，应用文写作课程可以利用各种活动，组织学生写作活动策划书、新闻通讯、可行性分析报告等。比如图书馆在4·23读书节到来之际举行经典阅读推广活动，活动前要求学生到图书馆实地调研，访谈负责经典阅读推广活动的老师，了解活动的内容、时间、地点及活动所需经费等，完成活动可行性分析报告和活动方案的撰写，拟写活动通知，然后积极参与图书馆组织的经典阅读活动，并撰写活动的通讯稿件。这样学生可以在体验式教学中收获良多，可能比老师口干舌燥地讲理论知识的效果要好很多。

第三，开展形式多样的社会实践活动，调动学生学习应用文写作课程的积极性。学生觉得应用文写作课程教学比较枯燥的原因是理论讲解过多，和社会生活联系不够紧密。而体验式教学则以学生课堂所学理论知识为依托，让他们走出课堂，积极参与形式多样的社会实践活动，通过亲自参与、体验，深刻理解和感受应用文中蕴含的文化和实际应用价值。应用文写作教学课结合当地的实际情况，组织如下的社会实践活动。一是参观考察。通过因地制宜挖掘当地历史文化资源，将课程教学内容与社会实践紧密结合。二是社会调查。社会调查是增强学生体验式教学模式实践性的重要形式。老师可以针对特定的社会现象或问题，结合调查报告写作的教学活动，组织学生进行项目调查，挖掘社会现象或问题背后的深层原因，在此基础上让学生写作调查报告，教师再进一步对调查情况和报告的写作情况作出分析和总结，从而让学生在体验中掌握应用文体的写作知识。

（二）思想政治教育课程开发研究

高校的根本任务是立德树人，并坚持用习近平新时代中国特色社会主义思想铸魂育人。如何实现这一根本任务？高校应提高思想政治教育的针对性和实效性，推进"思政课程"和"课程思政"建设，实现"三全育人"和人才培养实践体系，进而为社会培养德优技高的高素质技术技能人才，从而实现高职院校高质量、高水平服务区域经济发展、产业转型和产业创新。而思政课是思想政治教育的主要方式，所以高校必须推动思政课产教融合从表层走向深度融合，进而增强高职院校服务经济社会的能力。

1. 高职院校思政课教学现状

（1）高职院校思政课未开设产教深度融合的实践教学

2018年11月审议通过，2019年2月13日国务院正式印发的《国家职业教育改革实施方案》指出"职业院校实践性教学课时原则上占总课时一半以上，顶岗实习时间一般为6个月。"这就要求高职院校思政课实践教学不仅在数量上满足要求，在课堂质量和教学效果上更要让学生入脑入心，全面落实"立德树人"。但是当前高职院校思政课教学模式主要以课堂教学为主，以主题活动、诗词朗诵和演讲比赛等实践活动为辅，内容和形式比较单一，难以让学生把马克思主义内化为自己的理想信念，难以把主义转化为自觉行动；难以让学生全面而深刻地理解中国特色社会主义理论，难以了解中国的发展历史、方针和政策；难以让学生把思政课知识融入相关知识技能学习中，难以把思政小课堂同社会实践大课堂结合起来。

（2）高职院校学生思想素质与技能发展不协调

目前，一些高职院校在人才培养上，通过产教融合的实施与深化提升学生的技术能力，却忽视了思想道德的培养，造成学生的思想素质和技能发展不平衡。主要表现为两个方面。一方面，授课内容缺少针对性。思政课作为高职院校全校性的公共课，通常以120人左右为一个上课班级，把不同专业、不同层次（三年制和五年制混班授课）的学生硬性地捆绑在一起进行授课。部分高职院校甚至要求全校所有的班级针对思政课开展同一个主题活动，根本没有考虑专业、学生层次及生源的差异性等问题，没有从思想上去引导学生有针对性地学习专业知识、用马克思主义的方法去思考和分析专业领域的问题、将思政课内容有效地渗透到专业素养培养的全过程。另一方面，思政课开设学时不足。

随着专业课产教融合的不断深化,思政课在课程设置上仍沿用传统的教学计划,即只在大一两个学期开设思政课,设置的学时无法满足高职院校服务区域经济发展和产业转型升级的要求,导致学生政治素质和专业技术培养不协调,企业对高素质技能型人才的需求与人才供给侧严重失调。

（3）思政课教学形式与企业人才需求没有实现有效对接

目前,高职院校思政课的组织形式主要在校内进行,很少把课堂延伸到红色文化基地、实习实训基地和实习岗位等重要场所,这既没有体现高职教育规律,也没有满足企业对人才需求的教学形式。使民族精神、行业文化、企业文化以及优秀成果理论难以有效融入思政课的教育教学全过程。从而削弱了思政课在思想政治教育过程中的主体地位,也降低了高职教育对区域经济发展和产业转型升级的贡献力和支撑力,更无法实现现代高职教育与市场、产业的深度对接,也无法满足区域经济发展和产业转型升级对高素质人才的需求。

（4）思政课教师队伍素质无法满足产教深度融合的需求

目前,大部分承担高职院校思政课的教师对学生所学专业缺乏全面的了解,再加上思政课教师与专业课教师来自不同的部门,平时缺乏交流与沟通,更无从谈起对课程内容衔接进行探讨与交流。另外,高职院校在选派教师到企业进行挂职锻炼时,大部分倾向于选派专业课教师,很少涉及思政课教师和辅导员。而且在双师素质教师的培养上,一般也是培养专业课教师,这就导致思政课教师缺乏对岗位标准、企业文化和行业文化的全面了解。平时,思政课教师在授课过程中大多倾向于国家时政新闻,而忽略了专业课与思政课之间的关系,过于强调理论知识的重要性。而现实中,高职院校在遴选企业能工巧匠和高级技师进校园作为兼职教师时,只强调技术技能过硬,却没有把思政课对专业课的重要性考虑进去,从而导致高职院校缺乏思政课的"双师型"教师。

2．学校思政课产教深度融合的实现途径

（1）强化实践教学,实现课程设置与区域经济高度融合

思政课作为高职院校思想政治教育的一门重要课程,把新时代中国特色社

会主义理论体系融入区域经济发展、产业升级和创新的过程,使地方主管产业规划、经济发展和科技发展与思政课全方位、深层次融合。学校充分利用办学主体昆钢集团公司作为云南省内大型国有企业的优势,一是通过对接专业课产教深度融合,在实习实训过程中学生接受思政课教师、专业课教师及企业导师共同指导,形成校企协同促进学校思政课的产教深度融合。例如,学校思政课充分利用云岭先锋党建书屋①的现有资源,与学校各二级学院和昆钢公司各二级单位联合开展丰富多彩的实践教学活动,让学生在企业文化的熏陶中,在专业知识的学习中树立崇高的理念信念与正确的世界观、人生观和价值观。二是构建多方主体互动融合育人模式,打造一体化产教深度融合育人平台。通过产教融合的深化和实施,把思政课实践教学计划的制定、实施、考核等工作与专业课教师、企业和实训基地关联起来,充分发挥企业、行业在育人过程中的主体作用。将思政课设置与地方特色产业有机结合在一起,使开发专业孵化产业、延伸专业开发产业、引进资源开发产业及考察调研提供有力的政治保障,从而助推区域经济发展,提升高职院校的核心竞争力。

(2)开展"课程思政"建设,实现技能传递与价值引领高度统一

"校企一体"的办学模式在强调专业技术技能培养的同时,更加注重专业课的思政育人和价值引领,真正实现了技能传递与价值引领的高度统一。在专业课教学中实施"课程思政"建设是全面贯彻落实"立德树人"根本任务,提升学生思想政治素质水平,协调推进全过程、全方位育人的重要途径,从而使思政教育贯穿到人才培养的全过程。同时这也使思想政治、爱国主义教育,党史、国史、改革开放史、社会主义发展史教育,社会主义核心价值观、宪法法律、优秀传统文化教育与专业知识、企业文化、大国工匠精神培育有机结合在一起,为培养德技双馨的人才打下坚实基础。学校在"课程思政"实施上主要从两方面入手。一是加强思政培训。专业课教师、企业实训指导教师作为技术

---

① 云岭先锋党建书屋,是昆钢公司党委按照云南省委组织部要求,于2018年3月在昆钢职工图书馆(昆明工业职业技术学院图书馆)五楼打造的党建书屋。

技能培养的主要承担者，强化对其思政相关理论知识的培训，提高教师思想政治理论水平，使其在专业与产业对接高度融合的实践过程中，用新时代中国特色社会主义思想铸魂育人，引导学生增强中国特色社会主义道路自信、理论自信、制度自信、文化自信，厚植爱国主义情怀，使学生在掌握技术技能的同时，把爱国情、强国志和报国行自觉转化为行动。二是渗透企业文化。学校"课程思政"结合学校"校企一体，铸钢铸才"的办学特色，使学生在昆钢实习实训基地的参观、学习和实习过程中，通过实习实训指导教师或企业导师的言传身教感受昆钢的企业文化，进而在技能传递和学习的过程中厚植学生精益求精的大国工匠精神。

（3）开展符合企业人才需求的教学形式，实现人才培养与企业需求无缝对接

学校作为国企公办的高职院校，有双重身份，既是高职院校又是企业，所以要充分发挥服务区域经济发展及产业转型升级的作用，将人才培养各个环节同产业链、公共服务链和价值创造链相融合，使人才培养模式符合现代产业体系需求。一是思政课在实践教学的组织上不局限于案例分析、主题参观、调研、辩论和演讲等教学形式，更应该通过"校企一体"的办学模式促进产教深度融合进而引导学生用马克思主义的观点和方法观察、分析和解决问题，了解国家的大政方针和规章制度，促使学生自觉践行社会主义核心价值观。二是将教学内容与企业需求相结合。学校与昆钢各二级单位以及合作企业开展深度合作，共同建立人才培养计划、共同培育师资、共同开发课程资源，共同考核学生思想政治素质等，昆钢将员工招聘、培训与培养前置到学校，借助学校的智力支持，提高学生技术创新和知识转化能力。三是将企业文化、行业文化、民族精神以及优秀成果理论融入思政课教学，促使学生自觉转变为企业人，主动适应岗位需求，把学生培养成具有岗位竞争力、社会适应性和职业深入发展所需的素质和品质。

（4）加强师资队伍建设，实现学校与企业人才互通

学校为了顺利推进思政课校企深度合作，一方面提高思政课教师的思想认识水平，转变育人观念，选派思政课骨干教师走进企业，了解企业文化、企业运行模式及管理模式，将生产实践紧密嵌入教学过程中，提高教育教学质量；另一方面，通过校企深度合作，遴选企业高管、骨干人员、劳动模范到学校兼职上思政课与行业密切相关的知识内容或开展讲座。学校结合云南省高校"百场形势政策报告会"要求，邀请昆钢公司董事长、公司党委副书记、公司副总经理，全国劳动模范等到校做专题报告，企业领导、劳动模范为学生作形势政策报告成常态。在学生实习实训过程中，聘请企业管理层人员作为学生思想政治教育导师，与校内思政老师共同完成对学生实习期政治素质的考核，同时，企业借助学校的智力优势，与学校共同开发企业管理制度、建设企业文化，从而实现互利共赢。

（三）专业理论课开发研究

《中共中央关于全面深化改革若干重大问题的决定》明确指出，要"加快现代职业教育体系建设，深化产教融合、校企合作，培养高素质劳动者和技能型人才"。校企合作对职业学校的专业建设和人才培养具有非常重要作用，尤其是专业课程必须充分利用校企合作资源进行开发和建设，在课程的学习任务开发、课程内容设置、教学环境建设、教学资源建设和课程实施及评价等环节中，积极发挥合作企业在课程建设方面的优势，实现校企资源从共商、共建到共享全过程，使该专业课程成为具有企业鲜明特色和一流教学水平的精品课程，从而不断提升课程教学质量。

1. *学校专业建设现状*

目前，学校设置65个专业，涉及装备制造、资源环境与安全、能源动力与材料、生物与化工、土木建筑、交通运输、公共管理与服务、电子信息、财经商贸、文化艺术、医药卫生、教育与体育等12个专业大类。2020年拟招生专业46个，初步形成了以装备制造类、土木建筑类和财经商贸类为主，其他专业类为支撑的多专业类协调发展的专业体系。

（1）专业建设产教融合度高

学校地处云南省工业聚集地昆明市滇中经济圈核心区安宁工业园区内，周边工业园区占据了云南500亿元以上的大部分工业园，具有得天独厚的区位优势。学校由昆钢举办，其专业设置与人才培养同昆钢和云南省产业发展高度对接，积极服务相关产业转型升级。

（2）专业建设成效显著

以专业内涵建设为重点，学校出台了《昆明工业职业技术学院重点、骨干、特色专业建设管理办法》，建立了专业动态调整机制，通过"撤销、合并、停招及申报"并举，不仅形成了昆钢和区域产业分布形态相适应的专业布局，而且建成了一批具有引领示范功能的高水平特色专业，其中物流管理专业群是中国特色高水平专业群建设单位，另有中央财政支持专业服务产业能力提升建设专业2个、国家现代学徒制试点工作建设专业8个、国家骨干专业4个、云南省高职院校提升专业服务产业能力提升建设专业3个、省级重点专业3个、省级特色专业2个、省级骨干专业7个。

学校专业建设之所以能取得今天的成效，和各专业精品课程建设密不可分。因专业众多，不可能一一举例论证，这里仅以中国特色高水平专业群建设单位的物流管理专业群为例，探讨学校关于专业理论课开发研究的一些好的做法，以期对同类院校起到参考和借鉴作用。

2. 校企双主体人才培养模式

校企双主体人才培养模式是指学校与企业在人才培养中相互结合合作，通过学校与企业之间的深度合作，为学生提供更好的学习环境和更多的学习资源，从而培养出适应企业需求的高素质技术技能人才。在校企双主体人才培养模式之中，学校与企业之间不仅是相互帮助和支持的关系，传统意义上的校企合作关系较为松散，并且学校和企业之间的合作机制及合作内容缺少规范性。而在校企双主体的人才培养模式之中，能充分发挥学校及企业的主体地位及作用，在人才培养与培训过程中以主体的身份均等地参与教育教学活动之中。主要内容包括人才的需求分析、专业设置、人才培养目标定位、课程研制和开发、教材编写、教学资源建设及教学团队的培养、实训基地建设、理论课程与实训活动等。在学生能力及素质的培养环节中充分发挥和实现学校及企业的资源优势。校企双主体的人才培养模式在于在人才培养及教学活动中充分利用学校和企业的双重优势，采取教学活动与企业工作相结合的人才培养模式，将学校教学与企业经营发展、教学考核评价及企业能力测评相互结合，从而实现人才培养的专业化及实效性。

学校物流管理专业从开设之初，依托昆明钢铁集团有限公司、武钢集团昆明钢铁股份有限公司，以生产物流为重点校企共建，充分发挥学校和企业的双重优势，共同确定人才培养目标定位、共同开发和研制课程、共同建设实训基地等。而在国内同类型院校中，生产物流作为物流专业重点建设方向具备异质性，我校"物流管理"专业立足昆钢、面向区域，始终坚持打造具备优秀技术技能的工业生产物流专业人员，充分发挥校企一体优势，弥补现在省内物流人才培养在工业生产物流方向较为薄弱的现状，并在专业建设的探索与实践中形成了真实任务真实做真有用的专业特色。

3. 物流管理专业课程开发研究

物流管理专业群依托昆钢公司的行业背景、企业主体产业和云南省"建立以昆明为中心的物流产业核心区"的发展规划而设置，紧密对接现代服务业。专业群以物流管理专业为龙头，引领带动物流管理、物流工程技术、电子商务等5个左右专业建设发展，形成物流、电商、大数据、信息化等产业互融共进的形式，为区域经济社会发展提供人才支撑。

（1）校企共同开发物流管理专业课程体系

学校通过相应的调查研究，确保教学活动中对学生专业素质和技能的培养符合社会发展需求和行业企业需要。通过市场调研深入了解市场对物流岗位的需求状况，同时结合学生的能力基础及专业知识的掌握能力实现知识及职业能力的培养，更加明确学生的未来发展前景。通过对学生的基本素质和市场需求对学生职业能力进行序化，重新划分物流专业教学课程及教学体系。目前，学校物流管理专业课程建设主要分为三个模块，即专业基础能力模块、专业核心能力模块、实践操作能力模块。专业基础能力模块主要培养学生的基础理论知识及基本能力，具体包括岗位认知、物流经济地理及应用能力提升、管理学基础知识、物流专业英语知识及物流法律法规、物流营销与策划、物流单纠正等内容。专业核心能力模块主要培养学生的运输业务整合处理、采购业务处理、仓储及配货业务处理、国际运货代理业务处理、物流系统规划等专业能力。实践操作模块通过第三方物流综合实训和物流岗位技巧训练及顶岗实习等内容主要培养学生的企业经营管理能力。

（2）校企共同开发物流管理专业教学资源库

学校在物流管理专业人才培养的过程中，不仅不断完善专业课程的建设，而且物流管理专业的建设无缝对接物流企业需求，同时结合课程建设专家、物流企业家及信息技术专家共同构建教师资源团队，进而实现高等院校教育资源及职业培训资源两种形式相互结合。学校以互联网为主要平台，通过虚拟仿真技术开发以课程为导向的教学模式，实现按照专业、课程和教育资源三个层次构建物流专业教学资源库。其中物流专业的资源库中的课程建设主要包括《现代物流管理》《采购管理》《物流运输管理》《仓储管理》《集装箱运输实务》《国际物流与货运代理》《物流市场营销》《报关报检》等课程。课程资源的建设及课程的主要设计流程为教学目的、教学对象、教学重点内容、教学案例、教学模式和学生学习任务等，教学活动的开展及实施主要通过教案、教学课件、教学视频、教学练习题等形式。基于校企双主体的物流管理专业的教学活动应更加现代化及创新化，通过使用现代化的教学设备及教学方式完善教学活动，具体包括图片、动画、音频、视频和模拟仿真软件等。而该教学资源库的建设，将为师生提供一个能将教学资源及教学成果实施共享的平台，满足学生和教师对于物流知识进行沟通互动的平台，从而培养出符合职业标准、业务流程标准及作业规范标准的专业物流人才。

4. 物流管理专业课程建设策略

（1）对接前沿技术，继续深化校企合作

物流管理专业基于校企双主体育人的有利基础，专业课教师经常深入物流行业和昆钢泛亚物流集团等企业进行调研，共同分析和探讨课程内容与技术发展的密切结合。根据市场调研及产业分析，在充分听取企业技术人员意见的基础上，形成课程内容的动态调整机制，在课程教学中及时补充物流管理专业新技术和新工艺。并在教学中不断渗透新技术、新工艺的相关内容，同时，增加有针对性的课程参考资料、技术手册和行业培训教材，以便保证课程内容与行业技术不脱节。

学校、企业在共同育人的基础上，积极探索"课企合作"新模式，实现双方精准合作、优势互补、资源共性。专业课教师经常密切联系和走访本地区物流公司，如昆钢生产物流中心、德邦物流、顺丰快递等企业，拓展课程与企业合作的空间和内容，进一步深化校企合作内涵，与昆钢生产物流中心开展"课企"合作，由双方组成课程核心小组确定课程标准和课程内容，编写适用于学校教学和企业培训的教材，共建实训基地和共享技术资源。通过专业社团和技师工作室积极开展技能竞赛、教学设备、员工培训和技能考核等。物流管理专业依托昆钢集团公司的培训教育中心一直承担着昆钢员工培训提升的任务，积极为企业或在校学生开展岗位技术服务培训工作，每年为企业培训在岗职工200人次以上。这促进了企业技术骨干与课程教师双向交流和理实互补，不断提升技术水平和业务素养。

（2）对接产业人才需求，开发典型工作任务

高职物流管理专业毕业生就业的单位主要是物流企业、快递公司等，就业岗位主要从事仓储管理、物流配送等岗位为主。根据学校近几年就业统计，学校物流管理专业的毕业生每年超过一半的学生进入各大型物流公司，工作在物流管理、仓储管理、物流配送、物流市场营销等工作岗位上。基于毕业生的工

作情况，在课程开发中，课程教师广泛深入各物流企业对人才需求进行调研、访谈和问卷调查，统计结果显示60%以上的技术人员专业有接触物流配送，物流设备拆检、维修等工作。通过分析物流管理专业的工作任务，明确物流管理专业岗位的职业能力构成；在明确岗位能力需求的基础上，举办企业实践专家访谈会，现场观摩企业的生产过程和劳动组织方式，收集和完成生产任务相关的工作内容，借鉴参考昆钢泛亚物流集团、昆钢生产物流中心、德邦物流、顺丰快递等企业的课程理念、技术标准和培训内容等。最终确定物流管理课程为专业核心课程（典型工作任务）之一，由5个学习任务构成，分别是集装箱运输业务处理、管道运输管理、物流工程技术、电子商务和装卸技术与设备处理。

（3）对接企业工作环境，构建学习空间

1）校企共建教学环境。为满足本课程5个学习任务的教学组织和实施，让学生在尽可能真实的工作环境中学习工作，学校建设了仿真实训室，在工位布置、实施设备和工作情境上充分仿真生产现场，真实体现实际生产情景。根据物流管理生产实际和结合本课程各学习任务的教学需要，借鉴物流企业工作场景，在企业专业人士的指导下，将教学环境设置为仓储实训室和配送实训场。通过模拟真实工作场景这样的教学环境建设，不管是产品的仓储、配送，还是装卸技术、设备处理等学习任务，都不再是单纯地传授事实性的专业知识，而是让学生在尽量真实的职业工作情境中学习"如何工作"。

2）校企共置实训设备。教学实训设备是课程教学的主要载体，本课程的5个学习任务均是以"教、学、做一体"的学习模式来完成。所以，实训设备的规格技术、台套数配备及选用就非常重要。首先，校企双方共同制定实训设备方案。企业在技术、生产及市场导向方面有很大优势，添置实训设备时，充分征求各类物流企业的意见，校企双方密切配合，课程教师与企业一线技术人员充分研讨，共同制定物流管理实训设施设备配置方案。其次，企业赠送一些设备及零部件。昆钢公司的物流企业捐赠一些物流设备用于课程教学。最后，校企双方共同研制教学设备。企业技术人员积极参与仿真实训室工作台设计，由专业的教具公司进行生产。课程教师利用企业赠送的设备和零部件制作演示教具，在教学中非常直观有效，从而大大提升了学习效果。目前，学校物流管理专业及现代物流管理的专业群先后与昆钢泛亚物流集团、昆钢生产物流中心、德邦物流、顺丰快递建立了12个校外实习实训基地，运行良好并建立了保障机制，为专业教学创造了必备的实验实训条件。

3）校企共享课程资源。建设理实一体化、学习工作一体化的开放式职业教育的课程教学资源库是非常必要的。物流管理专业课程积极构建多维的课程教学资源，让学生有了充足的学习空间。各学习任务的实施都是在专业技能教室或仿真实训室内进行，学生工作也是主要的学材，在仿真实训室还提供了大量相关的参考书，与实训配套的维修材料、电子材料。做到教材、学材互为补充，软件、硬件相互配套，纸质、电子材料丰富，这种开放式的学习媒体，大大提高了教师乐教与学生乐学的效果。另外，充分利用学校网络教学平台，开发课程指导方案、制作课件、录制技能操作视频、常见故障分析和课程考核内容等，符合企业当前实际工作内容与规范、优秀企业的管理理念，真正做到理论实践、学习工作一体化；在内容表现上引入先进的多媒体技术以最生动最准确的方式展现知识与实训，在师生交互上通过软件系统充分体现教学练考、充分发挥学生的主观能动性，为在校师生、在外顶岗实习学生及社会学习者提供教与学的服务。

（4）对接生产过程，实施课程教学

1）校企共施教学过程。本课程的5个学习任务教学，采用行动导向的教学方法，如项目教学法，学生以个体学习方式或小组合作方式围绕明确的学习目标，通过一系列工作任务，学习新的知识和技能，提高综合职业能力，通过主动合作式的学习，最终达到理论学习和实践学习的统一。在整个教学活动中，按照工作过程三步法，以学生为主体，在仿真实训室进行理实一体化教学。第一步，学生使用工作页、维修手册、参考教材、学习评价表和多媒体教学软件等立体化教学资源，在教师指导下学习相关的专业理论知识；第二步，通过任务单和工作页引导学生自主或小组协作完成工作任务的计划和实施；第三步，主讲教师和实训指导教师对学生完成的学习任务进行指导。针对不同学习任务的特点，老师选择优化的教学方法和教学手段，并采用适合个体化辅导的教学法。所以，在行动导向的教学中，教师角色发生了变化，教师不再是教学中心，而是以学生为中心和学习主体，教师成为学习过程的组织者、主持人、教练和答疑者的角色，扮演组织、引导和解决难题的角色。

2）校企共评课程质量。课程建设从行业企业需求侧和教育供给侧出发，推进课程评价和学生学业评价，积极推进教师评价、学生自我评价和企业评价、社会评价相结合的多元化评价体系。其中课程评价是课程建设和教学管理的重要环节，而物流管理专业课程则采用了学习任务参与式评价，在课程内部进行的系统化内部质量控制手段，通过建立一种真诚的协商对话机制，使各方在协商交流中提高对课程的理解和评价能力，最终使课程评价真正进入课程建设与实践的全过程。而评价的主体则是课程的主要参与者，即课程设计教师、课程实施教师、行业企业专家和学校管理者。评价内容涵盖课程开发与设计、课程实施及实践效果、课程的支持等整体性元素及其关联性分析。在评价过程中，来自行业企业的专家评价非常关键，他们针对专业技术发展方向、企业人才需求及岗位能力要求，对课程内容设置、教学实施情况及设施设备条件等提出与时俱进的意见，通过评价活动，课程教师与参与方积极开展交流讨论，分析现状，对课程存在的问题及提出的意见达成共识，共同确定课程发展目标和改进工作计划，使课程质量不断提升。目前该课程在原内容基础上拓展增加了物流管理专业的新技术和新工艺内容，并根据企业专家意见在教学实施中增加很多实践环节，强调师生共同进行检查、讨论和分析问题，评判任务实施过程中出现的问题及学习行动的结果，从而不断增强课程内容与岗位能力的针对性，培养了学生工作过程的严谨性和质量意识。

在学生学业评价及课程考核方面，课程基于岗位能力标准，改变以往"纸笔＋实操"考核评价方式，采用"学生为本"的考核与评价模式，学生学业评价形成过程性评价与终结性评价相结合、理论与实践相结合、专业能力与关键能力相结合的发展性评价方式。学生的学业评价依据物流管理专业手册制定技术标准，参考行业标准制定考核方案，形成了基于工作岗位的能力标准。在考核过程以完成实际工作任务来呈现，根据不同考核项目，结合具体生产方式，学生以个人或小组的方式参与考核；考核中积极邀请企业技术人员参与部分考核项目。这种通过校、行、企多方参与的多元评价方式，有效地驱动了评价标准与岗位能力要求的匹配。

（5）对接企业文化，培养学生职业素养

学校通过校企双主体、工学结合的人才培养模式实践，特别是与昆钢泛亚物流集团的深度合作，丰富了校企合作内涵，促进了产教深度融合，实现专业课程体系与职业标准对接、教学环境与工作环境对接、专业教学与岗位标准对接、校园文化与企业文化对接。此外，进一步提升课程建设内涵，课程建设及实施层面不再单纯地培养学生的岗位技能，在物流仿真实训室，整个场室按照物流公司的场景、文化及运作方式进行布局，划分不同功能区。功能区充分展示企业工作制度、配送工艺流程及技术标准等企业元素。另外，在教学实施和课程考核过程中，引入物流配送单和考核标准，在班级管理中参考企业考勤制度、早会制度和安全责任制度等，学习企业的管理手段，课程教师定期进行工作总结和点评等。整个课程学习过程中，将专业文化、校园文化和企业文化有机融合，让学生近距离接触和了解企业文化对员工成长的要求，使学生在课程学习中接受企业文化熏陶，从而有效提高学生的职业素养，进而实现"立德树人"的教育目标。

学校将现代企业先进的"5S"行为管理模式（"整理、整顿、清扫、清洁、素养"）植入课堂教学，将"整理、整顿、清扫、清洁、素养"内涵与教学管理和学生工作习惯相结合，在遵循职业学校管理规律的基础上，细化管理制度，将场室管理、实训过程管理和"5S"管理相结合，完善教学日常管理、学生实训管理等各项制度。在理实一体化教学中，不仅将"5S"管理落实在场室管理、工具使用和工件摆放、课后整理与清洁等教学环节中，而且在教材案例选用、任务单和工作页的编写、考核内容设计等方面都充分体现"5S"内涵。学生在这样的企业文化氛围中耳濡目染、亲身体验，将"5S"内化为学生的自觉行为。

诚然，专业课程建设因专业不同而有各自特色，但"专业引领，学校、企业主体，行业参与"的指导思想却都是相同的。同时，学校在校企深度合作下共同实现专业课程教学中校企精准对接和精准育人，从而推动专业品牌建设、教师成长和学生综合职业培养，进而使职业教育真正回归教育本质。

（四）实训实践课开发研究

自古以来，课程是学校培养人才的主要内容。课程决定教育，更决定人才培养的质量。换言之，没有课程就没有教育。所以，有什么样的课程就有什么样的教育。而职业教育区别于普通教育关键在于它的课程的独特性，因职业教育除了前面阐述的公共基础课、思想政治教育课和专业理论课外，还十分重视实训实践课对培养学生成为高素质技术技能人才的重要作用。学校在实训实践课程开发方面主要采用以下策略。

学校立足于为社会培养应用型人才的目标，以实验实训实习基地为开展实践教学的载体，遵循"产教融合、校企合作、工学结合、知行合一"的职业教育特点，结合办学主体昆钢和区域经济发展、产业结构调整及转型升级需求、人才培养目标和学校实际，在实训实践教学上做了很多尝试与探索，下面从以下几个方面予以分享。

1. 出台管理制度，明确教学目标

学校制定出台了《昆明工业职业技术学院学生实习管理规定（修订）》《昆明工业职业技术学院实习安全及突发事件应急预案（修订）》《昆明工业职业技术学院学生顶岗实习管理办法》《昆明工业职业技术学院学生实习实训管理办法（试行）》《昆明工业职业技术学院校外实习实训基地管理办法》《昆明工业职业技术学院实验实训室管理办法》《昆明工业职业技术学院实训室管理绩效考核办法（试行）》《昆明工业职业技术学院职业技能竞赛管理办法（试

行)》《昆明工业职业技术学院学生外出参加各类比赛差旅费报销标准》《昆明工业职业技术学院实习实训耗材管理办法(试行)》等10余项实训室建设和实践教学方面的规章制度。

学校通过出台一系列实训实践课程相关的管理制度，进一步完善了实训室工作规程，为确立符合实际的实训教学目标提供了依据，也保证了实训教学质量的进一步提高，同时促进了实训基地治理体系和治理能力的现代化。教师在实训教学过程中，以制度为依据，紧密结合现实需求，坚持以能力培养为主线、以就业创业为导向的办学思路，以提高人才综合素质为目标，秉承"德优技高"的人才培养理念，坚持个性化发展的人才培养理念。先进的教学理念和与时俱进的实训教学目标为实训教学计划的制定、完善和有效实施提供了明确的方向。

2. 成立管理部门，提高实训课时量

为了保障实训教学活动的有效开展，学校专门成立了管理部门～～实训部。实训部是以各院校实训教学目标和人才培养方案为基础进行教学规划、监督和指导的行政管理部门。该部门主要负责出台实训实习相关教学管理办法；负责全方位、有计划地管控实训教学活动；负责对实训教师的教学工作进行全面的规划与引导等；负责实训基地规划实施、建设及运行进行指导、管理和监督；负责监督各二级学院制定的实训教学计划是否可行；负责指导校本实训教材的编写等。

截至目前，学校实训部组织相关人员编写了校本实训教材——《维修电工技能实训教材》。另外在课程设置上，普通课程与实践课程的比例为1：1甚至更高(根据专业难度以及对于技术的要求设定)，各专业的实训课程学时平均达到50%以上，这样的课时比重保证了实训课程的正常开展，同时也保证了学生有时间和机会去实践，为实践课程的开展与学生实践能力的培养创造了前提条件。

3. 加强校企深度合作，提升实训基地硬件水平

学校根据专业及专业群建设发展规划，加强产教融合、校企深度合作，注

重与企业在生产性实训与顶岗实习、教学方案设计与实施、指导教师配备、协同管理等方面的合作，增强学生校外实习实训的教学效果和技能训练水平，各专业毕业生到校外实训基地参加顶岗实习的比例达到90%以上。积极探索校企合作新模式，结合专业选择生产设备先进、技术处于同行业领先水平的企业作为学生定点实习基地，并与企业签订校企合作协议，保证学生参加对口专业生产实习。由此可见，开展校企深度合作有效地提升了实训基地的硬件水平。

4. 加强师资队伍建设，培养双师型教学团队

学校作为国企办学模式的高职院校，为双师队伍建设提供了较好的保障。学校在办学中逐渐形成了国企办高职、塑造工匠精神的"校区、厂区、社区"三元融合，"四化"（办学机制校企一体化，培养方式产教一体化，教学方式理实一体化，办学形式职业教育与职工培训一体化）育人机制和产教深度"六融合"（人才培养目标定位与企业人才需求、专业教师与企业能工巧匠、教学内容与工作任务、理论教学和技能培训、能力考核与技能鉴定、校园文化与企业文化相融合）人才培养模式为核心的国企办学模式。

学校非常重视高素质的双师型教师队伍建设，主要通过内部培养和送出去培训提高教师队伍的职业技能、教育教学能力、科研能力和整体素质。面向全体教师，学校通过多种途径和方式开展教师培养培训，充分利用学校资金，重点鼓励青年教师攻读博士学位或到国外留学，有效发挥资金投入在教师培养工作中的导向和激励作用。学校通过鼓励教师获取相关专业职业资格证书，赴企业一线实践，通过引进、培养认定等手段；通过校本培训和校外培训相结合，线上和线下培训相结合，长期和短期培训相结合的培训模式；通过完善绩效考核制度，鼓励多劳多得、优绩优酬，营造积极向上的工作氛围；通过提高教师福利待遇水平，改善广大教师的生活待遇、薪资待遇和社会保障水平，做到待遇留人、感情留人，增强教师的幸福感和归属感，计划通过五年时间，使学校的双师型教师数量由现在的76.36%达到90%左右。

5. 立足专业实际，健全实训课程评价体系

学校结合各专业的现实条件和实际需求，制定多元化的实训课程评价体系，从而形成富有自身专业特色和便于操作的实训课程评价体系，对学生进行全方位的专业技能训练和考核评价。例如将实训学生进行分组，在实训课程实施过程中组织实施小组考核，按照各小组的表现进行排名，并以此作为学生实训教学的课堂表现成绩，比例占实训课程总分的20%，目的是让学生意识到团队协作和团队精神的重要性。而关于实训课程的学生技能考核工作，整体采用抽签考核的方法，即将实训内容按模块（项目）分成若干组，让学生抽签确定自身考核的内容。分模块（项目）考核能够更加深入地考查学生对应用细节的掌握程度。因为学生在抽签之前并不知道自己考核的模块（项目）内容，所以这样的考核模式客观上要求学生必须认真完成每一个模块（项目）的学习。实训考核占实训课程总评分的比例为50%。此外，实训课程的总分还包括20%的出勤率分数和10%的实训作业分数。实训教师除了通过对学生成绩的综合评定给予学生实训课程分数以外，还需根据学生的实际表现向学生反馈考核情况，并提出相应的改进建议，从而为学生争取进步和寻求自身发展路径提供重要参考。

6. 引入企业管理理念，创新实训教学管理模式

学校将企业管理中普遍应用的5S管理理念引入实训教学管理之中，创新实训教学管理模式，将整理、清扫实训室作为学生必须完成的工作任务，要求每个学生每周至少进行两次整理、清扫实训室工作。"5S"是指"5S现场管理法"，即"整理""整顿""清扫""清洁""素养"。"5S现场管理法"基础上形成的实训教学管理模式在保护教学设备、提升教学效率、节约原材料等方面取得了良好的效果。另外，实训基地管理部门通过5S管理原则制定了实训室内部管理规划和具体管理方案方法，上交到学生管理部门，定期安排实训学生对实训室进行"整顿""清扫"和"清洁"。学生通过"整理"区分实训室内要或不要的物品，保留必需的物品；通过"整顿"实训室内设备物品摆放整齐有序，明确标识；通过"清扫"清除现场内的脏污和物料垃圾；实训基地管理部门通过"清洁"将整理、整顿、清扫实施的做法制度化、规范化，使得人人按章操作、依规行事，养成良好的习惯，成为具有较高工作素养的人。通过5S管理办法的实施，学生有了更多与实训室设备和材料接触的机会，培养了良好的工作习惯和职业意识，增强了工作场所管理能力和自我管理能力，同时也提升了实训室的利用效率，进而营造了良好的工作环境和积极向上的实训学习氛围。

实训课的教学质量是培养高素质技能型人才的一项根本性任务，是一个长期的系统工程，也是高职教育永恒的主题，需要所有高职院校和广大高职教育工作者在教育实践中不断探索。我校关于实训课的六点做法可能尚有需要进一步完善的地方，全当抛砖引玉以期为同类高职院校在实训课建设方面提供参考和借鉴。

三、培训教育研究

（一）学校"双师型"教师培养现状

学校在"双师型"教师培养方面，主要从两方面着手。一方面，学校充分发挥服务社会的职能，从服务昆钢发展、服务社会需求和服务脱贫攻坚出发，为地方发展提供智力支持。另一方面，学校注重在校教师的培养教育，立足学校实际，完善教师培养制度，既重视教师队伍师德师风建设，又创新教育培训方式，重视教师技能培养。

1. 社会服务现状

学校从服务昆钢发展、服务社会需求、服务脱贫攻坚出发，较好地发挥了学校服务社会的能力。

（1）服务昆钢发展

学校在服务昆钢发展主要体现在企业人才培训和研发中心共建两个方面。第一，在企业人才培训方面，十三五期间2016～2019年学校共为昆钢培训

46018人次、产出效益四千万元左右,为企业培养了大批的企业经营管理人才、专业技术人才以及技术技能人才。其中,管理技术培训240期28451人次,安全生产培训187期15861人次,职业技能培训42期1706人次。并主动为昆钢公司纪委、董事会办公室、群团工作部等部门定制年度培训计划,培训质量和服务均受到广泛认可。第二,在研发中心共建方面,学校与企业合作,积极推进科技协同创新中心建设,和企业共同开展管道运输应用技术、工业机器人研发及推进2个应用技术协同创新中心的建设工作;承办了昆钢公司青工(装配钳工)技能大赛,协办了云南省振兴杯青工(装配钳工)技能大赛;参与了昆钢"两化融合、职能制造"推进工作,负责职能制造人才培养体系的构建、学校的相关专业骨干教师参与了大型钢结构智能制造方案的修改论证,为企业决策提供意见建议。

(2)服务社会需求

学校在服务社会需求上主要从三个方面入手。一是立足当地就业,助力地方发展。毕业生当地就业、西南地区、中小微企业及基层就业成为主流,2018届毕业生共2599人,其中1568人在昆明市就业,占毕业总人数的60.3%,主要集中在建筑业、制造业、信息技术服务、商业服务等与专业相关度较高的工作岗位,为社会提供服务。此外,学校为华云集团、宝象物流集团、昆焦集团、红钢公司等单位量身打造管理人员素质提升项目;并参与到云南新天力机械制造股份有限公司车厢侧板工业机器人焊接实施,为企业提高焊接质量、降低劳动强度、提高了生产效益。二是职业技能培训。十三五期间2016~2019年,学校共为社会、企业、学生等开展技术技能、各类职业资格证书、驾驶资格证、学历提升等培训、鉴定、考试近80期,培训13491人次。三是科技成果研发。学校设有专职教学研究人员5人,主持开展了"校企一体化的优质高等职业院校建设的理论创新与实践路径研究""无位置传感器BLDC双控制系统及双驱动单元研究""同城物流服务平台下物流协调智能方法研究"等课题研究,其中"同城物流服务平台下物流协调智能方法研究"为国家级课题。

（3）服务脱贫攻坚

学校加强统筹协调，助力脱贫攻坚。按照教育厅、昆钢公司的安排部署，学校从多方面开展扶贫工作。第一，对贫困学生进行资助。学校持续推进"生源地信用助学贷款续贷申请"工作，并对家庭经济困难的学生、建档立卡户学生优先安排勤工助学岗位，对建档立卡户学生按照一等助学金进行自助；第二，为特殊困难毕业生申请求职创业补贴。2018届获昆明市劳动就业服务局26.3万元求职创业补贴，比上年增加66.46%；第三，职业教育东西协作。学校组建了教育东西协作对口帮扶工作领导小组，与墨江县职业高级中学、镇沅县职业高级中学、景东县职业高级中学等学校建立对口帮扶协作，制定了《云南工业职业教育集团（昆明工业职业技术学院）结对帮扶普洱市三所职业高级中学工作实施方案》。

2. 教师队伍建设现状

目前，国企办学模式为双师队伍建设提供了较好的保障。但存在的不足是校内专任教师偏少，师资队伍结构仍需优化。近年来，在校生规模增加迅速，为满足正常的教学需要，学校教师数量也相应增加，但教师规模的增长滞后于学生规模的增长，同时由于大量引进新教师，师资队伍结构亟待优化调整。另外，高层次人才较少，高水平专业带头人缺乏。经过多年的办学建设，学校已培养了一批教学骨干，但他们在专业领域的影响力还不足，学术水平有待进一步加强；同时由于高层次人才、学科带头人引进困难，高层次人才的培养和引进仍然将是学校师资队伍建设的重点工作。

学校建设资金缺乏足够保障，这也体现在师资队伍建设上。一方面，由于学校是国企办学，在政府的资金和政策上处于公办和民办院校之间，既不享受政府生均拨款的相应政策，又不享受民办学校收费及相关政策，资金来源渠道严重受阻。另一方面，学校办学经费目前主要来源于学生学费、住宿费等事业性收费和举办者昆钢集团的生均拨款，但受经济下行的影响，昆钢集团对学校办学的支持力有不逮。师资队伍建设与发展的资金来源问题亟待解决。

（二）学校"双师型"教师培养策略

"双师型"教师培养，对教师而言，是一个终身过程；对高职院校而言，是一个全面过程，要制定符合各专业发展要求的师资培养方案；对企业而言，是一个综合工程，政策、资金、监管方面需要高质高效地整合，目前这几方面的现状都与要求存在较大差距。所以，学校、企业应从整体性角度出发，努力构建符合实际的、一体化的和开放型的培养模式。第一，应把教学技能与职业技能并举，突出能力本位。第二，强化职称评审与绩效考评两种制度设置的导向作用。第三，建设职前培养、入职培养和职后培养的三位一体化培训体系。第四，抓好四个结合，即校内与校外培训相结合，线上与线下培训相结合，学科专业培训与职业教育理论培训相结合，理论学习与实践操作相结合。

1. 制定切实可行的培养目标，做到教学技能与职业技能并举

"双师型"教师的实质内涵就是要具备双能力：既要有专业理论知识及将其运用到职业实践中的应用能力，又要具有职业教育专业教学理论及将其运用到教育实践中的应用能力。教学技能是教师的基本素质，学校应以提高教学质量为主线，以教学竞赛、教学评议等方式为抓手，来促进教师教学技能的提升。学校要把职业技能的提高放在与教学技能提高同等重要的地位，具体可以从两方面入手：第一，要利用校内实验实训设备，通过工学结合、理实一体化等教学模式，提高教师的实践动手能力；第二，加强校企深度合作，共同培养"双师型"教师。学校一方面充分利用办学主体昆钢公司的制度和人力资源等方面的优势，从企业引入高管、能工巧匠、名师、大师、高级技师和业务骨干等担任学校兼课教师，从而优化"双师型"教师队伍结构；另一方面，把专业骨干教师送到昆钢或其二级对口企业以及合作企业去，充分利用企业先进的生产设备资源，通过顶岗实习、挂职锻炼、访问学者等途径，提升教师的实践技能。同时制定相关政策鼓励教师参加各种培训，在获取各种证书的同时，着力提高职业实践技能的含金量，做到实际能力与证书相匹配，理论知识与实践技能相融合。

2. 制定相关制度，强化职称评审与绩效考评两种制度设置的导向作用

学校制定相关制度，强化职称评审与绩效考评两种制度设置的导向作用。具体做法有两点。第一，进一步完善职称评审制度。学校在国家和省教育厅规定的职称评审的基本条件（见《云南省高等学校教师职称评审条件》）之外，进一步改革完善职业教育教师职称评审管理办法，并于2020年3月制定《昆明工业职业技术学院职称评审管理办法》，在评审条件中增加"专业课教师履职期间每年至少有1个月或连续半年到企业（含实训基地）实践锻炼的经历，或取得本专业或相近专业工种三级（高级工）及以上职业资格证书。"突出企业实践经历和技术技能要求，引导教师积极主动朝着"双师型"目标迈进。第二，继续优化教师绩效考核与评优制度。2019年4月，学校制定《昆明工业职业技术学院2019年薪酬与考核分配工作实施办法》，该办法以效益目标为导向，以业绩考核为抓手，坚持业绩与收入挂钩考核的原则，将其考核结果与教师聘用、岗位津贴、职务晋升等直接挂钩。在评奖评优中，同等条件下，优先向"双师型"教师倾斜，形成有利于"双师型教师"成长的内在激励机制。

3. 统筹安排师资培养，积极构建职前、入职、职后三位一体的培训体系

为了形成职前、入职、职后三位一体的培训体系，国家应制定《高等职业学校教师专业标准》《职业教育师资资格认定标准》等制度，对职业教育师资培养统筹安排。充分发挥高等职业技术师范学院在职教师师资培养方面的作用，积极探讨职教师资培养路径，让高职教师师资素质在源头上发育良好。我校在入职培训时，既充分利用昆钢的企业资源，即把新入职大学生纳入昆钢当年新入职大学生培训，学校新入职大学生在与企业新入职大学生一起培训的过程中通过学习和参观等方式初步了解企业；又立足职业教育特点，专门设置具有职教特点的培训内容，增加与本专业有关的企业实践活动。入职后，学校重视教师实践技能提升，实行"师带徒"制度，实习导师由德才兼备、师德高尚、治学严谨，具有丰富的理论实践经验和良好的教学效果，有较为深厚的学术造诣，原则需具有副高职称及以上专业技术职务资格或5年以上教学或辅导员工作经历的专业骨干教师担任，历练部门根据部门专业人才需求，结合新入职大学生所学专业类别、个人发展规划、工作经验等情况，为新入职大学生量身定制岗位历练培养计划，部门对历练期间的大学生给任务、压担子、搭平台，帮助大学生最大限度锻炼成长，同时严格历练期间对导师和新入职大学生的考核，以便使新入职大学生实现教学能力与实践技能双增长，并让教师不断接受新知识、新技能的培训，与时俱进，为学生融入社会提供先进的理念和知识技能，使学生符合企业的需求。

4. 坚持培训形式多样化，努力提升培训的实际效果

为了提高培训实效，学校主要从四个方面着手。第一，线上培训与线下培训相结合。学校积极开拓线上网络培训资源，利用昆明钢铁控股有限公司平台开展"智慧昆钢"线上网络培训，开展专业、管理、技术方面的综合培训，开拓线上网络培训的同时注重与线下培训相结合，学校在传统集中培训、短期培训的基础上，根据不同专业要求，下放培训需求到各部门，请各部门根据实际情况开出不同的培训菜单，或由教师根据个人专业或技术方面的短板主动申请培训的内容。

第二，坚持职业教育与职业培训并重，学校以社会需求为导向，以"服务产业、服务社会、服务昆钢、服务云南、服务开放为方向"，加强学校的社会服务能力建设。一是广泛开展企业职工技能培训。学校联合昆钢集团、行业企业等，面向钢铁及其延伸、物流、产城生态等领域，大力开展新技术技能培训，力争每年开展各类培训、鉴定10000人次左右；通过开展现代学徒制、职业技能竞赛、在线学习等方式，促进企业职工岗位技术技能水平提升；联合行业组织、大型企业组建职工培训集团，发挥各方资源优势，共同开展补贴性培训、中小微企业职工培训和市场化社会培训，每年培训10000人次左右。二是积极开展面向重点人群的就业创业培训。学校以服务经济社会发展为宗旨，依托学科专业优势，响应国家号召，积极开发面向高校毕业生、退伍军人、农民工、去产能分流职工、建档立卡贫困劳动力和残疾人等重点人群的就业创业培训项

目,每年培训10000人次左右;主动承担春潮行动、雨露计划、求学圆梦计划等政府组织的和工青妇等群团组织开展的培训任务,每年培训人数大约4000人次;与行业企业合作开设大学生、退役军人就业技能训练班,开展先进制造业、战略性新兴产业、现代服务业及人才紧缺领域的技术技能培训,每年培训人次6000左右;大力开发智能制造、现代物流、文旅大健康等具有专业特色的创业课程,建设创业孵化器,对自谋职业和具有创业意向的参训人员进行创业意识、创业知识、创业能力等方面的培训,培训人员每年100人次左右。三是大力开展失业人员再就业培训。立足学校实际,主动对接当地人力资源社会保障部门及工青妇等群团组织,面向长期失业青年、农村留守妇女、大龄失业人员等,开发周期短、需求大、易就业的培训项目。大力开展老年服务与管理、康复治疗技术、电子商务、物流等领域初级技能培训,每年培训人员15000人次左右,使失业人员掌握一技之长。突出帮、教、扶等特点,积极联合合作企业,择优推荐工作,提供培训就业一体化服务,努力实现培训即招工、培训即就业。四是提升脱贫攻坚服务能力。学校进一步加强对贫困学生的帮扶。全面实施课程思政,教师课后互动关怀,辅导员关注心理引导,确保学业有人帮、生活有人管,保证了建档立卡贫困生100%学习合格,顺利毕业。制定特困生就业帮扶制度,建立台账,落实"一对一"教师指导帮扶,优先推荐就业单位、优先安排面试录选,确保建档立卡贫困生100%就业。

第三,建立健全相关制度,为培训提供资金支持。学校全面贯彻落实国务院《国家职业教育改革实施方案》以及国家《关于在院校实施"学历证书+若干职业技能等级证书"制度试点方案》的相关精神,进一步深化产教融合,适应产业转型和升级,建立完整健全的规章制度,健全参训人员的支持鼓励政策。全面落实职业培训补贴、生活费补贴政策,确保符合条件的参训人员应享尽享。

第四,采用多种培训方式,提升培训实际效果。一方面,学校利用高新技术和互联网技术优势、VR模拟技术,通过企业生产车间实景采集,在用户端生成可交互的三维演播环境,将学校与大中型企业生产一线的场景有效对接,让远程教学培训、视频观摩互动、集团企业现场的视频音频对接互通与点播等现代培训方式成为可能。另一方面，拓宽对外交流合作渠道，提升人才培养质量。学校充分依托云南的区位优势，主动服务和融入国家"一带一路"发展战略，以交流创平台，以合作提质量。2017年1月，学校作为首批院校加入中国澜沧江——湄公河流域职业教育联盟，并成为常务理事单位。学校先后与澳大利亚国际职业教育集团、加拿大渥太华卡尔顿教育中心、法国艾森大区职业教育研究中心签订了合作办学意向书。学校先后组织相关人员到河南长城铁路有限公司老挝项目部、老挝天湖（丹萨旺）国际旅游有限公司考察，伴随企业"走出去"推荐毕业生到国外就业工作。邀请老挝万象市原市长、越南钢铁总公司、缅甸职教集团领导到校访问观察，为泰国、越南、老挝等国家培训300余人次，为合作企业培养急需的技术技能人才。学校为提升教师教育教学及管理水平，积极组织教师赴德国、加拿大、法国、美国、新西兰等国学习、进修和培训。近5年共选派9名专业教师出国研修访学，不仅开阔了教师的国际化视野，而且在培训效果提升的基础上提高了教师的综合素养。

四、职业精神研究

学校作为国企办学的职业院校，教师除了具有教师这一职业所体现的职业精神外，还具有吃苦耐劳、不计得失和注重工作效率的企业精神。学校在教师职业精神培养和提升上采取了四个方面的策略。

（一）重视职业精神培养，渗透到校园文化建设中

学校高度重视教师职业精神的培养，把其放在教师队伍建设的关键性位置，加强教师队伍的职业道德和思想品德等教育，促使教师在掌握操作技能、锻炼思维能力中时时培养职业精神，增强责任意识、服务意识等，同时端正职业态度，正确看待教育事业，培养终身教育意识。在此过程中，学校把教师职业精神培养渗透到校园文化建设中，定期开展丰富多彩的实践活动，如开展职业精神培训和讲座，建设校园文化的同时使教师对学校的办学理念、办学宗旨和人才培养目标等都有全新的认识，尤其是职业精神、工匠精神和昆钢企业精神，认同办学理念的同时增强归属感、获得感和幸福感，心系学校教育教学、行政管理和各类人才培养等工作开展，促进自身专业发展的同时持续改进专业课程教学质量。

（二）构建教师职业精神培养制度，强调教师自我培养

学校从各方面实际出发，科学构建教师职业精神培养制度，合理划分的同时将其落实到职业精神培养工作中，为其提供重要的制度保障。在此过程中，学校于2019年4月制定绩效考核、评价、监督等制度，即《昆明工业职业技术学院2019年薪酬与考核分配工作实施办法》，动态监督、考核的同时多元评价各专业各层次教师职业态度、价值取向、职业发展等，针对存在的问题，补充完善教师职业精神培养制度的同时有针对性地开展培养工作，确保不同学科教师都能具备职业精神、工匠精神和昆钢人能吃苦、肯奉献、勇于创新和追求卓越的精神。在此过程中，学校强调教师自我培养，鼓励教师参与省级"教学名师"评选，通过教育、宣传和实践等手段，增强教师自我培养意识，探索当下高职教育教学规律，主动学习专业课程最新理论知识、信息技术知识等，不断夯实自身理论基础，在自我实践中培养综合能力素养，成为终身学习理念践行的榜样，在岗位工作创新中培养爱岗敬业、团队合作和无私奉献等精神，促进教书育人、修身育人等目标的实现，促使专业教师实践教学能力的提高。

（三）开展多样化的教学活动，增强教师职业教育意识

学校针对教师职业精神培养情况以及各类应用型人才培养中对教师能力、素养等具体要求，围绕职业技能培养与职业精神养成并重的理念，以专业学生全面发展为导向，以专业课程教学效率提升为出发点，定期开展多样化的教学活动，比如召开研讨会、听课、专题培训等，让教师在教学实践中增强职业教育意识，提高教学内容、教学方法、课堂教学设计组织等能力，具备较高教学水平的同时高效革新专业课程教学，从根本上保证课程教学以及专业人才培养质量。

（四）理论教育与实践培训相结合，创新职业精神培养工作

学校从教师职业精神培养角度出发，立足师德师风建设与高素质人才教师队伍培养，理论教育与实践培训相结合，创新教师职业精神培养工作，围绕教师队伍考核以及评价结果，集中、分层对教师进行理论教育，使其在更新教育教学理念中提升知识层次。与此同时，学校根据教学活动开展情况，深化职业精神培养实践环节，与办学主体昆钢公司合作，为专业教师提供多样化的交流和学习机会，设置企业顶岗锻炼制度，掌握行业前沿技术、生产以及岗位管理动态等，提升实践技术以及理论知识应用能力的同时培养职业精神，定期组织专业教师到合作企业生产一线中进行顶岗锻炼，鼓励教师参加不同行业领域培训活动、国内外学术技术研讨会等，让教师借助市场调查、参观访问等手段，了解行业发展的新技术、新技能以及人才市场需求变化等，在发展多方面能力中高效培养职业精神。

第四节　科研校企合作模式研究

科研是学校发展的智力支撑，是提高教师专业水平的重要手段，是提升人才培养质量和服务能力的重要环节。2019年10月，教育部发布的《教育部关于加强新时代教育科学研究工作的意见》（教政法〔2019〕16号）指出，"教育科学研究是教育事业的重要组成部分，对教育改革发展具有重要的支撑、驱动和引领作用。改革开放特别是党的十八大以来，我国教育科研工作取得长足发展和显著成就，学科体系日益完善，研究水平不断提升，服务能力明显增强，为推进教育改革发展发挥了不可替代的重要作用。"该意见还强调应加强科研成果转化，即"增强科研成果转化意识，引导鼓励开展政策咨询类、舆论引导类、实践应用类研究，推动教育科研成果转化为教案、决策、制度和舆论。建立健全优秀教育科研成果发布制度和转化机制，激发地方政府、科研机构、学校、企业转化和应用科研成果的积极性，拓宽成果转化渠道，创新转化形式，

推动教育科研成果及时有效转化。重视知识产权的保护，深化权益分配制度改革，加大科研成果转化的奖励激励。"

一、学校科研现状及问题

学校科研在立足学校教学、管理和学生培养等工作的实际基础上，结合区域经济发展、昆明钢铁控股有限公司产业结构调整及转型升级的技术需求以及中国特色高水平专业群建设要求，目前的建设现状主要体现在以下几个方面。

（一）规章制度较完备

学校制定的科研规章制度有《关于印发昆明工业职业技术学院教科研项目评审专家工作管理办法、教科研项目评审专家劳务报酬支付管理办法的通知》《关于印发昆明工业职业技术学院科研管理办法、科研经费管理条例、科研档案管理办法的通知》《关于印发昆明工业职业技术学院教育奖励金管理办法（修订）的通知》等，从不同方面规范了科研与管理工作。

（二）校企科研资源丰富

1. 建有一批科研基地

学校建有3个应用技术协同创新中心，其中工业机器人应用技术协同创新中心，管道运输应用技术协同创新中心为省级示范应用技术协同创新中心。建有一批技能大师工作室，其中黄静—陈伟钢铁冶金产品研发与工艺控制大师工作室、赵国宏焊接技能大师工作室、周辉林—刘卫标电气大师工作室，为省级示范技能大师工作室。

2. 昆钢人力支持科研发展

昆钢集团有中级及以上专业技术人才3282名，技师高级技师2607名，云南省技术创新团队3个，博士后工作站1个，院士工作站6个。平均每年有100~150位昆钢的专家、一线技术人员、能工巧匠被学校聘为特聘教授、兼职教师、学生师傅到校支持发展，为推动学校科研发展奠定了良好基础。

（三）科研产出成果较好

近三年学校共获得科研课题112项，其中，省部级课题1项、地厅级课题30项、校级课题81项；公开发表论文436篇，其中在核心刊物上发表11篇；出版编著、译著、专著8部；获得专利20项。具体见表4-2所示。

表4-2　近三年科学研究成果统计表

类别	科研课题（项）				发表论文（篇）	编著、译著、专著（部）	专利（项）
	国家级	省部级	地厅级	校级			
数量	0	1	30	81	436	8	20

（四）优势劣势及机遇挑战分析

1. 优势

（1）科研资金投入有保障

学校隶属昆钢集团，与昆钢内部单位合作建立长期的科研基金合作项目，建立协同创新的战略联盟，形成产学研合作的长效机制。2017年，昆钢集团拿出了40.05万元作为科研奖励金，对优秀科研教职工给予奖励。2018年昆钢设立了1000万元的教育奖励金，用于奖励在教育教学改革、科研方面做出突出贡献的教师。2019年昆钢投入500万元设立科研奖励基金，鼓励专兼职教师从事人才培养和科研工作。

（2）产学研用紧密衔接

企校共建了满足学生实习实训、职工培训和产品研发三大功能的"三位一体"实训基地，奠定了技术研究、产品研发的基础。学校技术研发与市场服务得到紧密连接，激发了教师科研积极性，科研实用性得以实现。

2. 劣势

（1）技术服务贡献度不足

根据《2019中国高等职业教育质量年度报告》，技术服务到款额包括纵向科研、横向技术服务、培训服务和技术交易等4项到款额，体现了学校学术和技术及产品研发的能力。近5年全省高职院校年均技术服务到款额约为500万元，2018年云南省高职院校研发服务到款额的中位数为21.3万元，但学校和全省平均水平差距较大，在2018年和2019年的技术服务到款额均为0万元。

（2）科研管理体系不够完善

科研激励机制尚不够完善，主要体现在两个方面：一方面，因科研奖励流程等因素，教师的论文、科研项目和出版专著等一般要延后两年左右才能兑现，这很大程度地削弱了教师科研的积极性和主动性；另一方面，科研的奖励力度有待进一步提高，俗语说，重赏之下必有勇夫，虽然在岗教师的教学工作量和行政管理工作非常繁重，但是如果奖励力度够大，必然有教师愿意利用自己的业余时间从事科研工作。另外，科研在晋升、绩效奖励中的支撑度和贡献度还不够高。

（3）科研团队力量尚显薄弱

教师队伍中高学历、高级职称教师队数量比重较小，科研队伍的能力和水平尚显薄弱，高级别科研课题立项率低、重大成果较少。科研成果在服务行业、企业和社会发展的能力有待加强，技术交易的社会服务贡献度不足。各专业课程建设配套的课程教学资源建设、教学质量诊断与改进等大量研究工作需要推进，教师教学工作量较大，科研精力投入不足。

3. 机遇分析

虽然学校科研工作中还存在一些不足，但是在国家大力发展职业教育的今天还是面临很多发展机遇的。

（1）政策发展机遇

2018年8月，云南省人民政府办公厅《关于深化产教融合的实施意见》（云政办发〔2018〕60号）提出推进协同创新和成果转化的要求，要围绕"产业链"部署"创新链"，强化高校协同创新能力，支持企业、学校、科研机构围绕产业关键技术、核心工艺和共性问题开展协同创新，加快研究成果向产业技术转化。

2019年9月，云南省人力资源和社会保障厅 云南省教育厅出台了《关于全面下放高校教师职称评审权的通知》（云人社通〔2019〕155号），学校具有教师职称评审权，职称评审条件中的"业绩条件"既有发表学术论文的条件，也有出版学术著作、科研项目和发明专利等条件要求。这进一步激发了教师的科研主动性和科研热情。

2019年10月，教育部出台的《关于加强新时代教育科学研究工作的意见》（教政法〔2019〕16号），明确了教育科研研究是教育事业的重要组成部分，对教育改革发展具有重要的支撑、驱动和引领作用。

（2）昆钢集团的技术创新需求量大

昆钢集团将建立本部工业遗址文化旅游及大健康产业基地、面向东南亚、南亚的"互联网+"临空国际物流产业基地、草铺新区绿色智能制造基地等三大基地，基本形成了未来转型升级与跨越发展的产业布局，实现从"生产型企业"向"端到端服务、创新盈利模式"的转型，未来几年急需技术更新、产品研发的大力支撑，这是学校科研发展的极大机遇与挑战。

4. 面临挑战

机遇与挑战并存，学校在职业教育跨越式发展的新形势下面临着两方面的挑战。

（1）新政策对科研提出新要求

2019年8月，科技部等6部门印发《关于扩大高校和科研院所科研相关自主权的若干意见》的通知（国科发政〔2019〕260号）对学校提出要适应实践发展需求，提高科技成果供给，支撑经济社会高质量发展的要求，期待科研"富起来"。

（2）"双高"建设对科研提出高要求

2019年，学校的物流管理专业入选"双高计划"高水平专业群建设单位，"双高"建设对科研提出了更高的要求。鉴于学校还没有国家级科研课题的实际情况，学校各教学部门要以"双高"建设为契机，以物流管理专业为牵引，组建一流科研团队申报相关国家级科研项目,期待学校科研水平和层次"高起来"。

二、校企合作的科研优势

鉴于目前的科研现状及问题,学校应进一步深化校企合作,打破科研现有藩篱,充分利用"校企一体"的办学优势,发挥科研为企业服务的功能。首先,坚持弘扬优良学风的原则。坚持实事求是、理论联系实际,科研不囿于高校研究的象牙塔,走出学校,深入企业,进一步加强校企合作,于合作中形成求真务实、守正创新、严谨治学、担当作为的优良学风,营造风清气正、民主和谐、互学互鉴、积极向上的学术生态。力戒浮夸浮躁、投机取巧,杜绝"圈子"文化,自觉防范各种学术不端行为。其次,坚持开放共享的原则。坚持交流原则,鼓励教师积极参与国内外学术会议,学校争取承办各类学术交流活动,促进多方沟通交流。创新学校与产业融合发展的运行模式,精准对接区域人才需求,提升学校服务昆明钢铁控股有限公司及其他同类企业产业转型升级的能力,推动学校和行业企业加强合作,形成多领域、全方位的共建共享合作,形成命运共同体。最后,立足昆钢,服务云南,面向基层一线、面向企业及社会发展,坚持实事求是、理论联系实际,坚持问题导向,突出教育科研的实践性和技术研发的应用型,以重大教育战略问题和教育教学实践问题及企业一线技术更新改造问题为主攻方向,支撑引领教育研究和技术研发,促进学校科学研究和技术创新。

(一)校企合作发展效益

校企合作进行科研工作从学校发展的角度来讲,一方面可以促进教师队伍素质提升,通过科研,可以培养教师的实践能力和创新能力,并逐渐养成科学的怀疑精神和批判态度。另一方面,为学校发展提供科研支撑。围绕学校建设重点,发挥科研在教育教学改革中的引领作用,开展高质量科研项目,为学校快速发展提供服务支持。

（二）校企合作社会效益

科研工作是知识创新、技术创新、技术开放的重要助推器。学校围绕经济建设中的共性关键技术开展科技攻关，服务地方企业转型发展，社会贡献度大幅提升，赢得社会声誉、提升学校地位。

（三）校企合作经济效益

以校企科研合作为依托，推动技术和产品研发，科研基地是培养创新人才的实践基地，为学校提供实习实践机会，为社会提供了新的就业机会。为昆钢控股集团将来转型为高科技产业集团奠定了科技基础。科研服务企业带来经济创收，提升横向技术服务能力、专利市场转换等，计划未来五年技术服务收益达 2040 万元。

三、企业深度合作取得的科研成果

学校科研工作以习近平新时代中国特色社会主义思想为指导，以深入贯彻党的十九大精神为契机，围绕昆钢转型发展战略、学校高水平专业群建设，用创新思维开展相关工作，完善科研体制机制，科研成果评价趋向合理，营造良好的科研氛围，不断提升教育科研质量和服务水平，为学校、昆钢转型及区域经济发展提供智力与技术支持，社会贡献度大幅提升。

学校科研在进一步深化校企合作方面做了积极的探索与尝试，目前初显成效。

（一）健全校级科研体系

学校在校级科研体系建设方面，和昆钢科创中心进行深入交流、探讨，形成符合规范的而又符合学校自身实际的科研体系。

1. 营造科研氛围

一是修订完善科研人员的培养、培训、管理、学术休假和进修等方面的规章制度，提供给教师科研时间与环境，适当减轻教师除教学任务外的工作。二是激发创新活力，坚持以改革促发展，系统谋划教育教学研究组织形式和运行机制改革，营造学术成长和学术创新的宽松环境。

2. 完善专项经费管理

完善科研经费保障制度，设立专项科研经费，对科技研发专项经费实行科学规划，统筹安排，严格项目建设专项资金管理，按照项目的使用进度，列入年度预算，确保专款专用。继续保持昆钢集团的科研经费，加大各方科研投入，每年科研经费达200万元及以上，主要用于设立校级课题、承办校级学术讲座，培育科研队伍等活动。

3. 完善激励机制

学校科研管理部门用好评价这一"指挥棒"，完善科研评价方式，修订完善科研工作管理、考核办法，健全科研工作良性运行机制，建立年度性的科研考核评价制度。完善《昆明工业职业技术学院科研激励办法》，在晋升、职称评审等方面有所侧重，充分调动科研工作者的积极性、主动性和创造性。

（二）实施科研队伍培育工程

学校充分利用办学主体昆钢公司的资源优势，开展校企交流合作，实施学校科研队伍培育工程。

1. 加强科研培训

学校引进专业带头人、领军人物等高层次人才，同时积极培育本土科研教师。开设校级科研论坛，每年举行不少于10次论坛活动，鼓励教师积极参与；论坛承载着科研提升能力的培训，按照5年一周期的形式完成全校培训，要求每个教师累计不少于360个学时。

2. 加强学术交流

学校采取"请进来、走出去"方式，邀请国内外知名专家、学者来我院进行学术交流、或担任客座教授，进行短期讲学和研究，每年举办不少于4次大型学术活动，不少于20人次进校交流。每年选拔不少于20名科研骨干人员到国外、省外一流大学、科研院所等科研机构进行研修交流，提高学校的教学质量和科学水平贡献力量。

3. 加强校企协同创新

昆钢集团拥有大量的技术人员、博士后工作站、院士（专家）工作站等雄厚的科研技术人员资源，运用协同创新思维，整合科研资源、激发创新活力，探索跨学科、跨校企的科研形式，邀请企业科研人员入校办学术讲座、参与课题等科研活动，每年入校人数达 100 人次以上，促进校企高层次人才在科研领域集聚并发挥积极的作用。

（三）实施科研理实结合工程

1. 提升指导实践能力

坚持问题导向，面向学校建设重点开展科研工作。围绕学校中国特色高水平专业建设及当地企业发展需求设立校级科研项目，每年达 30 项及以上，鼓励教师积极申报，突出科研的实践性，促进学校"双高"建设、"三教"改革，增强科技服务社会发展能力。

2. 提升理论研究能力

坚持理论与实践结合，教育科学研究要围绕国家经济社会发展的战略部署，把握社会变革的大形势、大趋势，加强教育宏观决策和发展战略研究，提升教育政策和科学化水平；要围绕中央关心、社会关注、人民关切的教育热点难点问题，开展深入研究，在重要领域和关键环节取得新突破，提高科研水平。强化校级科研孵化作用，地厅级、省部级、国家级基金项目从校级科研项目中推荐进行申报。纵向科研成果进一步提升，计划五年内纵向课题 34 项及以上、其中省部级及以上课题 12 项及以上，纵向科研经费 150 万元及以上，发表论文 200 篇及以上，出版专著 5 部及以上。

四、科研服务企业转化为生产力

高职院校培养的是应用型技术技能人才，学校的特色在于彰显服务于行业、企业的能力。高职院校开展科研活动应紧密联系企业和市场，通过科技研发将成果转化为应用，促进最新科技成果迅速投放市场，推动企业生产技术立足行业前端，促进生产力发展。总体来说，当前我国高职院校科技成果转化成效并不理想，许多科技成果被束之高阁。学校在科研服务企业转化为生产力方面也做了积极的探索与尝试。

什么是科技成果转化？1996年颁布的《中华人民共和国促进科技成果转化法》对其作出明确界定："为提高生产力水平而对科学研究与技术开发所产生的具有实用价值的科技成果所进行的后续试验、开发、应用、推广直至形成新产品、新工艺、新材料，发展新产业等活动。"该法虽然已颁发实施多年，但在实施过程中，仍然存在相关法规政策不够完善，机制构建滞后，科技成果转化率不高等的问题。

高职院校不仅是大学，而且具有人才培养、科学研究与社会服务的三大职能。高职院校的办学定位是植根于企业和市场的需求，培养应用型技术技能人才，更须在科级成果转化方面发挥积极作用，通过大力推动新产品研发、新技术推广及新工艺改造，促进企业技术更新和效益提升，促进区域经济发展，从而真正实现高效开展科学研究的社会价值。

目前，各高职院校在科技成果转化方面普遍存在转化率较低的问题，究其原因，既有对科技成果转化认识不足的问题，又有缺乏科研团队的高层次科技领军人才的原因，还有高职院校与企业、市场衔接意识欠缺，科研管理制度、机制尚需完善，实施知识产权战略的水平不高，缺少链接企业与市场的专业平台，科技成果转化资金投入严重不足等问题。

（一）完善科技成果转化的投入机制

学校设立专项经费，加大对科研队伍和科研理实结合研究的投入，从政策和制度层面引导企业与学校合作，提高科技成果转化率和为企业服务的水平。

（二）建立科技研发团队合作机制

学校组建高效能、高水平的研发团队。教师要树立"无界化"的发展理念，不断尝试跨学科、跨领域的合作，与企业人员合作组建研发团队，共同参与到科技研发及成果转化的过程中去。

（三）建立有效的学校内部激励机制

学校逐步建立有效的内部激励机制。一是学校对于承担科技研发项目或持有可转化科技成果的教师和团队给予人力、物力和财力支持，还可考虑给予学术休假，让他们集中时间和精力从事研发、成果推广活动。学校重视对科技项目合作、科技成果转化所产生的效益进行评估，对于承担完成相关任务并产生较大影响的教师及其团队，应对其在职称、职务晋升等方面给予优先待遇，激励他们更加积极主动地投入科技研发活动。二是学校逐步调整教师、专业技术人员科研业绩评价标准，提高以科技成果转化应用为指向的指标权重或水平，引导教师、专业技术人员逐渐改变以往偏重于发表论文、著作等重理论、轻实践应用的状况，转而将科研兴奋点和注意力放到科技研发和成果转化应用上来，从而促进行业、企业、地区经济发展为宗旨，把高校和企业、市场紧密联系起来，促使科技成果转变为生产力和经济效益。

（四）实施产品研发工程

1. 完善研发平台

学校充分利用现有的工业机器人、管道运输等应用技术协同创新中心的技术技能研发优势，推动科技攻关及产品研发。结合专业布局及昆钢和云南产业发展，计划五年内建立2～3个科研所或技术研究与开发中心，建成省级以上应用技术协同创新中心1～2个。

2. 加强成果共享与技术合作

学校与昆钢内部单位紧密衔接，建立长期的科研基金合作项目，建立协同创新的战略联盟，形成产学研用合作机制，提高科研的服务水平。对接昆钢控股产业转型升级、云南高端制造产业和中国制造2025，优化调整科技研发方向，面向高端产业进行研究，培育技术人才，促进产品研发。计划每年承担横向项目34项及以上，其中承担企业委托横向项目占50%以上。

（五）实施成果推广转化工程

加强新产品开发和技术成果的推广转化，学校横向科研成果市场化成效显著，每年努力获取专利10个及以上，争取投入市场，推动产品研发、工艺开发和技术推广服务企业，争取每年横向技术服务收入达500万元及以上，实现资源共享，推动"产学研用"一体化，打造产学研用结合的科研平台。

第五节　实训校企一体模式研究

实训基地分为校内实训基地和校外实训基地两部分。校内实训基地是为开展校内实训所提供的空间与设施，是高等职业院校实现人才培养目标和推行教学模式改革的主要场所；是高职教育内涵建设不可缺少的一部分，是实施职业技能训练和职业素质培养的"练兵场"。校外实训基地则是承担学生校外实践和实习教学的场所。

一、校内实训基地建设

（一）学校校内实训基地建设概况

学校遵循"产教融合、校企合作、工学结合、知行合一"的职业教育办学特点，结合昆钢和区域经济发展、产业结构调整及转型升级需求、人才培养目标和学校实际，建成的校内实训基地既是工厂的试验基地、公司的培训基地，又是学生的实训基地。

1. 制度建设情况

学校制定出台了《昆明工业职业技术学院学生实习管理规定（修订）》《昆明工业职业技术学院实习安全及突发事件应急预案（修订）》《昆明工业职业技术学院学生顶岗实习管理办法》《昆明工业职业技术学院学生实习实训管理办法（试行）》《昆明工业职业技术学院校外实习实训基地管理办法》《昆明工业职业技术学院实验实训室管理办法》《昆明工业职业技术学院实训室管理绩效考核办法（试行）》《昆明工业职业技术学院职业技能竞赛管理办法（试行）》《昆明工业职业技术学院学生外出参加各类比赛差旅费报销标准》

《昆明工业职业技术学院实习实训耗材管理办法（试行）》等10余项实训室建设和实践教学方面的规章制度，为校内实训基地建设提供制度保障和政策支持。

2. 校内实验实训室建设情况

学校建有焊工实训室、材料力学实验室、公差配合与测量实验室、CAD/CAM实训室、机械原理实训室、冶金教具模型室、钢铁冶金生产工艺流程展示厅等91个校内实训室，实验实训实习场地18956平方米，教学仪器设备总值7809.34万元，生均教学仪器设备值5906.3元，开出实训项目578个，实验实训课程开出率达到100%。

表4-3 校内实验实训室建设情况一览表

专业名称	实验实训室数量	专业名称	实验实训室数量
资源综合利用与管理技术	0	市政工程	0
黑色冶金技术	15	道路桥梁工程技术	0
材料工程技术	8	测绘地理信息技术	0
材料成型与控制技术	10	汽车检测与维修技术	4
应用化工技术	4	新能源汽车技术	0
工业分析技术	4	空中乘务	0
机械设计与制造	8	汽车营销与服务	3
机械制造与自动化	20	民航安全技术与管理	0
数控技术	6	物流管理	6
焊接技术与自动化	24	物流工程技术	0
机电设备维修与管理	22	电子商务	0
工业机器人技术	3	会计	11
电梯工程技术	0	物业管理	7
供用电技术	17	统计与会计核算	6
电力系统自动化技术	16	人力资源管理	0
电气自动化技术	19	市场营销	4
工业过程自动化技术	18	老年服务与管理	0
工程测量技术	7	康复治疗技术	0

（续表）

专业名称	实验实训室数量	专业名称	实验实训室数量
建筑装饰工程技术	10	健康管理	0
建筑工程技术	11	学前教育	2
建筑钢结构工程技术	18	广告设计与制作	10
建设工程管理	5	计算机网络技术	26
工程造价	10	信息安全与管理	1

3. 校企一体办学优势显著

在对校内现有实验实训实习基地现状分析的基础上，我校校内实训基地建设主要有以下两方面的优势。

（1）校企一体共享基地

昆钢把学校建设发展纳入公司中长期发展规划，形成了"企校一体"特色鲜明的职业教育办学机制。结合公司未来产业发展对人才的需求，由昆钢牵头规划建设满足学生实习实训、职工培训和产品研发三大功能的特色实训基地，构建了"昆钢特色实训基地、校内实训基地和传统校外实训基地"三位一体的实训基地。

（2）基地建设成效显著

以实训基地条件建设和内涵建设为重点，学校取得了一批标志性的建设成果。目前，建成中央财政支持的实训基地1个、教育部工业机器人领域职业教育合作项目应用人才培养中心1个；省级示范实习实训教学基地6个、省级昆钢公共实习实训教学基地1个、省级产教融合示范点1个。实训基地除承担面向学生的实习实训教学任务外，也对企业职工和外校开放，实现校际、校企、校行联盟有限资源合理共享，避免分割局面，最大限度地发挥了设备的利用效率。

（二）校企合作机制在校内实训基地建设中的运用

学校在建设校内实训基地的过程中，充分发挥校企一体的办学优势，资源共享，进一步深化校企合作机制。

1. 建设思路

学校以"就业导向、能力本位"为职业教育培养目标,将理论学习过程与实习实践过程相结合,聘请行业、企业人员参与专业设置和课程建设,在实践过程中融入职业标准,完成"职业性人才"的培养,充分利用学校和企业的教育资源和教育环境,将学生理论学习和实践锻炼相结合,构建校企资源共享、优势互补、互利双赢的校企合作机制。

2. 建设原则

学校校内实训基地建设紧密对接专业群建设,以创新、协调、绿色、开放、共享的发展理念为引领,融入需求导向、产教融合、协同创新、优质服务等现代职业教育发展理念,按照"统筹协调、生产(仿真性)、优化资源配置"的原则,进一步深化校企合作平台建设,完善运行机制,建立实训条件建设持续投入机制。

第一,统筹协调原则。实验实训实习基地建设必须与专业设置及人才培养目标要求相匹配,同时要兼顾科研和社会服务的需求。实验实训实习基地建设是专业建设的重要组成部分,也是专业群体系构建与实施的一个重要保障条件,需要通盘考虑,做到相辅相成、相得益彰、资源共享。在整合资源、新建基地时,要重点加强专业群共享基地建设,拓展和完善面向社会人员的职业技能培训和鉴定等服务功能。

第二,生产(仿真性)原则。结合区域经济发展和昆钢产业结构转型升级的需求,结合专业的招生、就业实际情况,实训基地建设需要发挥好支撑、保障与引领作用。通过真实或仿真的职业环境,建成一批设备条件先进、管理科学规范,集教学、培训、鉴定、技术服务、生产经营等多项功能为一体、特色鲜明的实训基地。实训条件主体建设要与产业生产实际一致,同时,实训基地要具有引领、示范作用,适应产业发展需要,要有现代化、智能化、先进、领先等要素,做到先进性、真实(仿真)性、实用性、开放性、生产性相结合。

第三,优化资源配置原则。重点建设专业性、生产性实训基地,力争发展为区域性共享型实训基地。积极创建、申报省级、国家级示范基地，适时改、扩建不适应市场需求、共享和辐射作用不显著、无可持续发展能力的基础，实现实训基地资源的优化配置。

3. 校企合作内容

校企合作体现在三个方面。一是校企共建。学校采用"优势互补""资源共享"的校企合作模式，与昆钢及对口企业合作建设满足学生实习实训、职工培训和产品研发三大功能的实训基地，构建了"昆钢特色实训基地、校内实训基地和传统校外实训基地"三位一体的实训基地，实现了资源共享，在学校各专业的校内实训教学中使用效果良好。二是校企共管。学校组织校领导、行业企业专家、相关部门成立专门的"实训基地规划建设领导小组和专家组"，结合昆钢转型升级及云南经济发展实际，参与学院的专业建设，各二级学院专业指导分委会吸收行业和企业工程技术人员参与课程建设，使专业设置和校内实训课程体系更加符合行业、企业实际，更贴近岗位需求，并对实训基地规划实施、建设及运行进行指导、管理和监督。同时将岗位能力、职业资格标准、从业者的任职要求和能力要素，融入专业的知识体系和能力体系，最大限度地与企业合作开发实训课程，共同促进学生实践能力培养和专业技能水平的提高。另外，在以校内实训基地为依托的综合实训过程中，学院和企业双方共同制定综合实训大纲和课程计划，聘请企业人员作为辅导教师，以模块化教学为突破口，以模拟工程实战操作技能训练为重心，切实提高学生的实践运用能力。三是校企共赢。以校企共建的校内实训基地和云南省第127鉴定所、冶金行业职业技能鉴定指导中心第54站为依托，积极开展职业技能鉴定工作，每年为社会和企业培训鉴定万人次以上，年培训收入近千万元。另外，学校将校内实训场所和设备提供给合作企业供其培训和研发使用，部分优秀学生和教师在校内实训基地完成的产品直接为企业所用，学校还通过"订单式"人才培养为合作企业培养了所需要的高素质技术技能人才。

二、校外实训基地建设

（一）学校校外实训基地建设概况

学校依托昆钢公司办学，校企深度融合。目前，学校与昆钢玉溪新兴钢铁公司、昆钢股份公司棒材厂、昆钢股份公司线材厂、昆钢股份公司炼铁厂、红河钢铁公司、昆钢耐火材料公司、云南铜业股份有限公司、玉溪华利机电设备有限公司等单位合作建立了68个校外实习实训基地，开出实习实训项目204个，较好地满足了学生认知实习、生产实习、顶岗实习等实践环节的实习需要。

表4-4 校外实习实训基地建设情况一览表

专业名称	实习实训基地数量	专业名称	实习实训基地数量
资源综合利用与管理技术	0	市政工程技术	2
黑色冶金技术	14	道路桥梁工程技术	1
材料工程技术	4	测绘地理信息技术	0
材料成型与控制技术	11	汽车检车与维修技术	5
应用化工技术	2	新能源汽车技术	2
工业分析技术	6	空中乘务	0
机械设计与制造	11	汽车营销与服务	5
机械制造与自动化	22	民航安全技术与管理	0
数控技术	6	物流管理	6
焊接技术与自动化	11	物流工程技术	0
机电设备维修与管理	33	电子商务	6
工业机器人技术	6	会计	2
电梯工程技术	0	物业管理	4
供用电技术	13	统计与会计核算	6
电力系统自动化技术	10	人力资源管理	2
电气自动化技术	21	市场营销	13
工业过程自动化技术	10	老年服务与管理	2
工程测量技术	3	康复治疗技术	1
建筑装饰工程技术	0	健康管理	1

(续表)

专业名称	实习实训基地数量	专业名称	实习实训基地数量
建筑工程技术	7	学前教育	0
建筑钢结构工程技术	2	广告设计与制作	3
建设工程管理	5	计算机网络技术	8
工程造价	6	信息安全与管理	0

（二）校企合作新模式在校外实训基地建设中的运用

学校根据专业及专业群建设发展规划，加强产教融合、校企合作，注重与企业在生产性实训与顶岗实习、教学方案设计与实施、指导教师配备、协同管理等方面的合作，增强学生校外实习实训的教学效果和技能训练水平，各专业毕业生到校外实训基地参加顶岗实习的比例达到90%以上。积极探索校企合作新模式，结合专业选择生产设备先进、技术处于同行业领先水平的企业作为学生定点实习基地，并与企业签订校企合作协议，保证学生参加对口专业生产实习。

1．深化校企合作，实现校外实训基地的教学功能

学校与合作企业共建校外课程教学实训基地，开展现场教学。学校开设的专业课程更多地强调培养学生的动手操作能力，在学生学习过程中，实施现场教学，能在企业现场真实的环境下进行，在理解明白原理和身临其境的基础上学习并操作，往往有助于学生的理解和掌握。另外，校外课程教学实训基地能够为学生了解和理解企业真实经营流程提供了一个真实的现场环境，通过对现场系统的操练和观察可以增强学生的学习兴趣，培养学生的应用能力。而专业教师在经历了企业的应用培训后，专业实践能力也会得到大幅提高，为课堂教学积累了第一手的素材与数据。

2．产教深度融合，发挥校外实训基地的生产功能

学校与合作企业建成校外实训基地后，应进一步深化产教融合，将企业生产产品作为学生实习实训的教学项目，这样既能进一步提高校企合作过程中真实生产的能力，又能合作开展对口专业的产品生产或设计等技术服务项目，在

丰富教师实践经验、培养学生实践技能的基础上，也为企业提供了一定的技术服务，使得校企合作更加深入、更具成效，为校企合作模式进一步创新、人才培养模式继续深化改革提供了有力支持。

3. 资源完全共享，实现校外实训基地的培训功能

昆钢把学校建设发展纳入公司中长期发展规划，形成了"企校一体"特色鲜明的职业教育办学机制。结合公司未来产业发展对人才的需求，由昆钢牵头规划建设满足学生实习实训、职工培训和产品研发三大功能的特色实训基地，构建了"昆钢特色实训基地、校内实训基地和传统校外实训基地"三位一体的实训基地，充分实现了资源共享，更好地实现了校外实训基地的培训功能。

具有培训功能的校外实训基地建成后，既能满足专业在校学生的实习实训任务，又能更好地开展校外教学性实习，完成专业人才培养技能训练。除此之外，还能够为社会及企业提供多工种的社会培训和技能鉴定。与此同时，还能够满足"双师型"教师的培训工作，选派骨干教师到基地企业进行挂职锻炼，在丰富自身企业生产经验的同时，也能为企业解决一定的实际问题，并且能够为企业进行职工技能培训。

4. 紧密对接生产，提升科研的社会服务功能

校外实训基地建成后，学校专业教师的社会服务能力也随之提升。在校外实训基地，教师可以在学习企业生产经验的同时，将先进的生产技术和新工艺应用于企业工作实践，帮助企业解决一定的实际问题，并使科研成果得以推广和应用，这既提升了科研成果的社会服务能力，又为区域经济发展提供智力支持，也使校企合作的程度更深、更广，更进一步提升了学校的社会服务能力，真正实现企业良好的经济效益和社会效益。

校外实训基地是高职院校实践教学课堂的延伸，它不仅是学生与专业岗位"零距离"接触的重要场所，也是学生道德情操、职业精神和企业意识形成与发展的前沿阵地。所以，高职院校校外实训基地的建设是学校发展的重要组成部分，只有运用科学合理的方法指导校外实训基地建设，才能保证校外实训基

地实现教学、生产、培训和科研的功能，才能保证校外实训基地健康可持续地发展和运行。

第六节 企业办高职院校的管理思考

习近平总书记指出："职业教育是国民教育体系和人力资源开发的重要组成部分，是广大青年打开通往成功成才大门的重要途径，肩负着培养多样化人才、传承技术技能、促进就业创业的重要职责。"可见，作为高等教育重要组成部分的高职教育，在高素质技术技能型人才培养方面起着不可替代的作用。所以，优化高职院校的内部管理，最大限度地调动和发挥广大高职教育工作者和教育对象的积极性和创造性，提高管理效率，形成高效和谐的管理模式和独具特色的管理文化，对培养高素质技术技能人才具有十分重要的作用。

学校管理是一门高深莫测的应用科学，既需要理性智慧，更需要实践智慧。昆明工业职业技术学院作为一所国企公办高职院校，在管理上既提高学校自身创新能力，提升人才培养品质，实现学校跨越式发展；又创新管理机制，使学校内部管理水平上档次，使管理更加科学化、精细化和人性化。

一、管理的成效与特色

学校从1964年的昆钢技工学校发展至今，在管理上做出很多尝试与探索，已初步形成独具特色的管理理念与管理模式，在学校发展的过程中起到了重要的作用。

（一）坚持依法治校，优化治理结构，充分实现学校的管理职责

依法治校是学校在管理中遵守法律条文，并按照国家法律法规自主开展教育教学活动，通过教育改革的推进不断完善管理制度，促使学校管理走上制度化、规范化和科学化道路，依法保障学校、教师、学生的合法权益，在管理制度和方法中体现法治精神，凝练学校自身精神，形成独具特色的现代职业院校

制度体系。

1. 依法治校的路径选择

学校在依法治校过程中从树立法治化的治理观、健全依法办学的制度体系、建立依法行政与办学的执行与监督机制以及构建独具特色的法治化文化环境四个方面进行了积极的探索与实践。

（1）树立法治化的治理观

学校治理是以法治为基础的治理，而法治是学校治理的基础与保障。法治化的治理是学校治理理念向现代化方向发展的指引，进一步转变以往以管理为主、以人治为主的治理观念，依法办学，依法行政，依法育人。最终实现依法办学的自主化，学校内部管理体系的制度化、办学行为的规范化、重大决策的民主化、师生权益的合法化。

（2）健全依法办学的制度体系

制度在依法治校中起根本性、基础性、长期性及稳定性等作用，内部规章制度是学校内部依法治校和接受社会监督的重要依据，建立制度体系也是实现人治向法治转变的重要路径。学校的章程既是学校内部管理的根本大法，又是学校内部管理的行动纲领。学校在管理过程中建立以"章程"为统领，"章程——学校内部管理制度——部门管理制度——单位内部管理制度"体系，进一步加强顶层设计，依章管理从而实现依法治校。

（3）建立依法行政与办学的执行与监督机制

决策、执行、监督是依法治校的重要过程控制，在一定程度上反映了一所大学治理的有效性。学校在治理过程中构建完善的"党委领导、校长负责、专家治学、民主管理、企业参与、社会监督"的依法治校工作体系。具体采取五方面的做法：一是学校加快建立全过程、全方位、全员化内部质量保障体系，在人才培养的全过程中进行自我诊断与监督，形成螺旋式上升的闭环系统；二是发挥董事会、监事会、教代会、党委常委会、专业教学指导委员会、学术委员会等监督职能，用法律手段加强招生、招标、组织、人事等重大事务运行中的监督作用;三是加大校内管理制度的执行力度,并随着各级政府对职业教育的要求与规定和学校办学实践中出现的实际问题进行动态修订与调整;四是建立常态化校务及信息公开制度,扩大学校重大事务的知情权与知情范围,让权力在阳光下运行;五是建立学校法律顾问制度,在重大纠纷中发挥法律顾问的指导作用。

(4)构建独具特色的法治化文化环境

依法治校不仅是一种制度层面的东西,更多是精神层面的追求,是长期积淀所形成的一种精神、传统和文化意识,因此,法治化的文化环境建设是依法治校的灵魂,也是重要环节。法治化的教育形态体现的是价值观、思想意识和行为方式上达到民主、自由、理性等与合法性的完美结合,是为了适应高职教育目标实现而为高职学生创设的教育文化、法治文化与教育氛围。学校在治理过程中立足本校实际,构建法治化的校园文化环境,让法治成为一种自觉,形成民主、自由、和谐的文化氛围,最终目标是通过校园软环境与硬环境建设与德治结合,在以法立人中实现立德树人。首先,学校加强以人为本的法治化校园软环境建设,关注学生个体、教师的主体意识,增强师生法治观念,使法治文化内化于心、外化于形。其次,加强法治化校园硬环境建设,重点从建立校园景观和法制宣传栏、校内规章制度上墙、加强实训室管理规章流程等文化硬环境建设等方面入手。再次,利用好文化载体,依靠校报、校广播台、校园网站和校园公众号等新媒体,进行立体化的法治文化宣传,做好文化沟通与互动,加强学生权益保护意识。最后,利用好活动载体,在法治实践中如模拟法庭、法治讲座和参观法院等多种实践活动中促进学校师生形成法律文化自觉。

2.优化治理结构的路径选择

优化治理结构是提升学校治理的重点。一是落实党委领导下的校长负责制,坚持党委的集中统一领导与领导核心地位,依法保证校长行使职权,建立健全党委统一领导、党政分工合作、协调运行的工作机制。二是充分发挥学校学术委员会的作用。有效协调行政权力与学术权力的关系,健全以学术委员会为核心的学术管理体系与组织架构，充分尊重学术主体性，充分发挥学术委员会在专业建设、科研建设、学风建设等方面的重要作用，充分支持学术委员会在其职责范围内独立行使职权。三是不断完善民主管理、民主监督的建设。要正确认识教代会、职代会、学代会在学校治理结构中的地位和作用，进一步完善教代会、职代会、学代会的具体工作制度，充分发挥教代会、职代会、学代会的民主管理与民主监督职能。四是创新社会组织参与学校治理的形式。建设制度化治理架构，健全各利益相关方的联席会、董事会、理事会等治理结构和决策机制，使行业企业等社会组织真正有效参与学校治理。

（二）遵从教育规律，实施校本管理，充分发挥学校的管理自主权

学校在依法治校的过程中，遵从教育规律，立足作为高职院校的自身发展实际及要求，打破传统的高职院校管理，积极进行创新，找到适合自身办学特色的管理模式。

学校作为国有特大型国企举办的高职院校，不同于政府办的高职院校，在管理中实施校本管理，充分发挥学校的管理自主权。而学校的校本管理主要体现在两方面：一是学校独立于政府系统。虽然学校也归云南省教育厅管，但是人事和财政又归办学主体——昆钢集团公司，所以学校的管理是独立于政府系统；二是内部管理决策权下放，突出学校的自主管理。学校管理虽然实行的是党委领导下的校长负责制，但是学校教职工和学生等群体广泛参与。而学校内部管理权下放，不仅可以激发学校成员的主人翁意识和积极性，而且能使学校的管理和决策更符合实际情况，更利于决策的有效落实与执行。

学校实施校本管理，拥有专业设置、人事管理、教师评聘、收入分配等方面的办学自主权，这并不意味着政府完全不能插手学校事务，政府对整个职业教育体系拥有统筹管理的权限，校本管理只是限制这种权限的使用时机，并非否定其效力。而学校的运行与管理需在法律、法规范围内进行，其管理受到司法系统的限制，并非毫无约束，这也符合我国的依法治国理念，学校管理自主权是无法挑战法律权威的。另外，为了保障校本管理的有效实行，学校采用了

分学院管理、学校统一管理和管理与监督并行等方式来提升学校的管理水平和治理能力。

1. 分学院管理，实现内部管理权限的下放

学校按照专业群共设置8个学院，即建筑工程学院、机械学院、冶金化工学院、交通运输学院、电气学院、计算机信息学院、经济管理学院和人文教育学院。这样的学院设置既考虑了专业和授课需要，也给学校的行政管理带来了便利。目前，学校管理既有分学院管理，又有学院管理上的校级机构的集中管理。每个学院根据专业和学生特点，形成自己的管理模式，在校级管理允许的范围内拥有最大的自主权，能够决定本学院内部的管理事项，各个学院之间互不干涉，能够自由安排活动，有相对独立的组织运作，当然，这种独立性是建立在学校统一管理的基础之上，而学院管理是不能逾越校级管理的效力。

2. 实行统一管理，提升学校治理水平

学校虽然依靠学院进行管理和执行决策，但是，学校的运行绝不放任各个学院之间独立运行和管理，均由校级管理层的统一管理和领导，从而形成独属于学校的管理特色和统一的管理制度。所以，分学院而治的基础是统一的学校，它具备唯一的领导层、权威的制度和管理章程、独立的监督机制、自下而上的民主机制和参与机制以及自上而下的执行机制。为了保障学校的统一管理能提高教育教学水平、提升教职工素质、培育学生能力以及完善学校管理制度和治理体系，设立教职工代表大会，审议学校重大决策、重大事项和重要制度，充分发挥教职工代表大会在学校统一管理中的积极作用，进而提升学校的治理水平。

3. 管理与监督并行，健全内部治理结构

学校全力落实党的十九届四中全会，聚焦坚持和完善中国特色社会主义制度、推进国家治理体系和治理能力现代化，健全内部治理体系和党委领导下的校长负责制，努力完善以章程为核心的现代职业院校制度体系，建立和完善现代职业院校制度，全力提升学校治理整体水平和治理能力现代化。

（1）强化党委领导核心作用，提高科学决策能力

以学校章程为统领，依法治校，形成"党委领导、校长负责、专家治学、民主管理、企业参与、社会监督"的高职学校治理结构，面向市场履行法人主体职责，自主办学，不断提高理性选择和决策能力，激发办学活力。根据学校改革发展的要求，适应新时代、新形势和新要求修订完善学校《章程》，强化《章程》在学校依法自主办学、实施管理和履行职能方面的基础作用，发挥法务管理在学校依法治校中的作用。

（2）厘清职责，完善学校管理体制和监督体制

学校以内部控制评价体系为抓手，强化制度体系建设和制度运行与过程监督。深化内部管理体制改革，用好专业设置机制、人事管理、教师评聘和收入分配等方面的办学自主权，全面做好"大放权""大监督""大激励""大创新"工作，加强"放管服"改革能力，按照人权、事权、财权统一的原则，开展校院两级管理。加强董事会和监事会等机构的建设，发挥咨询、协商、议事和监督作用。加强校务制度的建设，加强社会监督。

（3）加强学校学术委员会建设，提高学术治理能力

严格执行学校规章，统筹行使学术事务的决策、审议、评定和咨询等。加强学校专业建设委员会，指导和促进专业建设和教学改革，发挥学术委员会在学校依法治校中的作用。

4. 立足学校实际，健全内部质量保证体系

（1）建立健全专业（群）动态调整机制

学校以《高等职业院校专业目录》和《高等职业院校专业设置管理办法》为依托，聚焦昆钢公司"做优钢铁产业链，做强物流服务网，做好产城生态圈"发展战略，大力扶持新兴专业，提高学校专业结构与地方经济、企业发展结构的契合度，把好质量内部保证的入口。

（2）完善自我质量保证机制

以人才培养工作状态数据采集与管理平台为基础，推进教学工作诊断与改

进制度建设，建立常态化的学校自主保证人才培养质量机制，建立和完善内部质量保障体系，把好质量内部保证的过程。

（3）完善质量评价机制

以对用人单位有较大影响力的行业协会和行业职业教育指导委员会为依托，以行业企业的用人标准为依据，开展专业层面的人才培养工作诊断改进试点，倒逼学校相应专业的改革与建设，把好质量内部保证的出口。

（三）遵从企业规律，采用企业管理模式，提升学校教育质量管理水平

学校作为企业办学的高职院校，其性质是企业，所以学校在治理的过程中除了遵循教育规律外，还要遵从企业规律，并采用适合学校的企业管理模式，从而提升学校教育质量管理水平。

1. 全面质量管理模式

学校采取企业普遍采用的全面质量管理模式。经实践证明，全面质量管理模式是一种行之有效的管理途径和思想，在全球企业界有着十分广泛的应用，并且发挥着不可替代的作用，因其有效保证了产品的质量而得到广泛的认可。

全面质量管理涵盖三个理念，即产品质量是在生产过程中产生，而不是在检验中得来；在生产链下，产品质量责任可向生产以外的领域推广；质量不是通过检查，而是通过预防得以实现的。学校的全面质量管理也与此对应，并秉承三个重要的理念，即教育质量是在教育教学过程中形成，而不是通过单纯的考核得到的；教育质量考核并非是通过单纯的终极性考试，而是通过预防、调控和监督得到的；教育质量可以向教育环节以外的工作上延伸。学校全面质量管理涵盖以下三个方面的核心内容。

（1）全过程

在人才培养的整个过程中，一直贯穿着教育质量问题。即从专业设置、市场调研、实施的整个专业教育教学活动以及毕业指导、毕业生反馈全过程进行体现。

（2）全方位

全方位是各项工作的质量和效果，和学校所有人才培养方案有关，包括就业服务、后勤、学生管理以及教学工作。作为一个系统，学校的各个单位和部门之间的工作，都围绕人才培养目标展开，真正促进人才培养质量。

（3）全人员

具体是指学校的全体员工都要参与质量管理与建设工作。坚持以人为本的理念，将每个人工作的主动性和积极性充分调动起来，对团队精神和集体意识进行强化，科学合理地制定各个专业的人才培养质量目标，并对每一个工作环节的活动层层落实。将质量的考评、实施和设计等一切微观教育教学活动都纳入其中，以形成质量至上的校园氛围。

2. 企业管理模式下的学校教育质量管理优化策略

（1）以就业为导向，对专业课程进行改革

学生是否具备真正的职业素养和实际操作能力，是高职毕业生质量的外在体现。在以职业岗位适应性为目标下，所培养的学生应具备职业变化的适应性和较强的社会就业竞争力。所以，学校以就业为导向，依据专业的职业资格证书，对现有的教学内容和课程体系进行改革，重点对专业课程进行改革。而专业课程改革是以任务为驱动，以职业岗位的工作项目为导向，将学科的新知识、新工艺和新方法融入教学，并且整合、归纳和重组相关知识、优化原有的知识结构和课程体系，从而形成新的课程体系。

（2）高质量实施"1+X"证书制度，增强学生就业竞争力

"1+X"证书制度的实施，是高职院校人才培养模式的重要特征，也是人才培养目标的具体表现，体现了高职教育应该承担的义务和责任。职业资格证书是高职学生就业的通行证，是对人才进行衡量的重要尺码，彰显了高职院校为学生就业服务、以就业为导向的办学宗旨。"1+X"证书的实施，学校主要开展六五方面的工作。一是建立专门机构，对实施"1+X"证书制进行强化；二是遵循职业技能培训要求，对校内外实训基地进行建设和规划；三是为了保

证顺利实施"1+X"证书教育，对职业技能的师资培训进行强化；四是依据职业资格证书，改革专业各项配套教学；五是建立"1+X"证书的保障机制，并且加大人、财、物的投入。

（3）发挥校企一体办学优势，对人才培养模式进行创新

学校充分利用校企一体办学模式的优势，在人才培养方面实施产学研合作模式。学校以就业为导向，优化教育教学过程，同集团相关企业建立了资源共享、人才共育、过程共管、成果共享、责任共担、互惠共赢的"校企一体化"办学和人才培养机制。这样的人才培养模式使毕业生的就业竞争力和社会适应性得到进一步增强。

（4）突破传统教学考核形式，建立新的教学质量评价体系

"1+X"证书制度的推行，学校突破传统教学制度中的以文化试卷考试为主、校内封闭的评价体系，对用人单位的职业能力标准和学历知识进行统筹，对行业企业要求和学历标准进行统筹，使质量评价体系和质量标准得到进一步完善。同时，实现教学评价的几个转变：一是评价主体的转变，评价人员由原来的学校单方面考核转变为行业、企业和用人单位的共同参与考核，实现评价主体的多元化；二是将终结性的、单一的文化试卷考核向过程性的、多样性的考核转变，从而使学生的实践能力和所掌握的理论知识更客观地得到体现；三是考核方式的转变，由原先的理论知识考试为主向考核学生实际操作能力方面转变，主要考察学生的职业技能；四是将标准答案的考核标准向综合评价转变，对学生思维的迁移和知识的迁移进行发展，使学生的社会适应能力、就业能力和创新能力得到真正提升。

（四）倾注人文关怀，实施文化管理，提升学校内部管理水平

人文关怀是指对生命个体进行人文精神的观照、牵引和培育，它真正地关切个人生命存在的尊严、意义与价值，关心个体生命的成长和发展，促使其形成积极向上的健全人格和独立个性。在学校管理中，依法治校是人文关怀的保证，人文关怀是依法治校的最终目的，两者目标都是一致的，都是为了人的发

展。学校在管理中坚持依法治校，倾注人文关怀，实施文化管理、科学管理，对学校的全面发展具有深远的意义。

1. 文化管理内涵

文化管理是指以文化为根本管理手段，通过在组织内部培育共同价值观、共同愿景、共同的行为规范、和谐的人际关系、卓越的团队精神，使组织成员在自觉实现组织目标的同时，实现个人价值的一种管理模式。

文化管理是最高层次的人本管理，其本质是以人为本，以人的全面发展为目标，把人视为组织最重要的资源和管理的主体，强调人的能动作用，强调团队精神和情感管理。文化管理以价值观培育塑造为核心，引导组织成员自觉努力工作，在创造社会价值的同时，实现个人价值的最大化。

学校的文化管理就是以培育师生共同价值观、凝聚师生发生共识、激发师生内在驱动力、实现学生增值与教师自我实现为最终目的的管理理念和模式，其实质是借助学校文化对全体师生的教化达成教育管理目标。

2. 主要特征

文化管理迎合了现代社会经济发展和劳动者文化素质提高而引发的管理方式变化的需求，是一种更高效和谐的管理理论。其主要特征表现在三个方面：一是文化管理强调人的观念在管理中的作用；二是文化管理秉持"以人为本"的管理理念，重视人的情感，把人作为组织最重要的资源，把发挥人的主观能动性和促进人的发展作为一切管理活动的最终目标和最高境界；三是文化管理采取理性与非理性相结合的管理方式。理性管理是一种刚性管理，注重制度管理，强调管理的科学性和规范性；而非理性管理则是一种柔性管理，注重情感管理，强调管理的人性化、个性化和灵活性。文化管理则将这两者有机地结合，形成一种理性与非理性相互渗透、相互融合的刚柔并济的新理念和新模式。

3. 学校实施文化管理的策略

学校实施文化管理是从转变管理理念、管理方式到共同价值观塑造、组织重构、行为渗透的系统工程。学校的做法是有目的、有计划、有策略地系统推进文化管理。

（1）精心凝练与培育师生共同价值观，明确目标定位

共同价值观是被学校师生广泛认同的办学宗旨、办学理念、价值观念和共同愿景，是文化管理的最核心要素，是培育学校向心力和凝聚力、发挥文化管理动力源作用的基石。学校在提炼和塑造共同价值观时坚持"校企一体、产教融合"的办学理念和"服务社会""以人为本"的价值取向。树立师生认同的社会本位与个人本位相结合的价值观，将师生切身利益的满足统一到学校共同价值观的实现之中，引导和激励师生积极进取，并将学校的价值观、要求变成自己的学习、工作自觉和良好习惯，在满足社会职业岗位需求、服务区域经济发展的同时，实现师生的自主发展与可持续发展。

进行准确的目标定位是学校实施文化管理的关键步骤。学校根据社会和本地区教育发展要求，基于学校办学历史和现状，整合各种资源，对学校发展趋势作出科学预测，进行准确的目标定位，同时把学校的整体价值取向渗透到确定的目标中；把办学宗旨、发展理念、育人目标和治校方略转化为师生共识、奋斗方向和共同遵守的行动指南，师生齐心合力，自觉、积极地为实现学校目标和个人价值目标的统一而奋斗。

（2）大力促进校园文化与企业文化的深度融合，培养高素质技能型人才

学校将校园文化与企业文化深度融合，把办学主体昆钢公司的企业文化（"传承匠心、创新超越、开放共赢"的企业精神和"务实、创新、合作、担当"的核心价值观）融合到学校管理和人才培养的全过程、全方面，培养受企业和社会欢迎的高素质技术技能型人才。

1）以专业文化建设为抓手。专业是学校人才培养与社会需求对接的桥梁和纽带，是其主动服务社会经济发展的关键环节，更是学校办学特色和核心竞争力所在。学校把企业文化教育纳入教育的整体设计中，努力做到五个对接，即"专业与产业、职业岗位对接，专业课程内容与职业标准对接，教学过程与生产过程对接，学历证书与职业资格证书对接，职业教育与终身学习对接"。

真正实现人才培养与岗位需求的无缝对接。

校企合作,共建专业。学校充分利用校企一体的办学优势,整合学校和企业的教育资源,企业参与人才培养的全过程,学校聘请企业高管、技术大师、能工巧匠和业务骨干到学校兼课,让学生到企业的学校实训基地进行实习实训。学校主动引导学生在校期间逐步接受企业的价值观念,树立市场意识、责任意识和效益意识,强化敬业、务实、创新、合作、担当等企业文化密切关联的教育内容,把专业文化建设与职业道德教育、企业精神培养紧密结合在一起,并通过向企业输送富有文化修养的高素质技术技能型人才提升企业文化,有效地实现学校与企业文化的相互渗透、对接和融合。

2）以校园特色专题活动和师生企业实践为载体。校园专题活动是行为文化的重要组成部分,是教学活动的拓展和延伸。学校根据"校企一体、铸钢铸才"的办学特色,积极开展富有专业特色、体现职业规范和职业技能的丰富多彩的专题活动,使校园文化凸显职业化、社会化的特色,更好地与企业文化对接、融合,提升并创新学校校园文化的内涵。比如举办会计扑克牌技能大赛、校园大舞台等活动,密切学校与企业的联系；邀请成功企业家进校园,交流创业经验和职场心得,与学生对话互动,让学生更直观地感受企业精神和企业文化,提升学生的职业素养。

加强师生与企业的接触和实践是促进校企文化交流和提高师生实践能力的重要渠道。学校教师通过到企业调研、挂职、技术服务等方式,掌握最新的技术和标准,及时更新专业知识和技能。学生通过在企业中的实训与实践教学活动,学习和亲身体验企业文化,在提高专业实践能力的同时,感受企业价值观和企业精神,增强团队意识、创新意识和成本效率意识等,从而提高职业道德和职业素养,并实现学校文化与企业文化的对接、融合。

（3）构建科学公正的制度文化,实现管理制度化与人性化的统一

制度文化是具有组织特色的各种规章制度、道德规范和员工行为准则的总和。它集中体现了组织文化的物质层和精神层对成员和组织行为的要求,是以

学校文化核心价值体系为导向而形成的规则。制度文化是文化管理的基础保证机制，实行文化管理，不仅要建立健全制度，更要保证制度本身的公正合理。

学校各项管理制度的制定充分体现了师生共同价值观的核心诉求，尊重和保障师生的权益，以服务教学、激励师生成长为宗旨。制度建设真正体现了平等的文化导向，让师生通过适当的途径参与到制度建设中，使制度更加合理并被师生认同。例如，在学生管理上，从强调纪律约束向注重调动学生自强、自律意识转变，从而提高学生自我教育和自我管理能力；在教师管理上，学校从侧重教师行为规范向注重教师内在潜能发挥转变，促进教师自主发展和专业化发展；在教学管理上，从关注教学规范向关注教学应有的文化价值转变，满足多样化、个性化的教育需求；在科研管理上，从注重硬性指标的完成向激发教师科研的内生动力转变，实现教师自我增值和社会服务的双重功效。

学校建立以激励导向为主、惩罚约束为辅的公正的教职工绩效考评体系，真正激发教师群体的内聚动力。同时，学校给教师提供学习进修、企业挂职锻炼、作为学者到名校访学和出国考察等"充电"机会，为其职业发展搭建平台。并将制度管理与文化管理有机结合，用制度管理的"刚性"规范师生尚未自觉的行为，用文化管理的"柔性"唤起师生自强、自觉、自律的内在觉悟，凸显"文化管人管住魂"的优势作用。

制度管理的关键在于执行。规章制度的执行体现了人文关怀，刚柔并济、张弛适度。学校建立了管理者与师生间的平等关系，提倡"换位思考"、对话协商解决问题。另外，学校尤其重视被管理者的内心感受，承认个体诉求多样化，强调相互理解与支持，以情感和共识为基础，以共同价值观为根本，促进师生和学校共同发展。

（4）营造平等、相互尊重的组织氛围，创新管理方式

营造平等、相互尊重的组织氛围，是充分发挥文化管理作用的必要条件。学校坚持"以人为本"的管理理念，实行民主管理，充分调动师生的积极性、主动性和创造性。主要做法有两个方面。一方面，以师为本。尊重教师的主体

地位和人格个性，重视教师在管理中的参与意识和创造意识，关心教师的精神需求和自身发展。通过多种方式和渠道（教职工代表大会等）让教师参与学校管理，激发教师的主人翁意识和创新意识，并使教师对学校的管理具有信任感和归属感，从而增强对学校的认同感，并把学校的事当作自己的事来做，最大限度地发挥教师的潜能，提高其自豪感、使命感、工作责任感和工作效率。另一方面，以生为本。尊重学生，采取以学生为主体的教育、管理和服务模式，把学生放在平等的位置进行民主对话。欣赏学生，因材施教，鼓励学生的个性发展，激活学生创造的内动力，关心学生的成才与个人发展。因此，形成学校关心教师、教师热爱学生、学生尊敬教师、教师支持领导的和谐积极的组织管理氛围。

学校的中心工作是教学、科研等学术活动，这决定了行政权力必须服务于教学和科研工作。学校行政人员不断强化管理即服务的意识，保持对学术的敬畏之心，尊重教师，善待学生，尽心尽力为师生服务。另外，学校大力加强团队建设，倡导团队管理、合作学习与交流分享，使师生在团队中取长补短，共同成长，为实现共同愿景而创造性地学习与开展工作。

采取"外圆内方"的管理方式。文化是圆、制度是方，情感是圆、原则是方。"文化是圆"是指通过塑造共同价值观、共同愿景、共同的行为规范，营造团结、进取的氛围并形成学校文化，提升师生员工的精神境界和文化素养，实施有效的管理。"制度是方"是指制度的内化，把制度变为一种自觉的习惯。制度建设是学校文化建设的基础，而作为管理软手段的文化，必须建立在管理硬手段——制度建设到位的基础上，文化是制度内化的润滑剂。"情感是圆"是指在管理行为上要注重情感的运用，设身处地为师生着想，满足他们合理的需求，为他们提供良好的教学和生活条件。并因势利导，充分调动师生的主动性、积极性和创造性，为他们创造发展的机会和平台，适时满足师生成功之乐，激励他们向更高的目标努力，促进师生个人的发展和成功。"原则是方"是指加强师生的自我约束和自我管理，营造教育的风清气正环境，严谨治学，坚守学术道德和教学质量的底线。所以，"外圆内方"，以文化引领学校和师生的发展，间接、隐性、柔性地约束师生的行为，实现师生员工"随心所欲而不逾矩"的大学之治。

（5）强化学校品牌形象和校园文化建设，彰显办学特色

学校把先进的办学理念与发展思路、优良传统与作风、杰出人物与事迹、大学精神与文化等通过校标（见图4-2校徽[①]）、校训（学以致用　德优技高）、校风（教真育爱　知行合一）、校歌（见图4-3）、标志性建筑、校园自然环境等视觉化和系统化，形成鲜明、强大的学校品牌识别效应，全面彰显学校文化特质和办学特色。

图4-2　校徽

图4-3　校歌

---

① 校徽中部红色的图案为昆钢集团厂徽，代表学院为国有大型集团昆钢举办；校徽中部由变形的 GY 字母构成，代表学院以工科为主的"工业"类高职学院；校徽中部变形的 Y 字母如正翻开的书，体现学院浓厚的文化氛围；校徽的外缘用中文和英文注明了学院的名称，中文用繁体行书，厚重的字体代表学院悠久的办学历史。

校园文化是学校办学理念和学校精神的集中反映，是办学特色的内涵和精髓，是学校文化管理的重要组成部分。学校立足自身的文化底蕴并不断创新，突出办学特色，通过文化盛事（昆钢建厂 80 周年庆祝活动等）和社团活动，营造特色文化氛围，以优雅的校园环境、浓厚的学术氛围、和谐的民主氛围、丰富的文化生活、昂扬的精神风貌、优良的学风校风，全面加强学校的校园文化建设，使文化理念渗透到教师和学生的日常行为中，让广大师生在散发人文气息、高雅情趣的优美校园中受到熏陶、教育和激励，充分发挥文化在人才培养、科技创新、社会服务和学校发展中的作用。

学校在这样的特色管理下已取得较好的管理成效。学校是云南省优质高职院校立项建设单位、"全国毕业生就业典型经验高校"（全国就业 50 强）"全国冶金行业技术技能人才培养示范基地""中国钢铁行业专业人才继续教育基地""教育部首批 100 所现代学徒制试点高职院校""教育部中德诺浩汽车高技能人才培养助推计划校企合作项目学校""教育部工业机器人领域职业教育应用人才培养中心项目合作院校""中央电化教育馆职业数字校园建设实验校""澜沧江—湄公河职业教育联盟常务理事单位""云南省优质高职院校立项建设单位""云南省省级示范高职院校""云南省示范性职业教育集团建设单位"（学校主办的云南工业职业教育集团）"云南省高技能人才培养基地""云南省管理水平提升行动计划职业院校管理 15 强示范建设单位""云南省职业院校教学管理 15 强和学生管理 15 强案例推荐单位""云南省文明单位""云南省文明学校""云南省平安校园"。2018 年，学校《"三区四化六融合"国企办学模式的改革与实践》获职业教育国家级教学成果二等奖，学校通过国家级现代学徒制第一批试点项目验收。2019 年 10 月，经国家教育部、财政部批准，学校成功入选"中国特色高水平专业群建设"单位！2020 年，学校"校企一体显优势 双师教师促发展"案例被教育部教师工作司入选为首批全国职业院校"双师型"教师队伍建设典型案例。

二、管理的思考与建议

学校虽然在管理上卓有成效，但是也存在一些困难和问题。2014年6月23日至24日，国务院召开全国职业教育工作会议，下发了一系列关于职业教育的文件，国家对职业教育的重视达到了空前的程度。特别是《关于建立和完善以改革和绩效为导向的生均拨款制度加快发展现代高等职业教育的意见》（财教〔2014〕352号）提出了生均拨款要达到的明确标准，这对国企办职业院校来说是天大的福音。但是，在具体运作中，存在以下困难和问题：

（一）定位不够准确

国企办高职院校体制不明确，处于公办和民办之间，在招生和收费政策上按有生均经费的政府办普通高职院校来运作和控制，但并没有生均经费补贴，使得国企办高职院校与政府办高职不能处在同一个起跑线上，可以说是办学不公。国企办高等职业教育办学类别未得到足够重视，不利于充分调动国有大企业办高等职业教育的积极性。

（二）资金投入严重不足

第一，国企办高职院校虽属公办，但没有生均拨款和事业拨款。

第二，办学主体（昆钢集团）很重视学校的发展，也给予了政策、资金、人才、设备等各方面支持，但企业因市场风险和经营效益的波动，对办学不可能形成稳定的投入机制条件。另外，上级主管部门对企业的挂钩考核体系无办学投入等相关指标，也对企业办学的积极性存在机制方面的影响，造成企业办学存在政策制约和投入力不从心，不利于职业教育事业的长期发展。

企业在政策上只能按市场运作模式，对学校实行自收自支、自负盈亏政策，使学校在资金、办学条件、学院发展等方面面临诸多困难。

第三、昆钢公司每年要向政府上缴教育附加费6000余万元，但政府对企业办职业院校均无财政拨款支持，这不利于鼓励企业办好已有的职业教育。

同时，从全国范围来看，在具体执行相关政策的过程中，由于各省的理解不一，执行情况也不尽相同。据了解，浙江、安徽、湖南、山东等省已出台相关文件，对国企办高职学校实施了与其他高职院校同等的经费划拨标准，而云南省在执行过程中，把两所国企办学仍然归入社会办学一类，使学校无法在办学经费方面享有与政府办高职院校同等待遇及同等的生均经费拨款。为此，学校向省教育厅、省国资委报送了请求给予生均拨款的请示，向曾经分管教育的云南省委领导做了汇报，最终的解决结果仍然是要求举办方昆钢解决学校生均拨款问题。

（三）建议

1. 国企公办高职院校在办学经费方面应享有与政府办高职院校同等待遇，享有同等的生均经费拨款

国有企业是国家财富的主要创造者，是国家重要的纳税人，来源于国家税收的教育经费，国企公办高职院校应优先拥有或公平享有。但是，目前国企公办高职院校没有享有国家的办学经费待遇。

建议省财政厅考虑教育经费按照专科生均标准拨给国企办高职院校，使国企公办高职院校在获取政府教育经费方面享有同等待遇，使企业办高职院校和其他公办高职院校在同一个起跑线上竞争和发展。学校在岗教职工的企业员工身份可以不变，不占事业单位编制，退休时再享受教育系统待遇。

2. 政府减免办学企业上交的教育费附加的60%，直接投入企业办职业院校作为办学经费

企业每年都上交教育费附加给地方政府，而企业办职业院校又存在办学经费不足的严重问题。

建议：对举办职业院校的国有企业，在每年上交教育费附加后，返还60%，返还部分直接专款用于办职业教育，这将对企业办好职业教育起到极大地鼓励和激励作用，也是政府购买服务的具体体现。

期望不久的将来，在保持国有企业办学优势的基础上可以解决办学经费等问题。

推动高等职业教育高质量发展,是《国家职业教育改革方案》明确提出的任务。未来,学校将进一步以"双高计划"作为落实职业教育的"先手棋",始终坚持质量导向,深刻把握"引领改革、支撑发展、中国特色、世界水平"的质量内涵,科学设计建设路径,进一步聚集有限资源,打造办学特色;进一步深化产教融合、校企合作;建立健全职业教育与培训体系,围绕"打造技术技能人才培养高地和技术技能创新服务平台"两个支点,引领学校深化改革、整体提升,聚焦服务面向、建设高水平专业群,紧密对接科技发展趋势和市场需求,打造技术技能人才培养高地。同时直面高职技术研发薄弱问题,加强应用研究、技术创新、成果转化,提升服务行业企业社会的技术附加值,打造技术技能创新服务平台。通过人才培养高地、创新服务平台两个支柱,支撑国家重点产业和区域支柱产业发展。成为当地离不开、业内都认同、国际能交流的高水平高职学校。

参考文献

一、专著类

[1] 张文复.昆钢教育志[M].昆明：云南民族出版社，1996.

[2] 袁贵仁.中国教育[M].北京：北京师范大学出版社，2013.

[3] 菲利克斯·劳耐尔，鲁珀特·麦克林.国际职业教育科学研究手册[M].赵志群，等，译.北京：北京师范大学出版社，2014.

[4] 邢晖.职业教育管理实务参考[M].北京：学苑出版社，2014.

二、期刊类

[1] 李青.美国职业教育的历史与现状[J].杭州师范学院学报（社会科学版），2002（5）：112-116.

[2] 张雨桐.高职院校产权制度改革的思考[J].河北职业技术学院学报，2007（5）：9-10.

[3] 熊文林，丁文霞，罗星海，等.高职"双师型"教师培养模式探索与实践[J].黄冈职业技术学院学报，2012（5）：32-35.

[4] 李青.国外高等职业教育办学模式述评[J].武汉交通职业学院学报，2012（4）：33-37.

[5] 廖立红，王木生.高职院校科研现状及对策探讨[J].职教论坛，2013（31）：31-34.

[6] 王群，杨汉正，陈立新.高职院校管理文化的构建[J].教育与职业，

2014（23）：25-26.

［7］杜丹，蔡伟.德国"双元制"职业教育的主体与客体分析[J].统计与管理：社会经纬，2015（7）：173-174.

［8］石洁.基于地域文化特色资源的职业教育课程教学改革[J].教育与职业，2016（21）：105-107.

［9］朱小鹤.高职院校校企融合办学模式问题与对策研究[J].现代农村科技，2017（12）：62-63.

［10］马飞.民办高职院校校企合作模式探究[J].教育界：高等教育研究（下），2018（6）：125-126.

［11］范真维.高职院校校内实训基地建设与发展的探索[J].实验技术与管理，2018（7）：224-228.

［12］滕芳.高职院校教师职业精神的培养策略研究[J].湖南邮电职业技术学院学报，2019（4）：56-58.

［13］宋丽丽.高职院校依法治校的路径选择[J].辽宁高职学报，2019（10）：47-50.

［14］李惠华.英国职业教育现代学徒制的发展、特点与启示[J].中国成人教育：域外扫描，2019（13）：66-69.

［15］姚建凤.关于高职院校专业实训基地建设的思考与探索[J].科教文汇，2019（22）：99-100.